俄语教学心理学

李国辰 著

知识产权出版社
全国百佳图书出版单位

图书在版编目（CIP）数据

俄语教学心理学 / 李国辰著. — 北京 : 知识产权出版社, 2016.10
ISBN 978-7-5130-4546-9

Ⅰ.①俄… Ⅱ.①李… Ⅲ.①俄语 - 教学心理学 - 研究 Ⅳ.①H359.3-05

中国版本图书馆CIP数据核字（2016）第258754号

内容提要

本书阐述了教师进修俄语教学的心理历程和在此基础上建立起来的俄语教学法体系，全面介绍了作者运用这一体系进行长期教学实验的成果，以丰富的实例体现了俄语教学心理学在优化俄语教学过程中的积极作用。本书体系完整、内容通俗、资料丰富，有可读性和可操作性，可供大专院校俄语教师、研究人员、研究生、本科生使用，对其他外语专业读者也有一定的参考价值。

责任编辑：李　娟　　　**责任出版**：孙婷婷

俄语教学心理学

EYU JIAOXUE XINLIXUE

李国辰　著

出版发行：	知识产权出版社有限责任公司	网　　址：	http: // www. ipph. cn
电　　话：	010 - 82004826		http: // www. laichushu. com
社　　址：	北京市海淀区气象路50号院	邮　　编：	100081
责编电话：	010 - 82000860转8689	责编邮箱：	aprilnut@foxmail.com
发行电话：	010 - 82000860转8101	发行传真：	010 - 82000893
印　　刷：	北京中献拓方科技发展有限公司	经　　销：	各大网上书店、新华书店及相关专业书店
开　　本：	720mm×1000mm　1/16	印　　张：	17.25
版　　次：	2016年10月第1版	印　　次：	2016年10月第1次印刷
字　　数：	243千字	定　　价：	49.00元

ISBN 978-7-5130-4546-9

序　言

李国辰所著的《俄语教学心理学》是一本既有学术价值又有实用价值的好书。就结构而言，它不但具有严密的系统性，而且重建了一种更为科学、更便于教学的外语教学法体系。从历史和现状出发，也就是从实际、从问题、从感性出发探讨教学法的本质，这样，学生和听众、读者就更易于理解和接受，对本学科的学习和研究产生兴趣。书的主体部分以学生的心理为纲，对俄语学习、俄语教学的规律性进行全面而深刻的分析与探讨，在全面发展中实现学科教学任务，以及授人以渔的方法，而不是授人以鱼的启发式教学的基本要求。

《俄语教学心理学》的内容反映了当代世界教育学和教学法发展的新潮流。教学就是教学生学习，培养学生的学习能力，特别是学生自主学习的能力，从而实现个性化教育和教学。本书把认知能力、学习动机和兴趣等非智力因素的培养和发挥与具体的俄语知识、技能、技巧的教学紧密结合，即从战略上把握俄语教学法，体现国际水平的教学法。因此可以说，这是一本非常好的、有特色的教学法专著。它的出版问世将推动我国外语教学法科学的改革。

胡春洞

前　言

10年前，我国心理学老前辈潘菽为本书作者的一篇拙文写了如下批语："这是一位大学俄语教师对自己的教学思想和教学方法的论述的稿子。作者在正确观点的指导下，密切结合实际，探索出一套经验并能提高到一定的理论水平。我国的教育心理学就是要通过这样的途径建立起来，即由有一定心理学修养的教师自己来研究来写，或者和心理学专家协作来写，故此种文章是值得发表以供广大教师参考的。特此介绍。"

实践证明，潘菽关于建立我国教育心理学途径的科学论断，对具体学科的教育心理研究也有方向性的指导意义。

在38年的俄语教学生涯中，我教过小学俄语、中学俄语、大学公共俄语，从事大学俄语专业高、低年级实践课教学也有30余年。为了提高教学效果，相当认真地学习过传统教学法，特别是有关俄语教学法的著述，更是有文必读。也曾结合自己的教学实践进行教学法方面的总结，以求完善和提高。但是，效果始终不尽如人意。

在苦苦求索中，我逐渐领悟到，自己对教学法的思考和探索长期徘徊在形式逻辑与学科逻辑的结合上，而对教与学的过程中至关重要的心理因素（包括智力因素和非智力因素）基本上是忽略的。这些体会促使我发奋学习心理学，并尽力把所学的心理学规律用于教学过程，摸索以心理学为纲，把心理因素、形式逻辑和学科逻辑三者结合起来的方法和形式。在潘菽等前辈的鼓励和支持下，在这个方向上我已蹒跚前行了10余年。应该说，进展是缓慢的、踏实的，但效果是明显的，这已被数届高低年级的教与学和多种测试所证实。本书的内容就来自这种教学实践，同时，也为反复的教学实践所验证。

在本书中作者力图以心理学为纲，因循学习俄语的心理过程，探讨教学规律和教学法，故而书名为《俄语教学心理学》，同时，全书又以教学法简史开篇。

在我学习心理学和撰写此书的过程中得到了潘菽、胡春洞等前辈和专家及我的同行与历届学生们的指导和帮助，在此一并致以深深的谢意。

作者个人的教学实践是有限的，学习心理学又是半路出家，书中定有不当之处，恳请俄语教学同行和心理学界的朋友们指正。

仅以此书献给青年教师们！

胡春洞老师于1995年2月本书出版前写了序言。

李国辰于北大

目　录

| 第一章 |

俄语教学法的历史及现状的启示

作为俄语教师，有必要在研究俄语教学法问题时，先考察一下它的历史和现状。俄语教学是外语教学的一个分支，在我国进行俄语教学也必须了解一下世界上外语教学法的演变和发展及苏联俄语（作为外语）教学法的演进。我国俄语教学的历史不很长，但是学习者和中国俄语教学的成果都较为突出，经验与教训均值得汲取。回顾历史，得到启示，无疑会促进我们自身的教学工作。

第一节 对国外外语教学法的演变和发展的评述

世界上的外语教学已经有几千年的历史，外语教学在人类教育史上占有越来越重要的地位。四五百年以前的语言教师就给自己的教学提出了明确的目标：让学生会讲他们所教的语言。为了实现这一朴素的理想，多少代人做出了艰辛的探索。虽然教师和教学法专家的目的是一致的，然而，实施目的、途径和方法大相径庭。

百年来就出现了10多种有代表性的、有理论基础、有明确主张、有基本原则、有教材、有教法的外语教学法。它们的特点是：①应时代要求、社会需要而生，是科学发展的一面镜子。如听说法、功能法。②均基于对语言及语言学习本质的一种认识，竭力避免已有的外语教学法的弊病、缺点、不足，强调自身出现的理由和优越性。如行为主义的直接法。③在对比语言学习的几对关系之中确立各自的态度和倾向。如理论（语言规则）与实践、母语与外语、口语与笔语、语言与言语、语言形式与语言功能、以教师为中心与以学生为中心等关系；如语法翻译法、自觉实践法。④其中一些教学法受到较多的否定（如听说领先法），但是它们仍有合理之处。它们不是相互取代，而是共存，有的有很强的生命力（如语法翻译法），至今仍被作为主要教学法采用。而折中法、综合法取它们各自之所长，已成为当今教学法发展的趋向。⑤外语教学法主要流派源于美国、西欧及苏联。

外语教学实践表明，外语学习是一个十分复杂的过程，它涉及许多方面：不同的国家、民族、地区、语系、语言、学生、教师、教学条件及教学环境等都影响着外语的教与学，而诸多外语教学法在产生、生存和演变过程中都不是孤立的，它们相互影响，长期并存，这就增加了将它们分别描述清楚的难度，这里只能作简单的评述，但尽量道出其本质特点。

一、翻译法

翻译法即古典法（классический метод）、传统法（традиционный метод）、语法翻译法（грамматико－переводный метод）、翻译对比法（переводно－сопоставительный перевод）、自觉对比法（сознательно－сопоставительный перевод）等。有代表性的是语法翻译法，旨在培养掌握语法规则的能力。通过外语和母语的互译学习外语，语言材料多为原著、文学名著，以提高阅读水平。

语法翻译法使学习者能准确理解并翻译原文，从而提高了笔译能力，这为各类专业人才查考文献所需，是长处。但是这一教学法的目的和手段过于单一，不利于学习者语言能力的全面发展，造成突出的薄弱环节（如口语），在外语教学手段越来越发达的今天，语法翻译法更见其弊端。

语法翻译法是一种古老而传统的教学法，其指导思想是将掌握语法规则和正确翻译语言材料作为学习外语的根本途径，源于十八九世纪的欧洲。当时现代外语已经在学校开设，教师沿用了以往教授古代语、希腊语、拉丁语的传统方法，200年来一直有不少教师使用这种方法进行外语教学。语法翻译法在我国也很盛行，常见于中学外语教学和大学公共外语教学。日本的外语教学一直采用语法翻译法，直到近年才有改革的趋势。

二十世纪四五十年代，产生于苏联的自觉对比法是现代语法翻译法。

语法和翻译作为教学原则至今仍不能忽视。

二、听说法

听说法即直接法（прямой метод）、自然法（натуральный метод）、改革法（метод реформы）、听说法（аудиолингвальный метод）、句型教学法（структурный метод）、视听法（аудиовизуальный метод）、情景法（ситуативный метод）、整体结构法（структурно－глобальный метод）等。有代表性的是直接法、听说法、视听法，它们是最有影响的外语教学法之一，标志着外语教学改革时代的开始。听说领先、读写在后是这些教学法的本质特点。

直接法强调学习外语如同幼儿学习母语，先听说，后读写。直接法依靠模仿、记忆、机械练习，语法居次要地位。此外，直接法排斥母语、排斥翻译。听说法、视听法是在直接法的基础上发展的。听说法利用教学技术手段进行模仿性的句型训练，而视听法则充分利用视听手段，主张通过情景练习句型，视与听相结合，声音和形象相综合。这两种教学法均为口语领先，笔语则在听说之后。这些教学法强调听和说是学习外语的最合理的途径。

直接法产生于19世纪下半叶至20世纪40年代的欧洲，科学技术的发展要求培养听说能力强的外语人才，直接法适应了这一要求。它的理论基础是哲学的直觉主义（интуитивизм）、心理学中的感觉论（теория восприятия），以及语言学中的类比原则。直接法把学习外语和习得母语等同起来，认为外语学习就是直觉模仿现成范例、养成习惯的过程。

听说法产生于20世纪40—60年代的美国。当时美国亟需在短期内培养外语人才，听说法满足了这一要求，它获得了声誉，并且得到了一定的推广和普及，为外语教学增添了生机和活力。听说法的理论基础是心理学中的行为主义（бихевиоризм或теория поведения），语言学中的结构主义（структулизм）。行为心理学将行为看成研究对象，行为包括刺激和反应，行为心理学认为语言学习也是一种行为，一种刺激—反应过程。结构主义认为语言就是一整套结构体系，一整套说话的习惯，因此强调外语学习中的句型练习。

视听法产生于二十世纪五六十年代的法国，它是在直接法、听说法的基础上发展起来的，指导思想与前者相同，只是着力在交际情景中反复练习句型。

直接法（听说法、视听法）的优缺点均十分突出，随着视听手段（录音、幻灯片、电影、电视）的发展，这一教学法带来了视听革命，把长久被忽视或者被遗忘的说的能力提到了首位。然而，学习外语和学习母语不尽相同，即使幼儿学习母语也不仅仅是模仿，他们有自己的创造性。直接法的绝对化（直接模仿，机械记忆，听、说、读、写的绝对顺序，不重视语法，不依靠母语，完全排斥翻译等）使得它在实践中遇到了很多问题（枯燥、单调、厌倦等），甚至难以维持下去。值得指出的是，听说法、视听法为今天的广播电视教学、计算机教学打下了基础。一定的句型练习、一定的机械记忆都是外语学习的必要组成部分，不能一概否定。

听说法作为一个教学法体系于60年代末受到了较大的冲击继而失势，但是，它的长处仍被广泛采用。例如，我国高等学校俄语专业设置的视听说课、新闻听力、电影课等课型能创造一定的语言环境，提出专门的训练要求，受到广大学生的欢迎。

三、认知法

认知法（познавательный метод）即自觉实践法（сознательно-практический метод）、折中法（эклектический метод）等。

认知法的产生也标志着外语教学新时代的开始。教会学生自觉地理解语言规则，发挥智力的作用，具有全面的（听、说、读、写并重）实际运用语言的能力，是认知法的本质特点。认知法批评行为主义、结构主义的单纯模仿、死记硬背，主张学生自己去认识规则、发现规律，并且在大量的实践中去运用它们。认知法不赞成听、说、读、写分阶段训练，主张多种技能齐头并进。听说法将学生置于被动的地位，刺激—反应—强化—反应，没有发挥学生的主动性。在对语法规则的态度上，认知法有别于语法翻译法，其完全排斥母语的做法也是认知法不能接受的。听说法与认知法分歧的焦点在于对如何掌握一种语言有着对立的观点和做法。

认知法产生于20世纪60年代末的美国，当时科技竞争、国际文化交流都需要全面发展的外语人才，认知法适应了这一要求。这一时期的认知心理学（познавательная психология）强调思维（而不只是感觉）在语言学习中的主导作用，乔姆斯基的转换生成（генеративная трансформация）语言理论（语言学习是理解规则、加工创造的过程，语言行为最大的特点是创新，不断地构成新的句子、新的句型，语言不仅是习惯体系）是认知教学法的理论基础。认知教学法家力图克服直接法、听说法的缺陷，反对模仿。然而，这一方法的实施在当时的美国并没有结出硕果，理论、纲领、教材并不配套。于是出现了将听说法、认知法之长处集中起来走向折中主义的趋势。一些学者指出，外语学习初期机械训练也很必要，也存在习惯形成的过程，这说明，不能站在纯认知主义立场而走向极端。

这里必须指出，20世纪60年代产生于苏联的自觉实践法的实施是比较固定的，对世界俄语教学有着深刻的影响。

四、交际法

交际法（коммуникативный метод）是当代外语教学的趋势，也称功能法（функциональный метод）。它的出现也意味着外语教学的一个新的时代的开始。

交际法产生于20世纪70年代初的西欧，与认知法同期。当时欧洲共同体成立，随着国际交往的扩大，语言教学需要为社会各项交际活动服务。交际法的创始人是英、美两国学者。他们根据语言的交际功能，对教师和学生都提出了更高的要求。将培养学生运用外语进行信息交流、进行思想感情交流的能力作为外语教学的最终目的是交际法的本质特点。一些著名学者认为乔姆斯基的语言能力仅指掌握语法规则的能力，很不全面（当然，也非我们一般所理解的语言能力），这些学者认为应当强调语言的社会功能和应用的得体性。随着社会的进步，语言学、应用语言学、社会语言学的发展，外语教学的要求由只发展语言能力到语言能力和言语能力同时发展，后来又提出发展交际能力。这是一个很艰巨的任务，需要学习，需要实验，需要做各方面的准备。

根据设想，交际可以有两种形式：单项交际（听、读）和双项交际（听、读和说、写），接受与传递信息。从交际的程序来看，交际应当包括准备阶段（知识规则的练习）、模拟交际阶段、真实交际阶段。交际法这一新的课题向我们提出了许多亟待研讨的课题：①师生的心理准备，交际的积极性，克服各种消极因素，教师自身交际能力的提高。②大纲和教材的准备。③功能（意念、交际课题）的分类和语法的配合。④如何正确处理交际能力与语言能力的关系。⑤积极交际与语言正确性的关系。⑥如何扩大知识面（词汇量、目的语国情知识）。⑦如何在缺少语言环境条件下组织教学。

交际法是一个完整的教学体系，它体现在大纲设计、教材编写和教学组织中，其理论基础是社会语言学（социальная лингвистика）中的语言的社会功能和得体性的理论及心理语言学（психологическая лингвистика）中的言语活动理论（теория о речевой деятельности）。人们对语言社会交际职能的认识是和现代科学发展分不开的。将语言作为交际工具来掌握，而不是只学语言，或者只学言语，而是将它们高度统一在交际情景中来学习语言，就是交际法精神实质所在。作为交际法体系有其自身的适合性，它并不一定适合于所有的学习者，并不一定适合于每一个教学阶段。而作为一种与其他教学原则共存的主导原则，交际性原则（不是交际法）则有更广的采用范围。

第二节 对苏联俄语（作为外语）教学法演变和发展的评述

一、历史的概貌

俄国人约在11世纪开始学习外国语，当时学习外国语的只有王公贵族。19世纪末20世纪初终于可以在学校正式开设外语课，外语教学法的研究也从此开始。外语教学法的变化记录了外语教学的历史。

20世纪40年代以前，始终存在两种针锋相对的教学法学派——翻译法和直接法。在任何一门外语的教学中，教学目的明确以后，都存在采用什么方法达到目的的问题，存在着如何处理语言理论与实践的关系、母语与外语的关系等问题。语法翻译法、自觉对比法、主张分析规则，翻译所学内容，完全依靠母语。直接法主张直接模仿，进行言语实践，不分析规则，或者只对规则进行最后的归纳，不依靠母语。

到了20世纪30年代，在苏联又出现了混合法（комбинированный метод），即在低年级教学中采用直接法，在高年级教学中采用自觉对比法。40年代下半期至50年代初自觉对比法在苏联十分盛行，它主张在外语和母语的对比中掌握外语，认为书面语是主要的言语技能，因此，自觉对比法重视阅读和翻译。

在第二次世界大战后的年代里，世界上对俄语的兴趣明显增长，我国也派去了相当数量的留学生去苏联学习自己的专业。苏联国内作为外语的俄语教学，旨在保证外国学生能用俄语学习所学专业课程，看书、听课、参加课堂讨论等。20世纪50年代在苏联主要采用混合教学法，它主张将翻译法和直接法综合起来。然而，自觉对比法有明显的缺陷，混合法本身理论根据不足，于是60年代初在中等学校、高等学校外语教学体系改革中俄语（作为外语）教学法得到了迅速的发展。60年代中期确立了РКИ——对外俄语教学法（Русский язык как иностранный，作为外语的俄语教学法），即自觉实践法。50年代末，苏联著名心理学家Б. В. 别里亚耶夫（Б. В. Беляев）提出了自觉实践教学法，强调在自觉地掌握语言规则的基础上进行全面的口、笔语实践。Б. В. 别里亚耶夫在相当程度上体现了苏联著名心理学家Л. С. 维果茨基（Л. С. Выготский）的思想，然而，Б. В. 别里亚耶夫不主张依靠母语和使用翻译。

20世纪60年代有的教学法专家强调突出口语和不通过翻译，于是关于语言规则的材料大大减少，语法体系被言语句型替代，这种口语领先的方法后来受到了严厉的批评。70年代视听教学法引起了苏联外语界极大的兴趣。70年代中，大多数苏联教学法专家采取了综合立场，这就是新时期的自觉实践法（依靠母语，必要时使用翻译等）。

1976年，苏联正式将交际性原则作为主导的教学原则。1977年苏联教学法专家Е. И. 巴索夫（Е. И. Пассов）和他的学生们对交际法进行了理论上的论证，提出教学要按照人们交际过程的特点来组织教学，交际过程是教学过程的模式。苏联学者认为交际法吸取了直接法和自觉实践法的合理成分。20世纪80年代至今自觉实践法和交际法并存，以交际性原则为主导原则的自觉实践法是苏联俄语教学法的根本特征。随着教学目的的进化，教学实践的发展，教学理论研究的深入，诸多教学法学派不是趋于对立，而是越来越接近。

二、20世纪内苏联的几种主要教学法

20世纪在苏联俄语（外语）教学中常见的教学法有：语法翻译法、直接法、视听法、听说法、自觉对比法、自觉实践法、综合法、交际法、强化教学法等，下面讲述其中直接法、视听法、自觉对比法、自觉实践法、交际法、强化教学法5种。

（一）直接法、视听法

直接法流行于苏联二十世纪二三十年代，用于培养苏联非俄罗斯联邦

兄弟共和国的学习者，学制两年，有强化性质。教师用俄语授课，从教学的第一天起就使学生进入所学语言环境，发展口语，限制使用母语。教学目的在于培养学生听懂专业课程、参加课堂讨论、进行交际等，语法处于次要地位。直接法重视直观性，在20世纪20年代，苏联俄语教学中常组织教学性的参观、游览，以使学生掌握所学语言材料。这一方法曾被初级阶段教学采用。

视听法、听说法在二十世纪六七十年代的苏联也得到了广泛的采用，它有效地利用视听手段，在短期内完成口语教学任务。教学的主要原则是：①交际性原则，强调直接言语交际；②口语领先原则，听说在先，读写在后；③功能性原则，语法作为句型出现；④排斥翻译的原则，不依靠母语，完全依赖于直观；⑤视听原则，广泛使用幻灯片、影片、录音。70年代末视听法有了新的趋势，最必要的时候也使用翻译，读写提前以巩固口语效果，重视国情知识以了解所学语言国家的文化及人们的生活。

有代表性的教材是：①«Аудивизуальный курс»（Ю. Марков 1968）；②«Ленинградский аудивизуальный курс»（Т. И. Капитонова и другие, 1966—1967）；③«Аудивизуальный курс “Вперед!”»（Для английских школьников, 1969）；④«Давайте говорить по-русски»（Под ред. А. Н. Щукина, 1970）；⑤«Русский язык-1，2，3»（М. Вятютнев и другие, 1973）；⑥«Русский язык в монологах. Аудивизуальный курс»（А. Н. Щукин, 1983）。

苏联教学法专家认为苏联视听法有别于国外视听法，苏联视听法是在自觉实践法的影响下发展的，它贯彻自觉实践原则，力求克服视听法早期弊病。然而，这只是努力方向，问题仍旧是存在的。

（二）自觉对比法

自觉对比法是盛行于二十世纪四五十年代的苏联外语教学法，又称现代语法翻译法。其自觉性原则优于早期语法翻译法，后者曾要求学生背诵语法规则和有关的例句。自觉性原则也优于直接法及演进后的方法，后者以行为主义刺激—反应论为指导，将外语学习变成不自觉的单纯模仿、记忆，而它的自觉性原则旨在透彻地、自觉地理解语言规则，在知识、理论的基础上形成言语能力。自觉对比法的对比原则正是实现上述目的的途径，它认为母语是外语教学中的比较对象，只有在外语和母语的对比中才能正确理解外语。

有代表性的教材是：①«Учебник русского языка для англичан, элементарный курс»（А. И. Смирницкий и П. П. Свещников, 1935）；②«Русский язык в комвузах»（Под ред. П. А. Дуделя, 1927—1929）。自觉对比法在教学实战中得以发展，并在语言学论据方面（语言类比原则）大大前进了一步，但是在全面发展言语上有严重的弱点。

(三)自觉实践法

自觉实践法是20世纪60年代初以来苏联俄语（作为外语）的主导教学法。著名心理学家Б.В.别里亚耶夫在自己的一些著述中，特别是1959年发表的«Очерки по психологии обучения иностранным языкам»一书中，提出自觉实践法这一术语（该书于1965年修订再版）。当今自觉实践法的原则已经得到发展和完善，一些原则与Б. В.别里亚耶夫最初的观点并不完全一致。自觉实践法的主要原则是：①自觉性原则；②交际性原则。自觉性原则旨在学生深入理解语音、语法、词汇、修辞规则、国情常识的基础上进行言语实践，考虑母语，适当地使用对比翻译手段。交际原则旨在创造模拟和真实的交际情景来进行言语实践，掌握外语。自觉实践法的生命力在于它有着坚实的心理学和语言学理论基础。苏联著名语言学家Л. В.谢尔巴（Л. В. Щерба）院士关于语言、言语、言语活动的理论，心理学家Л. С.维果茨基和А. А.列昂季耶夫（А. А. Леонтьев）的言语活动理论，П. Я.加里彼林（П. Я. Гальперин）创立的智力活动分阶段形成的理论是这一教学法的心理学、语言学的理论基础，在自觉实践法30年的实践中证实了其科学性。当然，在不同的国家由于不同的教学目的，不同的学习者，使用这一教学法会出现不同侧面的缺点，如笔语、阅读能力弱，口语能力欠缺等。

自觉实践法的主要教学对象是俄语专业学生、进修生，有一定基础的研究生、进修生。有代表性的教材是：

①«Учебник русского языка для студентов-инотранцев»（И. М. Пулькина，1975）；

②«Изучаем русский язык»（Н. Потанова, 1972）；

③«Учебник русского языка»（МГУ, 1974）；

④«Практический курс русского языка»（Под ред. Г. И. Володиной, 1977）；

⑤«Русский язык для всех»（Под ред. В. Г. Костомарова, 1978）；

⑥«Учебник русского языка для иностранных студентов-филологов»（Основной курс-первый и второй год обучения）（Е. И. Войнова и другие, 1981）（Систематизирующий курс-третий и четвертый и пятый год обучения）（Н. А. Лобанова, И. П. Слесарева, 1980）（近年再版）。

(四)交际法

交际法是苏联著名教学法专家E. И. 巴索夫于1977年给予理论论证的，是一种有发展前景的外语教学法，因为它提出了语言形式和语言功能的关系问题，进一步揭示了外语教学的根本目的，即学生用所学外语交流信息、表达思想感情。

交际法吸取了直接法的优点：借助直观学习规则、言语模式、句型，语法处于从属地位，同时采取听说领先、读写在后的练习顺序。交际法主张口、笔并重，也汲取了自觉实践法的精华（自觉性原则）。但是与自觉实践法不同的是，交际法从功能入手（按交际题目，根据学生的需要），从口语入手，语法规则按功能意义提出。此外，口语领先的时间要较自觉实践法中的口语领先的时间长久。交际法提倡教学在交际情景中进行，同时反对将教学过程与真实交际过程完全等同起来。

交际法在苏联与自觉实践法并存，常用于短训班教学及其他教程的口语入门阶段，其特点是教学按不同主题（交际意向）进行。口语练习为主，练习在交际情景中进行，情景有国情知识背景，交际既是目的也是实现目的的手段等。有代表性的教材有：①«Темп-1，2，3»（Е. М. Степанова，П. Г. Чеботарев, 1989）（О. П. Рассудова, Л. В. Степанова, 1989）（Г. Н. Аверьянова и другие, 1989）；②«Игровые задания»（А. Р. Арутюнов，1985）。

（五）强化教学法

强化教学法（интенсивный метод）在苏联被广泛采用，它有着与众不同的特点。强化教学法旨在最大限度地优化教学，在短时间内发掘学习者的潜力和积极性，以达到最佳学习效果。

强化教学法是苏联的一种速成教程的名称，在世界外语教学法中它有不少“姊妹篇”，例如，暗示法（суггестопедический метод）、默教法（молчаливый метод）、沉浸法（метод погружения）、松弛法（релаксопедия）。强化教学法起源于保加利亚的暗示法（1971—1973），创始人是Л. 罗扎诺夫（Л. Лозанов）（索菲亚市暗示法研究所所长）。在罗扎诺夫和原民主德国强化教学研究所З. 阔里斯（З. Кольс）研究成果的基础上，苏联Г. А. 基泰戈罗茨卡娅（Г. А. Китайгородская）等教学法专家成了强化教学法倡导者。莫斯科大学、普希金俄语学院均是强化教学中心，强化教学中心也遍及苏联不少城市，如列宁格勒、第比利斯、明斯克等。

强化教学法的特点是：①集中外语教学时间，每天4~5小时，一个教程3周左右；②学生人数有限制，一般12人；③教学目的明确，教学内容为几个或十几个所需要的交际题目（比传统教学内容多）；④有语言环境，有特定的社会心理教学气氛（社会角色）。注意消除心理障碍。辅以音乐、图片等手段；⑤十分重视师生关系的情感力量，强调个性，人与人之间的互相理解、信任、尊重、友善等；⑥教学轻松愉快，没有心理负担。有代表性的教材是：①«Русская речь – интенсивно：Учебный комплекс для говорящих на английском языке»（Т. К. Кирш и другие, 1981）（8个题目，供24天使用）；②«Учебник русского языка для стажеров и аспирантов гуманитарного профеля: Интенсивный курс»（И. М. Рожкова и Л. И. Пирогова, 1981）（10个题目，供24天使用，科技教程）；③«Интенсивный курс русского языка»（Степанова и другие, 1981, 1979, 1988）（2 ~ 6周）。

苏联俄语（外语）教学法的实施直接体现在各有特色的教程之中，相当于我国对外汉语的性质，与我们在中国进行俄语教学有很大的差别。这里还要说明的是，学者的研究、专门的教学实验较为理想而典型，同广大教师日常教学工作并不完全一样。日常教学工作中的问题更加复杂，制约因素更多，许多情况要具体分析。

第三节　中国俄语教学与教学法研究现状

一、中国俄语教学的历史特点

我国是一个重视外语教学的国家，我国的外语人才有较高的水平。当然，随着世界科技革命的高度发展，国际间往来的频繁，我国外语人才无论在数量上还是在质量上，都与我国的国际地位不甚相称。

(一)中国俄语教学历史悠久

迄今为止，中国俄语教学已有200多年的历史。18世纪末（1708年）清朝政府开办了俄罗斯文馆，只授俄语。之后，有京师同文馆、京师大学堂设若干语种，其中就包括俄语。1902年，清朝政府规定外国语为中学堂必修课，但是直至中华人民共和国前大部分的中学外语教学主要是英语。中国共产党成立前，马克思主义小组创办了上海外语社，派遣革命青年赴苏联学习；中国共产党成立后，俄语得到更加广泛的普及。延安的外语教学为当代俄语教学奠定了良好的基础。1946年，哈尔滨外语专科学校成立，中华人民共和国之初设立北京外国语专科学校，在短期内培养出一批又一批优秀的俄语人才这样的成绩是和延安的俄语教学经验分不开的。

中华人民共和国初期是中国俄语教学的大发展时期，中苏关系的发展使俄语在二十世纪五六十年代初有一定的普及。全国各级学校普遍开设了俄语课，同时，政府派出了相当多的留学生去苏联直接学习各种专业，同时俄语教学增加了精训任务。俄语教学稳定而繁荣发展的时期是1949年至60年代初期。改革开放后，俄语教学也经历了整顿和发展。1981年，我国成立了《中国俄语教学研究会》（КАПРЯЛ），至此我国俄语界（中小学俄语、大学公共俄语、高校专业俄语）有了教学与科研的指导机构。我国俄语教学的理论与实践正向纵深发展，形势喜人，中国俄语教学研究会自成立以来做了大量的工作，组织了多次全国性的教学与科研专题研讨会，开展了国内外学术交流活动。1985年后，中国俄语教学研究会走向国际，中国俄语教学与研究受到国际俄语同行的瞩目与赞许。

(二)中国俄语教学自成体系

我国是一个大国，由于种种原因，培养外语人才的途径相当单一，即通过在国内的各种学习机构的教学来实施，不同于世界上的其他许多国家的外语学习者，我国学生不可能数次到目的语言国家进行言语实践。

中华人民共和国至今，我国俄语界出版了许多按教学大纲编写的系列教材，供中小学生、高等学校俄语专业及非俄语专业的学生使用。这些教材体现了我国俄语教学与研究的实际成果以及作者们辛勤奋发造就优秀建设人才的崇高精神。在我国国内进行俄语教学有一定的困难，缺少应当具备的许多条件，但是几十年来我国俄语教学的成绩十分显著。苏联教育科学院院长、普希金俄语学院院长、著名学者、教学法专家B.柯斯托玛洛夫（В. Г. Костомаров）认为中国俄语教学不仅取得了很大成就，而且形成了自己的教学途径。如今，几所重点学校在编写更理想的俄语教材。看来，我国在逐渐形成有中国特色的俄语教学。自1981年“中国俄语教学研究会”成立，创办了学会刊物《中国俄语教学》，虽然园地有限，但是它和其他外语教学刊物（包括俄语）一起大大推动了俄语教学与研究的发展。(这些刊物是《俄语教学与研究》《外语学刊》《外国语》《外语界》《外语与外语教学》《教学研究》《现代外语》《外语教学》等。)

二、中国俄语教学与教学法研究现状

(一)概况

目前世界上有近60个国家的600所大学开设俄语专业课程。我国开设俄语专业课程的历史较为悠久，学习者有50万~60万人。我国将俄语作为一门语言的研究水平不低，特别是在中华人民共和国后的40多年里，一支有一定实力的俄语科研队伍在勤奋耕耘，收获了一大批研究成果。同时，我国俄语界对新学科的出现和发展也是十分关注的，但是对于俄语言语功能的研究才刚刚开始。当然，从重视语言教学转到同时重视言语教学，继而重视言语交际教学在世界范围内也仅仅是近20年的事。我国俄语界文献中记载了不少俄语教学的某一方面的教学经验，换言之，有不少一般教学方法的探讨，而作为教学法理论与实践的研究还较为薄弱，甚至在某些方面还很落后。同时，俄语教学法研究与俄语教学实践还有一定程度的脱节。20世纪60年代中期至70年代末，由于社会原因，我国外语教学与外界隔绝，这一段空白大大影响了已有成果的巩固和新成果的开掘。20年来只有一本正式出版的《俄语教学法》教材，尚未见到以高等学校为对象的《俄语教学法》。

随着世界科技革命的蓬勃发展，国际各方面交往的日益增多及我国改革开放政策的深入实施，我国的俄语教育将走向振兴。作为俄语教学的重要理论建设之一的俄语教学法研究将会呈现新的局面，有中国特色的俄语教学法将会真正地形成与完善。这种特色就要求俄语教学考虑我国国情及在我国进行俄语教学的特殊性：①我国是幅员辽阔的国家，外语列入初等教育、中等教育、高等教育的必修课，国家十分重视外语教育，每一阶段的教学均有教学大纲。学生由中学升入大学参加外语统一考试，俄语考生也不例外。10多亿人口的国家在同一时间进行统一的外语测试，这在世界上是绝无仅有的。目前各类俄语学习者数量很大，遍及我国许多省、市、县、区。俄语教学有地区特点，水平不一，条件各异。各地均有自己的特殊情况，因此，俄语教学法的研究必须考虑国情。②俄语和汉语是两个差别很大的语言体系，汉语为分析语，基本上无形态变化。俄语是屈折语，形态变化非常丰富。这一语言的差别给俄语学习带来很大的干扰和困难，仅靠一种教学法，如听说模仿、分析语法进行翻译，是不能全面掌握口、笔语能力的。而基本功不过关，不经过专门的理解和训练则谈不上正确的言语交际。值得注意的是，在国内进行俄语教学，缺乏语言环境，更增加了教学的难度，俄语教学法研究要考虑这一因素。③我国俄语教学在不同阶段有不同的培养规格、不同的教程，有中小学俄语（初中俄语、高中俄语）、大学公共俄语（本科生俄语、研究生俄语）、专业俄语（基础阶段俄语、提高阶段俄语）。每一种教程都有自己的教学目的（如培养阅读能力；培养听、说、读、写四会的能力等），有规定的学时，每一种教程有自己的教学法。④师资力量。一般来说，俄语教师所习惯的教学法体系自然不是最新的，而具体组织课堂教学的方法更具有明显的个性差异。学习某种和多种更有长处的教学法不是一件简单的事情，需要理论准备，敢于实践，不畏困难，勤于总结提高。需要时间与精力。还需要教学技术手段的配合。不言而喻，推行某一教学法还和教师自身语言水平直接相关。这也是教学法研究要考虑的问题。

应当指出，语法翻译法是中华人民共和国初期主要的外语教学法，至今仍被采用。在条件许可的学校中教师则加以改进，减少这一方面的弊病，不断注入新的血液。俄语与我国的革命和建设事业有着特殊的关系，语法翻译法培养了许多翻译人才，他们将科学技术、文学艺术介绍到我国来，起到了重要的作用。20世纪70年代末至今我国俄语教学根据上述特点主要采用综合法，即博采众长，不是采用世界上某一种教学流派的教学法，而是将他们的长处视为一种原则，根据教学的不同目的加以贯彻。例如，自觉实践法强调自觉实践的原则，考虑母语的原则，可为我所用。功能交际法是世界外语教学法发展的趋势，运用了社会语言学、语言学、心理语言学的研究成果，更能体现语言是交际工具的本质，其核心是交际性原则，应当采用。直接法中的听说法、视听法的精华被我国俄语教学作为一门单独的课型"视听说"，专门训练学生视听说能力，听说领先、读写在后的训练方式在学生学习的初级阶段适当采用是有其优越性的。换言之，教学原则的实施还可以根据不同的教学阶段而有所侧重。可以说，"听、说、读、写并举"和"阶段侧重"是具有我国特色的教学法原则。

（二）中小学俄语教学

中华人民共和国后，中小学俄语教学（русский язык в школе）一直在统一的大纲和教材的指导下有计划地进行着。广大教师及俄语教学法研究工作者做出了很大成绩，为高等院校输送了不少优秀毕业生。中小学俄语教学研讨的问题如下。

1. 关于能力的培养

中学俄语不是知识课而是实践课这是没有争议的，但是，它是怎样的一门实践课？以笔语为主还以口语为主？还是口、笔语并重的？培养学生获得什么样的语言能力和言语能力？这是教学法研究的一个中心课题，是指导思想问题，也是教科书和教学法的依据。

目前中学外语（英、俄、日语）教学大纲均把阅读能力的培养作为主要目的，听说能力作为一般目的。一种意见是，高中毕业生的外语水平是“高分低能”，即考试成绩分数高，而能力低下。能力低下多指听说能力差，而读写也不尽如人意。一些教师认为高校俄语升学考试左右教学，偏重知识，题目繁多，即使是升入高校的佼佼者，大多数学生也发音不准、语调欠佳、语法不过关、口头表达能力微乎其微。第二种意见是，“高分低能”的提法值得商榷，升学考试正是按照中学大纲的要求设计的，题型多正是为了达到较宽的覆盖面，试题有一定的实践性。没有一定能力（阅读、书写及其他初步能力）是不可能达到高分的。口语能力差是事实，这是多方面因素造成的。原则上讲，每一位俄语教师都希望学生全面地掌握语言，获得全面的俄语技能。但是，困难大于可能（教学条件差、学生基础差、教师俄语水平有限、班级人数多、教学时间不足），就心有余而力不足，或者干脆无能为力，普通中学或条件很差的三类学校能够达到大纲最低要求就很不容易了。第三种意见是，高中毕业生一部分升学，一部分走上社会。中学几年的外语学习足以奠定一个学生今后各种途径深造外语的基础。过去可以说，大多数中学毕业生毕业后只接触文字工作，而不使用口语，现在这种看法恐怕就跟不上形势的发展了。因此，中学俄语教学在以培养阅读能力为主的精神下积极贯彻交际性原则。将交际能力的训练作为扩大知识面、提高阅读能力的手段是很必要的。听说能力的增强也可以激发学生学习的积极性。当然，在条件尚不具备的一些班级，一些教师担心听说训练的开展影响总进度的完成，最终哪一种能力也没有得到集中训练也是可以理解的。

2. 关于大面积提高中学俄语教学质量的问题

多年来，在中等学校学习俄语的人数有几十万人，但是，达到基本要求的人数很不理想，两极分化严重，掉队率高。对不少中学生来说，学习时间和学习成绩不成正比。一些高中毕业生对“Сколько лет вы учились русскому языку?”这样简单的问题不能脱口而答，对20以下的数字还不能一一正确说出来。如果这种状况继续下去，则很难提高我国中学俄语教学的整体水平。目前一些学校着力进行实验，分班复式教学，提出不同的教学要求，因材施教，取得了可喜的成果。一些学校科学地分析两极分化的教与学的原因，并且首先从教师改进教学入手，改造教学方法，激发学习动机，提高学习兴趣，调动学习中的情感因素，培养学生的成功感，帮助学生确立正确的学习方法等。

（三）大学公共俄语教学

中华人民共和国以来，大学公共俄语教学（русский язык для нефилологов）硕果累累。公共俄语教学水平在某种程度上代表我们民族的一种外语水平，一种外语修养（而专业俄语体现了我国对这一语言的学术研究水平），公共俄语和其他公共外语科目一样有很大的普及性，它培养受高等教育的未来各种人才具有用俄语直接获得信息的能力。1988年制定了新的《大学俄语教学大纲》，提出公共俄语教学的目的是：“培养学生具有较强的阅读能力、一定的听和译的能力、初步的写和说的能力，使学生能以俄语为工具，获得专业所需要的信息，并为进一步提高俄语水平打下较好的基础。”这一大纲不分文理科，强调平行教学，分为基础阶段和专业阅读阶段，基础阶段又按照4级、6级组织教学。长期以来公共俄语界一直争论和研讨的主要问题如下。

1. 公共俄语教学是以打基础为主，还是以结合专业为主

一种意见是，要具备坚实的语言基础。在接触专业性文章时所遇到的

困难只是专业词汇问题，过早地综合专业不利于打好语言基础，也不利于发展听说能力。另一种意见是，基础必须为专业服务，教学应当更好地为国民经济服务。俄语教学可以不必分基础和专业两个阶段。基础阶段的教学任务可由中学承担。大学俄语以结合专业为主，用俄语做工具获得专业信息就是大学俄语交际训练的内容。目前学生阅读专业书刊的能力很差或差到惊人的地步，因此，必须突出教学的目的性，缩短培养周期，以达到上述目的。这是两种不同的教学法思想。究竟培养规格是什么，广大教师还在实验探索之中。

2. 对师资队伍的组忧

公共俄语教学曾有过一支较理想的师资队伍。教师自身业务水平好、热心教育、有一定的人文科学和自然科学知识、有经验、教学效果好。遗憾的是，20世纪70年代初，各院校公共俄语变为单一的英语，俄语教师纷纷“转业”，不少院校俄语专业停办，使师资队伍受到创伤；80年代恢复公共俄语教学；90年代虽然教学形势大好，然而许多老教师已届退休年龄，一批中青年教师补充上来，但又因社会原因流动性很大。看来，只有先应付需要才谈得上教师本身的进修、提高和研讨教学。新的教学大纲提出了高的要求，而人才、教材的问题迫在眉睫。

3. 其他几个值得重视的问题

有的学者提出公共俄语教程两年完成，尚分基础与专业阅读阶段会流于形式。加之学生一、二年级学习《一外俄语》，到了三、四年级他们不再学俄语，所学则荒废，直至大学毕业时对专业书刊的句式结构、翻译方法还知之甚少，不能适应未来工作的需要。有的学者认为读听、写说对公共俄语来说无法齐头并进，交际性原则、口头言语练习脱离大多数俄语班级的实际。有的学者认为目前大纲已将听、说、写列为教学目的，它们有助于阅读能力（主要教学目的）的培养。有的学者提出文科、理科公共俄语教材应当有所不同，如今文、理科教材合二为一，称《大学俄语基础教程》（1~4册）。这套教材是否有助于获得阅读专业书籍的能力还很难说。

(四)专业俄语

目前专业俄语（русский язык для филологов）在高等院校或独立设系或附设在外语系内，学制4年。近年有两种生源：非零起点，学过俄语3~6年的新生；零起点，完全没有学过俄语，学过3~6年英语的新生。有的院校两种起点：先分班教学，然后合班；有的院校自入学就不分班。过去，专业俄语培养目标各院校不尽相同，近年各院校毕业生就业方向十分接近，大都为口、笔语翻译工作者。专业俄语一般分两个阶段，基础阶段和提高阶段，或称低年级阶段和高年级阶段。这两个阶段密切相关，但是均有各自的独立性。

1. 基础阶段专业俄语教学

基础阶段（основной этап）指一年级和二年级的教学阶段。从各院校的基本情况来看，长期以来基础阶段的教学是成功的。基础阶段有统一的大纲、固定的教材、较固定的师资配备，教学法指导思想是明确的，即打好基础。1990年秋，经国家教委批准开始试行新的（零起点）《高等学校俄语专业基础阶段教学大纲》，这一大纲重视交际能力的培养，较好地贯彻了科学性、先进性、实用性和可检查性原则。根据大纲已编出新的基础阶段教材。近年来，基础阶段的教学法思想发生了深刻的变化，也产生了教学观念的深刻变化。当然，接受这个变化将是一个循序渐进的过程，要改变多年形成的认识和做法对于一个从事外语教学的中国教师来说是不容易的，它也涉及教师自身外语水平的变化。那么，在基础阶段教学中哪些问题已经提到议事日程上了呢?

(1) 关于“基本功”的内涵和教学内容的变化。

三要素说。20世纪80年代以前我国俄语界对“基本功”的认识是较为一致的，即语音、语法、词汇三方面的知识、技巧、技能，这三个方面就是教学内容，听、说、读、写的言语活动是手段。掌握语言知识和运用语言知识的能力就意味着掌握了一门语言。70年代西方出现功能教学法、交际教学法，70年代末苏联将交际原则作为对外俄语的主导原则，近20年心理学、语言学、社会语言学、心理语言学、应用语言学中有不少新的研究成果，这一切使我们有必要重新认识“基本功”和教学内容。这种观点仍旧是三要素说，不过已注意到言语教学。持这种观点的人认为应当将听力训练、口语训练、阅读训练、书写训练作为教学内容，这些训练内容应当最大限度地具有交际意义，也就是说，它们应是人们真实俄语交际的逼真模拟、微缩，与人们真实的俄语交际非常相似，非常接近。

五要素说。这种观点认为“基本功”包括语音、语法、词汇、修辞学、国情学五要素。“修辞”指口、笔语能力符合交际场合、社会身份，表达的得体性。“国情”指学习者应当了解目的语言国家的文化、风俗习惯等。持这种观点的人强调五要素说反映了时代的要求，他们赞同在基础阶段同时进行言语交际能力的培养。

七要素说。这种观点认为“基本功”指语言三要素（语音、语法、词汇）和言语四要素（听、说、读、写）。持这种观点的人认为语言基本功和言语基本功是教学内容，这种意见和第一种意见相同，均将“四会”作为教学手段和教学学目的——即通过听、说、读、写达到掌握听、说、读、写的这一最终目的。

“基本功”是我国外语教师对外语基本能力的提法，已沿用了许多年。其内涵对大多数俄语教师来说是：达到语音、语调的基本要求。达到正确运用语法规则的基本要求和达到正确使用词汇的基本要求。在大多数俄语教师看来，基本功体现在口、笔语的正确性上，开口、提笔错误百出是基本功差的标志。无怪乎一些教师认为宁肯实践能力差一些，也要有清楚的语法概念和正确地理解语言材料的能力。俄语教学实践表明，基础阶段教学不能走两个极端：①只满足于基本功训练，不重视交际能力的培养，不利用良好的已有的教学条件（教材、教学设备等）。照旧按几十年一贯的方法组织教学，刻板而没有生气，将语言能力的培养与言语能力的培养割裂开来，或者对言语交际能力的培养持消极态度，寄希望于学生毕业后工作实践的训练。②重视交际能力的培养，只顾交际训练，忽视口、笔语交际中语言知识的掌握，忽视言语成品的质量（语言的正确性）。目前不少数师认真学习言语交际理论，在培养俄语基本功经验的基础上注意言语交际训练，将正确理解与正确表达结合起来，在缺乏语言环绕的条件下创造可能的交际情景，力求使学生亲临其境，大大缩短课堂与社会的距离，缩短学校与学生未来工作岗位的距离。

（2）关于“交际性原则”在基础教学中的地位。

交际法与交际性原则是两个相关而又不相同的概念。交际法是一种配套教学体系，有教学大纲、专门的教材、教学手段、教学组织、师资条件及测试标准。鉴于它有一定的要求，缺少其中某些条件不能称作《交际法教程》。苏联著名教学法专家A. H. 舒金（A. H. Щукин）认为，交际法首先运用于短训班或其他以提高口头交际能力为目的的学习者。对俄语专业来说，使用交际法的最佳时期是“口语入门”阶段和其他发展口语的阶段。交际性原则，或积极交际原则（принцип активной коммуникативности）是1976年国际俄语教师协会第三次代表大会正式提出的苏联外语教学法的主导原则。这一原则之所以被视为主导原则，是因为外语教学的根本目的是教会学生正确地运用外语进行口、笔语形式的交际，作为原则它不是唯一的，而是与其他教学原则并存的。

俄语教学的交际性原则于20世纪70年代末传入我国，目前也是我国专业俄语教学的主导原则。尽管各地区、各院校贯彻这一原则的程度不一，但是越来越受到教师的重视，并将其置于教学原则中的主导地位。

过去在俄语界大家对交际性原则一无所知，一直把培养语言技巧与技能作为教学目的，近20年日益强调言语实践。苏联一些教学法专家也指出，过去大家习惯于教语言，而不习惯于教言语。当然，以语言为教学目的、手段和以言语为教学目的、手段的教学法思想不是现在才产生的，多少年来一直流行的通过阅读学习阅读的语法翻译法和通过说话学习说话的直接法就是这些教学法思想的体现。如今，大家的认识提高了一步，认识到既要教语言，也应当教言语，教言语交际，教有交际意义的言语，因为并非所有的言语实践均有交际意义。纵观目前基础阶段教学实践，实施交际性原则的宗旨是：

①教学内容是人们口、笔语交际中常见的课题，教材按有利于积极交际的课题来安排（按照功能意向）。例如，«Знакомство» «Наша семья» «Наш институт» «Занятия по русскому языку» «Экскурсия по городу» «Телефонный разговор» «Почта» «Магазин» «Спорт» «Визит врача»等。

每一课题的一组语言材料主题同一，但有不同侧面，用大量的同一主题的言语交际练习，集中训练专题口、笔语交际能力。众所周知，传统教学只用单一的课文，材料单薄，难以推动言语交际练习的运转。

②教学方法上的要求是将言语训练置于接近真实交际的情景之中，或许难以做到教学全过程交际化，但是，可以做到凡是进行言语练习就尽量使这些练习带有交际的目的，使练习和实际生活的情景相似。如学《打电话》一课，可以设计给在系里工作的专家打电话办某事。学《天安门》一课，可以设计带领初来中国学习的留学生、进修生在北京市内参观游览天安门。学《就医》一课，可以设计我国学生看望生病的俄罗斯学生。学生在接近其实交际的情景中学习交际，印象深、效果好。这样，在课堂学习的内容可以立即用于日常生活中。

③在中国国内进行俄语教学，在运用交际性原则的时候，教师应当将它与自觉性原则相结合，这里不妨称之为“自觉的交际性原则”。自觉性强调理解和掌握规则，有利于交际性原则的贯彻。1986年出版的《基础俄语》（1、2册）（北京外国语学院）是许多院校近年采用的教材之一（1993年陆续出版的《新编基础俄语教材》（北京外国语学院、莫斯科普希金俄语学院）暂不为例）。其中词汇和言语训练部分贯彻情景性和交际性原则，但是，练习分两个部分，第一部分，训练词形变化、拼写，掌握常用词和句型的用法（机械练习和一般言语练习）；第二类，训练问答、对话、叙述等口、笔语能力（交际性练习）。据统计，这两类各占50%。教材仍设语法部分，词法、句法系统展示，练习为单句练习和交际性综合练习。教材也设语音部分，在导论课结束后扩大语调知识，训练朗读能力，巩固语音难点的掌握。显然，教材对语言、言语是并重的，既重视交际能力的培养，同时十分重视语言知识的掌握和语言技巧、技能的训练。总之，交际性原则

在基础教学阶段是主导的，它反映了语言教学总的目的，但是在贯彻这一原则时有我国的特点。

2. 提高阶段专业俄语教学

提高阶段（продвинутый этап）指三、四年级教学阶段，在专业俄语教学是一个复杂的教学法课题。如果说基础阶段教学目的明确，教学组织井然有序，那么提高阶段的教学目的比较笼统，还没有统一的大纲，教学组织各有一套，有较大的随意性（不同院校做法不同，不同教师做法不同）。高年级教学阶段的特点是教学时间少、教学任务重、教学困难多、各种矛盾集中，这一阶段的教学时间不足两年。学生要撰写毕业论文，部分学生要准备报考研究生，大部分学生要为毕业找工作花去不少时间，这些都直接影响课堂教学。高年级口、笔语实践课（或称精读课，阅读课），用学时一般为6学时（三年级）和4学时（四年级），几乎只是低年级学时的一半。高年级教学长期以来呈不稳定状态，一个很重要的原因是超负荷，许多问题交织在一起，一组问题得到解决，而另一组问题日益尖锐，此起彼伏。这些矛盾的来源有三：①来自基础阶段的要求。低年级要求高年级巩固其成果，完成其没有完成好的任务，对高年级寄予很多希望。②来自高年级本身提出的高要求。高年级不仅要打好基本功，也要扩大知识面，而且要适应社会需要，即广度、深度、速度均不可少。语言能力不可少，言语能力也不可少，高年级自身提出的要求过多，而实现要求的条件有限。③来自社会的要求。社会需要质量高的、全面发展的俄语人才，要求毕业生具有独立工作能力，能听、能说、能读、能写、能译，社会希望他们的语言基础厚实、知识面广。

高年级教学处于学校教育的“前沿”，国内外形势的变化、社会政治与经济状况直接反馈到学校的培养目标和培养规格上，这是社会要求与教育要求的矛盾，事实上，提高阶段的教学往往处于被动地位。领导与教师渴望改革大步前进，但是，难以从种种矛盾中解脱出来。1992年4月，在北京外国语学院召开的全国高校俄语专业高年级教学研讨会（主要是口、笔语实践课）就一些主要问题取得了共识。可以说，由此，提高阶段的教学研究进入了一个新阶段。与会者一致认为制定高年级俄语教学大纲刻不容缓，今后培养规格和教学要求应当是培养厚基础、宽口径的应用型人才，教学要将基础与应用相结合，课程应当以口、笔语实践综合课为主课，实行合科或分科教学。但是，其他课型（阅读、视听说、写作、翻译）应当配合主课进行。为了符合上述要求，教材是关键之一，目前已有几所重点院校编出或正在编写新的教材。关于教学方法，各校趋向专题教学（题材单元教学），或以专题教学为主的教学，强调交际性原则为主导原则，通过言语活动培养言语技巧和交际能力。

高年级教学阶段研究的问题是：

①培养什么人才？中华人民共和国之初综合性大学俄语专业培养俄罗斯语言文学研究人员，即语文学家（филолог），一些外语学院培养外事翻译。20世纪80年代，俄语教学实践表明，只注意基本功的培养，以不变应万变，不结合社会实际的封闭式教学是不可取的。然而，只注意交际能力的培养，或只侧重某些方面能力的培养（如经贸方面），而不注重基础训练也是不可取的。以上两种倾向均没有生命力。从近年毕业生分配的走向来看，70%~90%的毕业生从事企、事业单位和公司的翻译工作。当然还不能据此就把培养翻译人员确定为俄语专业的培养目标，但对这种社会需求，必须重视。因此。比较一致的意见是培养厚基础、宽口径的应用型人才。某些测试调查表明，即将毕业的学生基本功方面还存在着许多问题，也就是词形变化、基本句式、词的基本用法（区分词义）的错误较多，尚不能很好地把握词与词之间的一致关系、支配关系，表达不能言之有物，有时逻辑混乱、不连贯等。厚基础的含义在于学生应当有丰富的语言知识，扎实的言语基本技能。宽口径指学生有较宽的知识面，有较高的文化素养，并且有较好的适应能力。应用型人才指学生应当成为社会需要的实用人才，有较强的实际工作能力。

②编写什么样的教材？这是目前亟待解决的一个尖锐问题。旧教材已不能再用，新教材还待脱稿付排，大有“无米下炊”之势。北京第二外国

语学院走在了教材改革的前列，几易其稿的油印教材及有声资料10余册配套（精读、泛读、文学选读、课外阅读、听力、写作等），突出了社会现实需要。北京外国语学院与普希金俄语学院合编的俄语系列教材（口、笔语实践、阅读、视听说等）既重视言语交际能力的培养，又重视语言修养的培养。黑龙江大学、上海外国语学院等许多院校已推出或正准备推出有中国俄语教学特色的、为培养应用型人才服务的新教材，前景看好。

第四节 俄语教学法的几点启示

我们在前面粗浅地介绍了百年来世界外语教学法的发展，苏联对外俄语教学法的演进及中华人民共和国以来俄语教学法研究的情况，将前人的成果与当今的现实联系起来进行思考是很有益的。作为青年教师我们可以从中得到哪些启示呢?

一、必须重视科学

现在我们可以得出结论："外语教学法是科学的产物。"无论是翻译法、直接法，还是认知法、交际法，都有自身的理论基础，尽管它们都有不同程度的缺点和不足，但其首创者、继承者都是在多年潜心研究科学理论的基础上提出自己的主张的。哲学理论、语言学理论、心理学理论是研究外语教学必不可少的，教学法理论家与实践家还同时分析已有教学法的利与弊，并且随时吸取相关科学发展中的新成果。

例如，我们在"苏联对外俄语教学法"一节提到的强化教学法中的鲜为人知的暗示法、默教法、沉浸法、松弛法均有一定的支持者，均在实验中产生好的效果，也都是以科学理论为根据的。暗示法始于保加利亚，它通过改变环境的设计（教室的布置、音乐的参与、教材的美化等），使学习者在生理上、心理上感到轻松、愉快，通过不自觉的自身潜力的发挥增强信息的掌握（使用传统法时学生在120学时中可以记住640个词左右，使用暗示法可以记住1800~2000个词）。默教法源于英国，旨在教师讲得少而又少，学生练习多而又多。沉浸法产生于加拿大，它主张沉浸在外语环境之中，在大量的时间里接触目的语言。松弛法提倡先进行生理上、心理上调整性的练习，后进行语言学习。就流传较广的"暗示法"而言，它以心理语言学为理论基础，强调诱导、引导（внушение)、无意识性（不知不觉，自然而然）及潜力的作用。

通过这些实例我们可以体会到，任何一种教学法都基于某种科学原理，对于正在成长的年轻教师来说，学习这些科学原理可以提高自己对教学工作的宏观认识。例如，学习了交际法理论我们会懂得外语中介功能进入了高层次，这将大大促进国际间各个领域的交往。又如学习了暗示法理论，我们知道情绪陶冶和外语学习的关系，学习环境、学习者的心境和学习效果的关系。暗示法在某种程度上揭示了教育的美好前景，正像马克思预言的那样："生产劳动将由沉重的负担变成一种享受"，学习活动也应如此。

二、让科学进入自己的课堂

我国语言教学历史十分悠久，但是，历来没有受到足够的重视，语言教学法的研究（外语教学法研究更甚）至今还比较落后。就外语教学来谈，除了各方面的原因之外，还有认识上的问题，不正确的看法有以下三种类型。

第一种看法是"各有所长，不必强求"。一些教师认为，每个教师有自己的教学方法，而教学效果的好坏取决于教师的外语水平。教学实践告诉我们，教师自身的外语水平的确直接影响教学质量，直接影响教师传授知识，培养学生技能的效果，但是，语言水平的优劣与教学质量的优劣不成正比。有的教师语言水平不低，但是，因教学方法不当而不能很好地完成教学任务；有的教师语言水平不及前者，但是，由于潜心钻研教学方法而很好地完成了教学任务。至于语言水平高，教学方法也好的教师自然走在前面，最受学生的欢迎。

第二种看法是"徒弟早晚当师傅"。在一些教师看来，教学方法就是经验，教学时间长了，自然能够掌握一套教学方法。这种看法不科学，教学方法是科学思想的结晶，不是经验主义的产物。经验累积随着教师教学时间的增多而增多，然而，许多教学经验的生命力在于它们经受住了实践的考验，符合教学规律。如果教师不是自觉地用科学理论来指导自己的教学实践，他的教学经验则带有盲目性，而且教学成长也是缓慢的。

第三种看法是“教学法是学者的事”。一些教师认为教学法并不属于技师的业务范围，因而对教学法的研讨采取一种冷漠的态度，甚至完全不予理睬。事实上，教学法是教学的有机组成部分，教学法这门科学将给教师们带来无穷无尽的新思想、新成果，只要学习方法科学，认真实践，就能尝到甜头。北京大学俄语系1992级研究生（语言方向）12人全部选修《心理学与俄语教学法》专题课，科学原理引起了他们极大的兴趣，一些有教学经历的研究生更备感亲切，深深体会到教学法绝非可有可无。

三、立足于自身实践

这里我们提出立足于自身实践有两层意思，一是，立足于自身的实际情况，也就是正视我们教学的外部、内部条件。我们不仅看到在我国，我国教师教授我国学生俄语，与在俄罗斯，俄罗斯教师教授我国学生俄语的不同，也看到在同一个国度里教学对象的变化（如我国学生、欧洲学生）也使教学发生差异，即使同样缺少真实语言环境（如在中国教俄语，在美国教俄语），教学情况也不尽相同。二是，立足于自己的教学实践，唯亲身的实践才能使科学的理论在自己的教学中生根、开花、结果。前人为我们提供了许多非常好的教学设想，我们一方面从总体上汲取其精华，另一方面从局部一点一滴地在自己的教学实践中去创造性地运用，并形成自己的特色。

第二章

俄语教学法的本质

在第一章里我们回顾了国内外俄语教学的历史，在本章里我们将讨论俄语教学法的本质，以求对俄语教学法有一个最基本的认识。如果你已经是俄语教师，可是对我们所教的语言的性质和特点不甚了解，对于研究这门语言教学规律的教学法思想不甚清楚，那么，我们的教学工作则缺少科学性、自觉性。俄语教学法是一门独立而年轻的，还在发展中的科学，它从许多相关科学中汲取营养，作为自己的科学基础。

心理学与我们所研究的俄语教学法（其他外语教学法亦然）有着最直接的关系，帮助我们揭示俄语教学的规律。哲学中的基本思想从根本上指导俄语教学实践，语言学是以语言为研究对象的一门科学，语言的本质功能，语言学的分支社会语言学、心理语言学、应用语言学的研究将从本源上和语言理论的不同侧面为研究俄语教学法的性质提供了科学依据。教育学、教学论规定了学校教育、教授任何一门课程的通用基本章法、基本原则，这是俄语教学首先应当遵循的。

当代美学研究的发展促进了教学美学的诞生，俄语教学与美学的关系也是我们在这一章里要涉及的。俄语教学法的本质应当回答的问题是：什么是俄语教学法？俄语教学法的基本任务是什么？研究范围是怎样的？鉴于专门地详尽地阐明上述问题的俄语教学法文献不多，这里只能略谈一二。

第一节　俄语教学的性质及特点

中国俄语教学的性质与苏联对外俄语教学及世界上其他国家的俄语教学都不同。虽然它的教学目的与别国俄语教学目的基本一致，但是中国俄语教学有相当大的独立性，它是一个封闭型的控制系统，即由中国教师任教（高等学校聘有国外专家），使用本国编写的教材（近年引进国外教材，但不做主要教材），自己的大纲，自己的培养目标，自己的测试系统，学习者没有自然的语言环境，也基本上不可能有赴俄学习经历等。因此，中国的俄语教学很艰难的（俄、汉语言差异极大）。

一、俄语的特点

(一)俄语是国际重要语言之一

现在世界上有5000多种语言。使用汉语的人占世界人口的1/5，使用英语的人有3亿多，使用俄语、西班牙语和印地语的人数次之。俄语无论从使用的人数来看，还是从其使用的地区来看，都堪称国际重要语言之一（除以上语言外，还包括德、日、阿、葡、法、意大利语等）。俄语按其来源属印欧语系（индоевропейская семья）中的斯拉夫语族（славянская ветвь）中的东斯拉夫语支（востокославянская группа）。俄语和任何一种民族语言一样，也分标准语和方言。俄罗斯标准语形成于十五六世纪，现代俄罗斯标准语指19世纪以来的俄语。俄语就其结构是屈折语（флективный язык）或综合语（синтетический язык），靠内部屈折（词根中音位替换）和外部屈折（词尾变化）形成语法形式。例如，перепис-ать—перепиш-у；лампа—ламп-ы。按照语法关系的方式俄语也称综合语，因为词与词的关系以词本身的形态变化来表示。如“В прошлом году я поступил в консерваторию.”中的词形变化。然而，俄语也使用分析方法（用虚词和词序表示语法意义）。有着上述特征的俄语是世界上十大语系中有代表性的主要语种之一，在当今国际交往中的作用不可低估。仅就科投资料为例，俄文科技资料占世界科技信息总量的80%以上。尽管苏联已经解体，俄语在东欧、蒙古及前各加盟共和国的地位有所改变，但是，俄语作为世界通用语的地位是暂时不会改变的。

(二)俄语是一种富于形态变化的语言

俄语是世界上优美而丰富的语言之一（词汇10余万），是一种富于形态变化的语言，掌握俄语对于以汉语为母语的人来说是比较困难的。汉语在语言谱系上属汉藏语系，与俄语所属的印欧语系是两种完全不同的语系。俄语是屈折语，形态变化发达，汉语基本上无形态变化，是根词语，用词根构词。我国大学生学习俄语时（对零起点学生来说）已经完成了两个阶段的汉语学习：第一阶段是从出生到上小学以前的学龄前时期，学习口语；第二阶段是从进小学到中学毕业，主要是发展笔语，口语训练在于促进语言规范化。一个大学生习惯于母语（汉语）思维已经18~19年，即使在中学学过俄语的学生，俄语思维能力也是很微弱的，所以，学习俄语要建立第二语言系统。

学生学习俄语的经历表明，自身的汉语水平与自身的外语水平呈正相关。著名捷克教育家、教育科学的创始人、语言教学法的奠基者夸美纽斯（Коменский）在1638年曾写道："……想教那些还没有掌握本民族语言的人学习一门外语，就如同有人想教一个不会走路的人骑马一样……我们的教学法认为教那些还不懂自己民族语言的人学拉丁语是不合适的，因为我们的教学法确定本民族语言有助于学习另一种语言，并起向导作用。"不过，由于语系的巨大差异，汉语对学生学习俄语有很大的干扰性，使学生的"汉化"毛病严重，不容易在口、笔语方面接近"地道"，当然，这和学生的学习条件有很大关系。

二、我国学生学习俄语的特点

这里所谈的我国学生学习俄语的特点也是学习俄语的难点。

1. 难以掌握俄语句子结构

众所周知，俄语中变格、变位、动词时体、形、副动词是我国学生学习中的“拦路虎”，句法结构的运用，组织基本句式的能力是我国人学习俄语水平的总的标志。辞藻简单贫乏远不及句子结构的混乱，不符合俄语语法规则所造成的危害大，教师常常提醒一些学生：“По-русски так не говорят.”。教师所指出的在相当多的情况下是句式上的问题，学生会在一段时间不能按照俄罗斯人的语言习惯去组织句子。

俄语句法结构有四种类型：①并列结构（соединение）；②主从结构（подчинение）；③确切结构（уточнение）；④接续结构（присоединение）。主从结构包括一致关系（согласование）、支配关系（управление）和依附关系（примыкание）。一致关系指从属词与主导词在性、数、格、人称上的一致，汉语中没有此种句法关系。我国学生在口、笔语表达时瞻前顾后，一不小心，就会出现失误，正确的“一致关系”要求自动化技巧。支配关系指从属词受主导词的支配具有间接格的形式，也是俄语词汇用法特点之一。汉语中没有此种句法关系，“支配关系”造成了我国学生学习俄语很大的困难。

例如，汉语的“回答问题”“请教问题”“思考问题”“讨论（某一）问题”“涉及某一问题”在俄语表达中均有支配关系，均有格的形式：“ответить на вопрос”“обратиться с вопросом”“думать над вопросом”“поговорить по вопросу（о вопросе）”“касаться вопроса”。俄语及物动词要求的一、四格，不及物动词要求的二、三、五、六格（带前置词或不带前置词），我国学生经常混淆，张冠李戴。这种历史形成的“支配关系”同样要求学习者一一记住。例如，советовать кому что и с неопр., советоваться с кем, отказать кому в чем, отказаться от чего и с неопр. 接格关系的特点常使学生感到困惑。

2. 需要积极地排除汉语句子结构的干扰

我国学生学习俄语的另一个特点是需要随时注意排除汉语的干扰，学生已经习惯了的汉语表达方式，常常沿用到俄语学习之中，造成汉化式的俄语错误。汉语有5种句法结构关系：代表了汉语词组、短语、句子及复合词构成的方式：①联合结构（如“愉快而幸福”）；②偏正结构（如“伟大的祖国”）；③动宾结构（如“学俄语”）；④补充结构（如“听清楚”）；⑤主谓结构（如“红旗飘扬”）。在汉语句子结构中有许多结构是俄语中少见的，如，汉语中广泛使用的动词谓语句中的连动句、兼语句在俄语中只能用主从复合句表示，如果按照汉语的习惯去组织俄语的句子，就会产生错误。

连动句指两个动词或动词短语共用一个主语，有些句式对俄语表达不造成影响，如“下午我们去商店买东西。”有些则不然，如“大家听了这个消息都非常高兴。”“书放在宿舍没带来。”兼语句指谓语由一个动宾结构和一个主谓结构套在一起构成，前一个结构中的宾语兼做后一个结构中的主语。如“你请他来。”汉语中一些兼语句在俄语中有相应的表达方式。例如，“这个消息使我很高兴。”“请他跳个舞。”“先让大伙提提意见。”“大家都嫌他说话啰唆。”“同事们喜欢他办事公道。”……学生不易出错。另一些兼语句要用俄语自身的表达方式，不能套用，这非常值得我国学生注意。如“我看见他来了。”（俄语为：“Я увидел, что он пришел.”）“他叫我今天下午去开会。”（俄语为：“Он мне сообщил, что после обеда будет собрание.”）“我还有一个哥哥在北大物理系教书。”（俄语为：У меня другой брат работает преподавателем на факультете физики Пекинского унверситета.）我们常见到学生有这样的错误：“Вошел в магази я увидел отдел готового платья”［应为：“Когда я вошёл в магазин（Войдя в магазин），я увидел отдел готового платья.”］俄语中广泛使用连接词、联系用语、指示词作为区分句间联系的表达手段，相应的手段在汉语中用得少些，所以学生容易在这方面出错。

三、中国俄语教学的特点

1. 语言形式的教学时间长，并且贯彻全部教学阶段始终

中国俄语教学将语言形式的教学视为根本，理由有二：其一，俄语语言体系复杂，需要系统地教授才能使学生获得完整的知识和基本技巧。俄语言语表达完全呈现在纷繁的形式变化之中，不掌握变化规则，口、笔语交际寸步难行。其二，在中国进行俄语教学有一些不够理想的主、客观条件，我国学生学习俄语的困难较多。如果语言形式的教学分散进行，口语为主，句型为主，归纳法等不足以保证我国学生打好语言基础。

1984年苏联出版的教材«Старт»共18课，供初学者（100学时）使用，教材生动有趣，称得上是好教材。但是，语言规则的安排是不系统的，名词变格按一、四、六，二、三、五的先后次序，动词变位以句型的形式出现，在适当的时候介绍代词的变格、基本数词及时间的表示法，并将其融合在交际性的对话之中。分两次进行的语法归纳仍避免不了许多语法规则的问题的出现，如在学习关于第一格用法的交际对话时很难不涉及其他语法现象，“Это мой родной город.”这样一个简单的句子存在“一致关系”的问题。因此，不如系统教授语言规则。需要说明的是，语言形式的训练不是为训练而训练，它一开始就与功能模拟交际结合起来，只有使语言形式的训练尽可能在情景中进行才有生命力。我国俄语教学的第一个特点涉及语言形式和功能、语言知识和技能、理论和实践、语言和言语种种矛盾的对立统一，应当指出，对一种语言形式的理解和掌握反映人的一种文化修养。

2. 交际能力的培养有侧重

与学习其他外语的学生相比，学习俄语的学生开口晚、开口难，口头表达虽比较准确但结结巴巴，虽比较流畅但错误很多，要达到阅读能力强、书写水平高、听力反应快而准、说话流利而无误绝非一日之功。而真正达标者廖若星辰，俄语水平高的人初到俄罗斯最大的感受是少一双“俄语耳

朵”。从全国俄语教学来看，“五会”能力的培养要根据教学目的和教学时间而有所侧重，公共俄语应当以培养阅读能力为主，其他兼顾；实用性很强的训练班应以其培养目标（如经贸翻译、导游等）为主，其他兼而有之。专业俄语培养胜任口、笔语工作的应用型人才，则应“五会”并重，但是要求应当符合实际。对于零起点的俄语专业学生来说，只学4年时间要达到很高的水平是不现实的。

3. 采用灵活的教学法

俄语教学不可能有统一的主导的教学法，这是由下列因素决定的：①俄语和汉语差异大；②俄语教学缺乏自然语言环境；③教学目的多种多样；④师资力量参差不齐；⑤学习者人数众多，但是水平不一；⑥教学手段落后。俄语教学将根据不同的教学目的、教学对象、教学条件采用灵活而合理的教学方法，吸取世界上各种教学法的长处，博采众长，取长补短，探索出符合自身教学实际，从而产生良好教学效果的教学法。

第二节 心理学对俄语教学法的意义

这一节是本书的核心，本书是按照这一节阐明的思想来介绍俄语教学法的。心理学（психология）是语言教学法理论基础之一，和哲学、语言学、教育学、美学同为语言教学法的相关科学。但是，心理学与语言教学法的关系最直接，心理学对语言教学法最具有指导意义，心理学对俄语教学法的意义在于它揭示了教学的心理机制、教与学的心理因素，推动优化教学的实施。

一、心理学与俄语教学规律

心理学能够科学地解释俄语教学的规律，通晓心理学基本原理的教师可以科学地组织俄语教学全过程。他们将由盲目走向自觉，由一般零散经验走向科学创造，由刻板走向自由，能逐渐从宏观上认识教学本质，从微观上驾驭自己的教学行为。

心理学是研究人在实践领域中心理活动规律的科学，教与学的活动都是复杂的心理活动（受许多因素的制约，本身是不断变化、发展着的）。俄语教学法是研究俄语教学规律的科学，对俄语教学规律的认识、掌握和正确运用的任务很大一部分落在心理学上。心理学可以对我们从事的教学工作做本质上的解释。根据心理学原理，俄语教学有下列规律。

1. 学习动机和学习兴趣的规律

动机和兴趣等心理现象是任何一种学习活动的前提和活动效能的保证。人们的各种活动都是由一定的动机引起的，没有动机也就没有活动，或者正在进行着的活动也因缺少动机而中止。动机除了引发功能，还有维持和加强认识活动的功能，直到达到活动的目的，而人的动机取决于人的需要。心理学告诉我们，俄语学习的认知过程也是由需要、动机引起的。学生想学与不想学，乐意学与不乐意学不是个人情绪的问题，和学生的学习动机有关。据心理学家统计，大学生学习动机有40多种，指向未来前途的可以称“远景动机”。如俄语专业学生有志成为合格的俄语人才。指向毕业找工作的可称“中景动机”。前些年有些俄语专业毕业生分配有困难，因专业不对口。当时一些学生在学习期间便十分忧虑，学习劲头不足。近年国家需要俄语人才，俄语专业毕业生就业乐观，学生学习有积极性，专业思想问题不多，社会需要将和个人需要完美结合。指向眼前目标为“近景动机”，为了取得好成绩，掌握某些语言材料是出于好奇，或是为了学会动听的朗读、美丽的书写等都属于近景动机。有些枯燥的语言材料由于教师讲明意义，师生取得认同，学生发现了学习的需要，这也是动机问题。需要、动机、兴趣有积极、消极之分，是可以相互转化的。

2. 认知过程的规律

根据心理学原理我们知道俄语学习的认知过程是通过感觉、知觉、记忆、思维、想象等心理活动来实现的。俄语专业的学生通过上述心理过程学习语言知识，学习言语交际能力，实现着对俄语由浅入深、由感性到理性的认知过程，学习俄语的最终目的是用俄语思维交流信息、思想感情。在学生的认知过程中思维是主要环节，学生的积极思维活动是有效学习语言的关键。理解语言需要积极思维，言语表达更需要积极思维。教学实践表明，平淡的、只是重复已知的、不能促进思考的练习对语言学习的价值有限，能够开掘学生思维潜力、施展思维和想象力的言语活动的价值是无限的，何况俄语教师的重要任务是使学生过渡到用俄语思维。马克思曾说：“一个刚学会外国语的人总是要在心里把外国语言译成本国语言……只有当他不必在心里把外国语言译成本国语言，当他能够忘掉本国语言来运用新语言的时候，他才算领会了新的语言精神，才算运用自如。”

3. 情感、意志过程的规律

根据心理学观点，学习语言的认知过程并不总是自觉地进行的，往往需要情感、意志参与刺激。心理学家认为，激励是人的一个基本需要，它对学习和认知的发展有促进作用，甚至能够使大脑皮质增厚。俄语难学，俄语学习过程中十分需要各种积极的情感、意志因素的推动，可称它们为学习的非智力因素（认知活动本身称“智力因素”）。曾经有过这样的一个心理学实验：将学生分为三组，使用三种不同的评语。第一组，只评定等级，没有评语；第二组，除了评定等级，还给予一定的好评（顺应评语）；第三组，评语分为优、良，让优者保持，让良者继续努力。结果第二组完成作业的成绩最好。这就是为什么经常受到教师具体鼓励性评语（发现学生的微小进步）的班级完成作业的积极性和质量要大大高于只得到教师批一个“阅”字的班级。

4. 师生合作的规律

从心理学角度来看，师生良好合作可以形成愉快和谐的教学气氛，使师生在愉悦的心境中完成教学任务。在俄语教学过程中这一规律的作用非同小可，俄语教学效果往往取决于师生合作的融洽程度。

二、心理学论教学的主体

苏联心理学家Л.弗里得曼指出：“当个体自觉地、有目的地从事一定的活动时（脑力的或体力的，理论的或实战的），并且在这一活动过程中认识客观世界、改造客观世界时，他就是主体（субъект）。我们注意到，参加某种活动的个体并不一定就是这一活动的主体。例如，儿童摆弄玩具的时候，他还不是这项活动的主体，因为他并不是有意识地、有目的地去实现自己的活动。当一个学生只靠外部动机去完成教师布置的任务时，他也不是这一学习活动的真正的主体，只是教师施加教学、教育工作影响的客体，而教师则是这一活动的真正的主体。所以，学生只有认识到真正的学习目的，并且目的明确地去完成对个人说来是重要的学习任务时，才可能成为自己学习活动的主体。”

这一段话通俗而又精辟地阐明了心理学关于主体的理论，说明了主体是积极性的载体，主体在现实世界中具有极大的能动性。任何一个教学活动中都有两个角色：教师和学生，他们必须同时发挥主体的作用，同时发挥积极性，教学才能正常进行，才能取得好的效果。对于教师的主体作用、主导作用我们比较熟悉，而对于学生的主体作用在理论上比较陌生。长期以来学生只被看成教学的客体，处于被动地位。在教学法的研究中，对“教”的研究，多于对“学”的研究，同时，存在着不正确的学习观。例如，学生在直接教学法和语法翻译法中不是教学的主体。在直接法中学生处在刺激反应之中，在机械模仿之中的学生只是学习说话的“机器”，自己很少动脑筋，没有自主性，十分被动。在语法翻译法中的学生只是按照教师的安排分析语法现象进行翻译，处处被牵着走，学习的主动性没有得到真正的发挥。

近年来，“学生主体的作用”越来越受到关注，以学生为主体的教学被看成当代教学法的一个十分重要的思想。在以学生为主体的教学中学生是主角，学生是学习的主人。以学生为主体的教学重视学生的需要、学生的学习动机和兴趣、学生认知活动的主动性及学生情感、意志对学习活动的积极参与，除此之外，在外语教学中还要创造条件使学生有较多的言语交际的机会，有表现自己、自我实现的可能性。

近年来在俄语教学中满堂灌的局面已经得到扭转，但是，在发挥学生主体作用方面还有待于提高认识，要积极实践，而且要具体改进教学的组织。例如，在课堂练习方面为学生提供下列可能性以强化学生主体作用。①传达自己新的信息（补充所学内容）；②表达个人看法；③发表不同意见（辩论）；④提出问题（有权刨根问底）；⑤寻找多种答案；⑥标新立异，提出超常主张；⑦发挥想象力；⑧向教师提出意见、建议。

关于课堂中的两个主体的讨论将在后面的章节中展开，这里不再赘述。

第三节　俄语教学法与其他相关科学

一、俄语教学与哲学

哲学是人们对于整个世界的根本观点的体系，指的是辩证唯物主义和历史唯物主义，哲学可以指导任何一门学科的研究。这里我们将俄语教学工作与哲学联系起来，进行俄语教学法的哲学思考，看来是很有必要的。

(一)思考之一

俄语教学法应当符合辩证唯物论（диалектический материализм），摈弃主观唯心主义（субъективный идеализм）。辩证唯物论是马克思主义对世界看法的理论，它是唯物主义的，不是唯心主义的，也不是机械唯物主义的。按照辩证唯物论的原理，俄语教学要尊重客观实际，也就是尊重世界发展的实际，世界外语教学的实际；尊重我国实际，尊重俄语教学自身的实际。教学中的主观主义表现为保守主义、经验主义、盲目乐观、安于现状。例如，①对国内外外语教学（俄语教学）中的新事物、新进展不感兴趣，对于教学改革持消极态度。②“既不做鸡中鹤，也不做鹤中鸡。”不求有功，但求无过，主观能动性没有得到发挥。本来可以做到的事情，也因为看不到教学实际中的潜力而没有去做。③对教学中存在的问题视而不见，比上不足，比下有余，心安理得，盲目乐观。④唯条件论。夸大自身教学实际的特殊性，强调条件不具备而不去改进教学。

作为俄语教师我们应当尊重的客观实际是：①世界发展的实际。当代科学发展越来越走向微观（微粒子世界）。科学理论越来越抽象化、符号化、教学化，需要借助理想实验、模拟方法、纯逻辑方法。20世纪40年代诞生的系统论（системология）、信息论（информатика）、控制论（кибернетика）都是以教学作为基础理论和研究方法的。我们应当进一步认识到外语教学（俄语教学）对科学发展的依赖性，时代向我们提出了教学内容的更新，教师知识结构的更新，师生知识结构的转化，以适应社会高度发展的需要。②世界外语教学的实际。关于这一点我们在第一章做过介绍。人类交往的内容和过去不同，语言使交际工具这一概念有了深层的新的含义。世界外语教学为造就21世纪优秀的外语人才而优化教学思想，改造教材，改革教学组织、教学方法，如果我们总“以不变应万变”，将会被时代所淘汰。③中国实际和中国俄语教学实际。中国俄语教学要立足于中国实际的问题，我们在第一章已经讨论过。我们反对不顾中国国情的主观主义态度，也反对只强调自身特殊性的唯条件论。

（二）思考之二

俄语教学法应当符合唯物辩证法（материалистическая диалектика），摈弃形而上学。唯物辩证法是认识世界的方法，是辩证的，不是形而上学的（метафизика）。辩证唯物主义既是世界观，又是方法论。俄语教学要尊重辩证法则是指：将俄语教学看成一个多种矛盾的统一体。俄语教师要运用对立统一的规律把握俄语教学中的主要矛盾，推动其他矛盾的解决，使俄语教学在矛盾的运动之中提高水平。唯物辩证法注重联系的法则，运动的法则，质、量互变的法则，对立统一的法则。

在我们的教学工作中形而上学的现象是存在的。例如，①孤立地看待教学中的各种矛盾，或排斥，或依赖，因而产生悲观失望情绪；或者因分不清主、次、内、外，偶然与必然，在解决矛盾时眉毛胡子一把抓，结果事倍功半。②习惯教学中的静态，不习惯教学中的动态。按照唯物辩证法的观点，俄语教学不可能静止不动，不可能多少年如一日，静是相对的、暂时的，教学的变革是绝对的、长久的。俄语教学中存在着如下矛盾：①教学目的和教学时间、教学条件的矛盾；②教师和学生的矛盾；③俄语和汉语的矛盾；④语言和言语的矛盾（语言知识和言语技能的矛盾、理论与实践的矛盾、语言形式与语言功能的矛盾、机械练习与言语交际练习的矛盾等）；⑤基本功与交际能力的矛盾，基本功与知识面的矛盾（精与泛的矛盾、基础与提高的矛盾）；⑥口语与笔语的矛盾（听、说与读、写的矛盾）；⑦理解与表达的矛盾（听、读与说、写的矛盾）。我们不应当惧怕矛盾，而应当正视矛盾，看到它们是联系密切的、变化的、转化的、统一的。

二、俄语教学法与语言学

语言学（языкознание, лингвистика）是俄语教学法直接的科学基础。语言学是研究语言的本质、语言的结构（语音、语法、词汇）、语言的起源和发展、语言的分类的科学。语言学帮助我们认识不同语言的共核，认识语言的一般规律。关于语言的本质是争论了很久的问题，辩证唯物主义认为，语言是一种特殊的社会现象，是人类思维的工具和最重要的交际工具，是一种音义综合的符号系统。“思维工具”“交际工具”是语言的功能特征，“符号系统”是语言的结构特征。

俄语教学法与语言学的相关性在于以下方面。

(一)“语言是最重要的交际工具”,阐明了语言教学的最终目的

列宁指出：“语言是人类最重要的交际工具。”（средство человеческого общения）这句话揭示了语言的本质特征及其在交际工具中的地位。

人类的交际工具有语言、文字、棋谱、红绿灯、电报代码、教学符号、化学公式、伴随语言手段［паралингвистические（невербальные）средства］等，其中语言是人类最重要的交际工具。语言已有几十万年的历史，文字是在语言基础上产生的，它从属于语言的发展、变化。上述其他形式的交际工具服务领域很窄，离开语言与文字不能独立生存。

中国俄语教学法过去和现在都是以“语言是最重要的交际工具”为指导思想的，只是对“交际工具”内涵的认识有不同、有变化。在这个问题上认识的渐进在苏联俄语界也是如此。过去大家认为掌握了语音、语法、词汇规则就是掌握了俄语这一交际工具，这样，将学生的言语交际能力的培养放到了学生走出校门以后。近些年我们在俄语教学中贯彻了交际性原则，对语言是最重要的交际工具的理解逐渐深刻，重视了课堂教学的交际

化，以培养学生基本的、未来工作所需要的交际本领。将交际作为手段去达到掌握俄语这一交际工具的目的，使学生通过听、说、读、写、译获得听、说、读、写、译的言语交际能力是大家的共识。

(二)"语言是思维的工具",阐明了语言训练和思维的关系

语言是物质的，思维是观念的，各民族语言不相同，而思维是共同的。语言结构和思维结构不相等，语言发展规律和思维发展规律也不相同。

语言是思维的工具（орудие мышления），语言形成思维、表达思维，使交际对象产生共同的思维活动，思维不能脱离语言，没有语言，思维活动不能进行。但是语言也离不开思维，没有思维活动，语言也就没有存在的必要。语言有两个功能，既是人类交际的工具，又是人类的思维工具。

以上简明的原理告诉我们，在俄语教学中应当遵循的是：①人类思维有共性。如果学生学习俄语时只知道它和自己母语的巨大差异，而不知道人类思维的共性，就会增加学习的困难。而如果使思维的共性为我服务，就可以增加学习中的积极因素。②用俄语思维才能自如地用俄语进行交际，而做到这点是一个漫长的过程。教师认识到思维对俄语交际的制约作用后则需要有计划地、积极地帮助学生了解俄罗斯人表达思想的语言特点，并且从模仿入手（背诵有关语言材料十分有益）到自由运用。③在俄语交际中学习用俄语思维。要培养俄语思维能力，只掌握语音、语法、词汇规则是不够的，俄语思维能力的培养必须在听、说、读、写的言语实践活动中进行，必须和接近真实的交际练习综合起来，才有亲临其境的感受。所以，自然俄语环境是培养俄语思维的最好条件。当我们能够纯正地、流利地用俄语交际之时，也是我们能用俄语思维之日。

(三)"语言是一个符号系统",阐明了语言的内部规律

语言符号系统（знаковая система）是语言结构上的本质特征。符号是一种标记，用来传递信息，语言也是一种符号，它具备了符号的全部特点：代替性（音义结合）、任意性（约定俗成）、统一性（语言是一个规则系统）、规定性（不能随意更改）。语言又是一种特殊的符号系统，一般的符

号系统长期不变，语言这一符号系统要随着社会的变化而变化，随着社会的发展而发展。语言作为符号的几种特性使我们认识到，学习一种语言就要尊重这一语言的自身特点，将“约定俗成”看成自然的事情，细心观察这一语言的特色，培养对这一语言的语感。

语言学的分支“应用语言学”“心理语言学”“社会语言学”都和外语教学法有关。“应用语言学”（прикладная лингвистика）研究语言学习、语言教学、言语病理、口语翻译、笔语翻译、计算机语言、词典学等。“心理语言学”（психолингвистика）研究儿童母语习得的过程、语言学习和使用的心理过程、母语教学和外语教学等。“社会语言学”（социолингвистика）研究语言的社会性、语言的社会功能、语言和文化、社会交际中使用语言的特点等。以上这些新学科均从不同的侧面为俄语教学法研究提供了科学依据。

三、俄语教学法与教育学

(一)教育学研究的对象

俄语中教育学（педагогика）这个术语起源于古希腊，它的含义就是关于教育的科学。古希腊曾有一批奴隶，专门陪伴贵族的孩子上学和服侍他们，当时称他们是“带领儿童的人”。后来，对儿童进行教育和教学的人就称为“педагог”，进行教育的专门科学称“教育学”。

然而，教育学的故乡在中国，外国人写教育思想史把中国放在第一位，孔子之后才是苏格拉底、柏拉图等。2000多年前孔子就提出启发式教学，因材施教，学的概念源于孔子，“教育”二字出于孟子。当然，不能据此否定近代中国的教育和教育理论的滞后，这和我国过去的社会发展，文化、经济、科学、技术的发展有关。

教育学的研究对象可以分四个方面：①教育的一般理论；②教学理论（教学论，дидактика）；③教育理论（德、智、体、美育）；④管理科学等。下面着重谈谈与本书命题关系密切的教学论。

(二)教学论是俄语教学法的科学基础

教学论是俄语教学法的科学基础之一，因为教学论而提出的教学总论是任何教学活动都应当遵循的普遍规律。我们应当首先是一个合格的教师，然后才是一个合格的俄语教师，我们使课堂教学符合俄语教学规律之前先要符合一般的教学规律。俄语教学法首先要符合一般教学论的原理。

教学论是专门研究教学规律的一门教育科学。科学教育学的创始人、语言教学法奠基人、著名的捷克教育家夸美纽斯拉把自己论述学校教育的著作称为《大教学论》(«Великая дидактика»)，教学论在很长时期是指导各科教学的唯一科学。后来，在它基础上产生了各种课程的教学法，俄语教学法是其中之一。这样，教学论就成了分科教学法的基础。

(三)俄语教学法应当遵循的教学论的基本原理

“教学是一个特殊的认知过程”，这是教学论的一个最重要的基本原理。教学工作的实质是教师通过自己的努力把一定的人类社会历史经验转化为学生个体的精神财富。

教学的认知过程有自身的特点：①学生通过教科书学习人类长期积累的经验，通过书本学习的知识有间接性，学生认识世界与人类千百年认识世界是不同的，他们可在很短时间内学到前人经过漫长的岁月才获得的知识。马克思曾说“再生产科学同最初生产科学所需要的劳动时间是无法相比的”。例如，学生在一小时内就能学会二项式定理。②教师指导学生的认知过程。学生有教师引路，而科学家、实际工作者是自己去探索科学的。③学生在认知过程中得到全面发展，学习知识，发展能力，培养良好的个性品质。而一般人的认知过程则以认识事物特征、完成一定的工作为最终目的。但是实现上述目标不可一蹴而就。

综上所述，进行俄语教学，一方面，要认识到教学过程的特殊性，既要重视书本，重视知识，又要重视实践，培养能力，同时将思想教育融于教学之中；另一方面，正由于学生知识的间接性所固有的消极因素容易使教学过程简单化，语言规则满堂灌，不去注意学生的特点，收不到教学应有的效果。

(四)俄语教学法中的教学论原则

俄语教学法应当包括以下教学论的基本原则（传统的教学论基本原则）。

1. 系统性原则（системность）

教学应当是循序渐进的、系统的、连贯的。宋代朱熹说，读书要“循序而渐进，熟读而精思”。这一原则的确定是由于知识本身是系统的，教学认知活动是有顺序的。

教学实践证明，杂乱无章、断断续续地传授知识不利于学生牢固地掌握知识，不利于获得解决问题的能力。教学中出现了违反这一原则的现象时往往要设法补救，恢复教学的系统性。在贯彻系统性原则时应当突出重点和注意灵活性。系统性不是一成不变的，不是形而上学的。俄语教学中知识的传授应当具有相对的系统性。

2. 直观性原则（наглядность）

直观教学也称实物教学，形象化教学，直接观察教学。夸美纽斯说：“可以为教师们定下一则金科玉律。在可能范围内，一切事物都应该尽量地放到感官的跟前。”这一原则的确定是由于教材是人类间接经验的结晶，较为抽象、空洞。同时，学习者是青少年，他们的思维是由形象思维占优势过渡到抽象思维占优势。

俄语教学中（特别是在基础阶段）实物、板书、形象化的语言、比喻等能激发兴趣，可以优化理解和巩固知识，促进思维的发展。直观性原则为教学带来生机。神经生理学家认为，手势、图画、生动的实物对于沟通学生的非语言方面的联系是十分有效的。直观性原则是现代教育、教学原则。

3. 巩固性原则（закрепленность）

我国几千年传统教学实践均强调知识的熟记。在西方，夸美纽斯说，没有巩固知识就等于“把水泼到一个筛子上去”。确立这一原则是因为记忆能够巩固学生所学的知识。而巩固知识，形成技能又需要实践。俄语教学中学生言语技能是在大量的机械性的、交际性的练习中形成的。定期使用不同的形式复习所学知识、定期测试是巩固性原则的充分体现。

4. 量力性原则（воспринимаемость）

量力性原则又称可接受性原则。这一原则的确立是因为教学内容和教学组织要符合学习者的生理、心理特点和知识水平。我国古代墨子说："夫智者必量其力所能至而从事焉。"俄语教学中要防止两种倾向，一是学生负担过重，疲于奔命，最终还是没有能掌握好言语交际本领；二是对学生的潜力估计偏低，教学没有难度，学生得不到探索、创造的乐趣。这些都是忽视可接受原则的结果。

还有不少数学论原则我们这里没有提及。现代教学论特别强调开发智力、培养能力的原则，考虑个别差异、因材施教的原则，这些问题我们将在以后的章节里讨论。苏联著名教育心理学家Л.赞可夫（Л. В. Занков）提出的高难度、高速度教学原则旨在发掘学生的学习潜力，使学生个性得到良好的发展。苏联著名教育家Ю.巴班斯基（Ю. К. Бабанский）提出的教学过程最优化的原则，人（教师和学生）和物（教学物质条件及教学心理条件）的完整系统，旨在优化组织教学过程，以师生的轻负担最佳完成教学任务。

苏联著名的教育家В.苏霍姆林斯基（В. А. Сухомлинский）提出的和谐教学原则主张学生在学习过程中生动活泼地学习，快乐地成长，有充实的精神生活，这对俄语教学是有启迪作用的。

四、俄语教学法与美学

通过前面的讨论我们会意识到教师在某种意义上是一名心理学家、哲学家、语言学家、教育家，通过俄语教学法与美学（эстетика）的讨论我们的结论是：教师是一名艺术家。

过去我们作为外语教师对外语教学与美学的关系了解很少，因此也就谈不上用美学原则来指导教学。如果我们按照美的规律组织外语教学，就能够使教学成为美的教学，使教学给人以美感（эстетическое восприятие），使教学具有审美价值。美的教学是教学优化的集中体现，是外语教学的最高水平、最高境界。这里我们打算用较多的文字描述外语教学与美学的关系，因为这是我们外语（俄语）教学的美的理想，我们是要实现这一理想的。

美学是哲学的一个分支。顾名思义，美学是研究美的科学，它的研究对象主要是美的本质、美感、美的形式、美的创造、美育等。世界上对美的探讨有两三千年的悠久的历史，是从希腊和中国先秦开始的。但是美学作为一门科学只有200多年的历史。德国哲学家和美学家鲍姆加登（Баумгартен）于1750年正式发表了《美学》一书。最早的美学是研究感性认识的科学，与当代美学概念不完全相同，自从康德（Кант）、黑格尔（Гегель）的美学著作问世以来，美学的科学体系才得到确立。马克思主义美学认为美的本质特征是：①美是人类社会的产物，在人类社会以前不存在美。②美在人的创造性实践中产生。不是人的所有的实践活动都是美的，人们的美感也是在改造主客观世界的创造性活动中形成的。凡能引起美感的事物一般具有审美价值。③美是实在的、人能感觉到的。

美的形式很多，例如，自然美，包括无机界自然美、动物美、植物美、宇宙美等；社会美，包括社会产品美、社会人美等。艺术美是美的集中表现，是艺术家创造性劳动的结果。例如，人们去看电影、听音乐、欣赏绘画，这是因为艺术品是创造性劳动的产物，比生活更典型、更深刻、更美。

综观世界上美的事物，我们会意识到其一大特点是和谐。它们自身所包括的组成部分均在各自最佳位置上，相互平衡、协调、统一。如我国故宫建筑风格之美。任何一种美的实践活动最大的特点是自由，给人可以驾驭实践活动的自由，是人的实践技艺的娴熟，炉火纯青，是人从必然走向自由，如成功地发射人造卫星。此外，任何一种美的实践活动都是愉悦的，它给人以美感，这样的实践活动对人来说，是一种享受、是一种乐事，如美术家作画。应当说，美的实践活动已不再是人的负担，而是人的一种自觉需要。

成功的教学是美的、和谐的；不成功的教学是不美的、不和谐的。不和谐的教学表明：教师与学生这两个教学活动的主体不能自由地驾驭教学过程的各种因素、各种矛盾。这里的许多矛盾相互撞击着、妨碍着，统一不起来，教学效果必然受到影响。

(一)俄语教学与美学的相关性

1. 俄语教学与美学有相通之处，美学原则能够指导俄语教学美的创造

俄语教学和其他外语教学一样既是一门科学，也是一门艺术，一门教授俄语的艺术。称俄语教学为艺术，是因为外语教学是复杂的高技艺的教学实践，是创造性的实践。俄语教师要精通自己所教的外国语，掌握它的基本规律，科学地钻研自己传授俄语的技艺，最终塑造出一个个不同水平的、能用俄语工作的、为社会所需的人才。苏灵扬说："教师之所以成为艺术家，是因为教师的劳动本身就是创作，而且比艺术家的创作更富有创造性。"将一门学生陌生的语言在一定时间内变成他们比较了解的，而且能够用它进行基本的口、笔语现实交际的语言，唯师生的创造性劳动才能解释。美学的中心课题是艺术美的创造，艺术的三大特征是形象性、情感性、创造性。外语教学也很重视情感价值，教师和学生的积极性是健康情感的集中体现。教与学的成功使师生获得满意、愉快的情绪体验，师生在成功的教学中得到的美感相互影响、相互补充，强化他们进一步教学实践。

美学原则指导我们创造俄语教学美，指的是进行合乎教学规律的创造。实现这样的创造绝非易事，它是教学中各种关系的均衡、对称、完整、和谐，是教学的完美、教学的高境界，达到这一境界的教学就是艺术。

2. 俄语教学和其他外语的教学一样，是特殊的艺术。教学美学的形成与发展将丰富美学研究

外语教学的艺术化是美的规律作用的结果，但是，教学美是一种特殊的艺术美：①教师的高智力、高的外语水平和高超教学技艺相综合（两者

缺一则不美)。②教师的创造与学生的积极参与创造相结合。学生是教师创作的对象，但是，学生不是画家手中的画板，他们是活生生的个体，教学的主体。他们不是被动地接受塑造的，发挥学生的主动性、创造性的教学才是美的教学。③教学计划性和应变性相结合。艺术创作有很大的自由性，而教学艺术是在控制系统中进行的，教学艺术表现在规定中的灵活，复杂中的单纯。外语教学在师生频繁的言语交往中进行，教学效果随时得到反馈，教师常常不能超前预想。即兴组织好练习是教学艺术的特点之一。④教师个人教学风格的形成与它的不断充实相结合。外语教学的感染力还在于教师有独特美的教学风格。美的教学有不可模仿性，就像生活中的艺术品不完全相同一样。然而，个人风格一旦形成模式就会产生惰性，如果不进行充实和进步，就会失去教学艺术的魅力。

(二)俄语教学法的美学原则

1. 外在美原则

俄语教学外在美的创造旨在使教师和学生在美的环境中进行俄语教学。诞生于保加利亚的暗示教学法特别强调布置教学环境的重要性。这种教学法安排学生在特定音乐声中进行外语学习。这种学习外语的环境是美的，它陶冶学生的心境，消除学生不必要的心理障碍，使学生在愉快的环境中自然而然地掌握教学内容。然而，教学外在美的含义不仅于此，它有下列四个因素。

(1) 教师自身的外在美。

学生通过教材和教师创造性的施教来学习外语。教师不仅是教学信息的中介者、传递者，更重要的是指导者、组织者。教师应当举止美，着装大方、美观，风度文雅、庄重、热情、亲切、谦虚；教师应当语言美；教师的母语和外语均应当有较深的造诣。语言美除了表现在它的绝对水平上，还表现在教师的外语表达能够合乎学生的接受能力。学生能很好地理解教师是一种美。

(2) 教学手段运用美。

教师的语言要生动、形象、深入浅出，言语练习形式要多样而新颖，听、说、读、写、译五种言语活动的安排要目的明确、比例合理、恰到好处。教师组织学生各项言语活动的完整性和协调性是一种美。

（3）教学集体人际关系美。

教学集体仿佛一个小小的社会，教师与学生在课堂上的关系及学生之间的关系对教学效果产生直接的影响。不难想象，在一个人际关系不融洽的环境里是无法搞好外语教学的。在外语课堂上师生之间言语练习的配合默契、天衣无缝是一种美。言语练习中师生相互支持和帮助、愉快的情感交流是人际关系美的极致。教师对每一名学生（不是部分）的爱心是形成外语课堂良好人际关系的保证。

（4）教学物质条件美。

物质条件美指教室大小适当、光线好、空气好、良好的技术设备等。环境对人的任何一种实践都是重要的，而对以言语交际为内容的外语课堂教学来说，环境就更加重要。

2. 内在美原则

外语教学的内在美集中体现在教师与学生的主动性上，体现在他们内在潜力的充分发挥上。学生能够在课堂上充分施展自己的思维能力、想象力、创造力，而这些能力又全部体现在他们的外语口、笔语表达能力上。“充分”是指不受约束、没有障碍、没有压力，美学强调和谐，强调没有精神重负。正如黑格尔所说：“审美带有令人解放的性质。”

儿童的游戏最符合美学原则。儿童在生活中处处需要依靠父母和其他人，而在游戏中他们完全属于自己，是活动的主人。在游戏中儿童任意想象、任意创造，他们与客体（玩具）的关系十分和谐。此时，不存在任何来自外部、内部的压力与强制，他们感受到的是自由。

成年人的实践活动有很多强制性因素，在外语教学中师生所受的客观约束也很多。例如，成年大学生用母语思维的能力已经形成。母语对学生外语思维能力的形成有很大的干扰。又如一门外语在语音、语法、词汇方面均有自己的特点，我国学生要获得用外语听、说、读、写、译的自由，往往需要付出长时期不懈的努力。愿望与可能、理解与表达的脱节（想说的不会说，想写的不会写）使学生精神上紧张。再如学生为了获得准确的表达，必须时时接受教师的纠正，一些学生因失误过多、教师纠正过多和纠正方法不当而失去信心。

外语教学内在美的基本特征是"自由"，是教师与学生完美地自我实现，这是人的最高层次的需要。教师的自由是：能够自由地把握住教学的全过程，有高超的教学机制。学生的自由是没有任何心理压力、自由地获取知识，有足够的时间与空间锻炼自己的言语能力。外语教学内在美的因素有以下方面。

（1）教师教学情感的升华是教学内在美。

作为艺术家，教师对教学倾注自己全部的爱，他去上课不仅是功利的，也是精神上的一种执着追求。在他身上仿佛出现一种超脱，除了想把教学搞好别无他求。正像斯坦尼斯拉夫斯基所说，当演员来到剧院的时候，应当把个人的一切不快和痛苦留在剧院之外：在这里，他的整个人是属于艺术的。教师在课堂上完全属于教学，这无疑是一种美的境界。

（2）教师轻松地把握教学进程是教学内在美。

把握好教学进程是细心观察教学中的各种矛盾，通晓它们的本质特点，正确解决矛盾的结果。要求教师认真学习有关教学理论，严格治学，积极探索与实验，总结出外语教学的规律，使种种不利因素逐渐向有利方面转化，变成教学成功的契机。"轻松"是教师多年自觉实践的产物。

（3）学生能自信地、主动地、独立地学习，是教学内在美的另一侧面。

创造条件，使每一个学生要有足够的时间参加言语实践。口头的（对话的、独自的）、笔头的（课上的、课下的），只有在越来越多的实践中见到自己的进步、自己的能力，才能增强自信。没有自信心的学习不是美的学习。其次，每个学生要有较多的机会独立地、富有想象力地、创造性地发表自己的看法，提出问题，解决问题。想象力、创造力有极强的个性特征，学生在发挥极具个性特征的想象力、创造力的活动中容易发现自身的价值。外语教学是有其自身特殊性的创造活动，教师和学生同为审美的主体与客体，他们互相塑造。教师之美塑造了学生，学生之美也塑造了教师。

以上三方面既是理想的，也是现实的。每一方面都可以有不同水平的体现，最高的水平既是最美的，也就是教师与学生的自我实现。

第四节　对俄语教学法本质的认识

俄语教学法作为科学还很年轻，正在不断地发展与完善。经过上面几节的讨论我们可以得到以下的认识。

一、俄语教学法是一门独立的科学

独立科学的确立是由专门的研究对象决定的。俄语教学法的研究对象是俄语教学的规律以及研究如何运用规律搞好教学的方法。

一方面，俄语教学法有许多相关科学，这些相关科学的基本原理有助于揭示和解释俄语教学过程的本质，这些科学原理能够深化俄语教学原则，丰富俄语教学原则。这样，俄语教学法就不仅仅是单纯地研究语音、语法、词汇的教学，听、说、读、写、译的教学，更是通过研究教学两个主体（学生、教师）的教与学的心理过程，研究完成上述任务过程中的重要心理现象：动机、兴趣、感知、记忆、思维、想象、情感、意志、注意及个性差异（气质、性格、能力）等，以此来研究俄语教学。俄语教学属于语言教学，俄语教学是教育实践，因此，语言学和教育学直接指导俄语教学法。哲学是任何科学研究的基础，是指示万物规律的。美学则指导我们将俄语教学推向美。俄语教学法的相关科学不仅是在介绍俄语教学法的时候被提及其重要意义，而且它们在俄语教学实践过程中是无所不在的。

另一方面，相关科学对于俄语教学法来说，是精神，是原则，它们替代不了俄语教学本身，也解决不了俄语教学的全部问题。所以，在这本书里要专门探讨诸如基本功训练问题、交际能力培养问题等。

二、俄语教学法既研究理论，又研究实践

苏联著名学者、教学法专家B.柯斯托玛洛夫和著名教学法专家O.米特

洛方诺娃（О. Д. Митрофанова）在一篇以《教学法是一门科学》为题的文章中说："目前教学法的研究成果在书刊中广为介绍，但是在教学过程中应用很少。"他们指出，在研究方面还存在一般化的弱点，没有区分出规律性的东西。在实践方面，教师个人的成功经验在试图成为大家都适用的做法时，就没有多大效果了。

这些话令我们深思。俄语教学法必须研究理论，没有理论，行动无章可循，好像航行见不到灯塔。俄语教学法必须研究应用，但是它不是教学个别经验的堆砌，不是局部的、不是偶然的，是俄语教学经验的升华，可以仿效，但又给予个人创造的余地。

总之，俄语教学法不是纯理论的，是具体化了的理论；俄语教学法不是纯应用性的，是抽象化了的实践。

| 第三章 |

大学生心理发展的特点及教育、教学总对策

我们将要在这一章从心理上描述我们的教学对象——大学生。不了解大学生的心理发展特点，很难把教学搞好。

比起儿童心理、中小学生心理的研究，我国对大学生心理的研究还比较薄弱，对大学生心理的研究有待开拓。

第一节　人的心理发展

人的心理发展是指人从出生到成年、再到老年的心理发展变化过程。并不是所有的心理变化都叫作发展。人的心理变化有时是暂时的，如由某个事件引起的心理变化经过一段时间可以恢复，这不叫作发展。

一、人的心理发展的一般特点

(一)心理发展的阶段性和继承性

心理发展的阶段性和人的年龄有关。人的一生按照年龄的特点可分为乳儿期（0~1岁）、婴儿期（1~3岁）、幼儿期（3~7岁）、童年期（7~12岁）、少年期（12~15岁）、青年期（15~25岁）、成年期（25~65岁）、老年期（65岁以后）。每一个年龄阶段共同的心理发展特点叫作心理年龄特征。现在我们主要探讨的是其中一个年龄段，不是青年期的全部，而是17~23岁的知识青年（大学生）。

以思维发展为例，小学生的形象思维起着重要作用，他们的抽象思维与感性经验相联系。小学生的作文从看图说话开始，而不是由议论文开始。大学生的思维具有高度的概括性，具有辩证逻辑思维能力，其思维特点是具有批判性、创造性。

心理发展的继承性表现为发展的连续性。前一阶段的发展是后一阶段发展的前提和准备，后一阶段抛弃前一阶段无用的东西，产生出与前一阶段有本质不同的新东西。心理发展不可能跨阶段，如青年期继承了少年期的特点，又有自身的特点，少年期的某些特点消失了，代之以青年期的本质特征。

(二)心理发展的稳定性和可变性

心理发展的每一阶段变化过程和变化速度大体上是稳定的，如婴儿出生以后动作的发展有先后顺序，趴、爬、坐、站、走等。大脑有一个成熟和发展的过程，这是心理发展稳定性的生物前提。心理发展又和知识的掌握有一定的关系，学生掌握知识是循序渐进的，心理发展与之同步。同时，心理发展是一个不断地从量变到质变的过程，稳定性是相对的，可变性是绝对的。这种矛盾对立的统一就是人的心理发展的动力。

可变性指人所处的社会条件不同、教育条件不同，从而形成的心理发展水平不同。在教学中，如果我们过分强调大学生心理发展的可变性，就会夸大社会条件、教育条件的作用，如果过分强调大学生心理发展阶段的稳定性，就会忽视社会条件和教育条件的重要作用。

(三)心理发展的共性与个性

人的心理发展阶段的共同特点称为共性，其中的个别差异为个性，如大学生年龄阶段属青年期。青年期又可分为初期、中期、后期，大学生属于青年中期，和整个青年期心理发展有共同的特征（即共性）。在大学生中年龄相同的人思维水平不同，这是个性、个别性，这些都是教学针对性的出发点。

二、影响心理发展的因素

影响人的心理发展因素十分复杂，了解其中的基本因素对我们的教学工作是十分有益的。

(一)遗传、生理因素

人的心理发展是以人的遗传素质为基础的。经过专门训练的高等动物和无脑畸形儿都不会有正常人的心理活动，因为它们没有正常人的遗传物质。

遗传是一种生物现象。第一个发现遗传物质的是奥地利的修道士孟德尔（Мендель），后来科学发展证明，染色体结构和数目的变化会影响遗传［染色体上的一个个有遗传功能的节段称为基因（гены），基因是遗传最小的功能单位］。

遗传物质是指人从自己父母的遗传基因中获得的生物特征，主要是大脑的结构特征。遗传素质功能有三方面。①为心理发展提供可能。素质影响人的能力和智力的发展；气质类型（高级神经活动类型）影响人的性格的发展。②在一定程度上制约心理发展。例如，人在童年时期所具有一定的遗传素质的生理机能的成熟直接影响心理的发展。③遗传素质不能保证心理的发展。长期脱离人类社会的人不具备人的心理。

不承认遗传的作用是不对的，过分夸大遗传的作用也是不对的，学生在外语学习中存在个别差异，但是“生来笨”的学生是没有的。

(二)社会环境因素

社会环境是人的心理发展的外部条件。社会环境包括社会生产方式、政治经济制度、社会组织、文化传统、风俗习惯、家庭和社会环境。社会环境决定人心理发展的水平、速度、方向和个性差异：如双胞胎自出生后就生活在两个不同的国家，社会条件很不相同，他们长大以后心理发展会各不相同，即使他们的遗传素质是相同的。在环境问题上我们也要反对两个极端，一是反对环境决定论，二是反对无视环境的作用。正确的态度是利用好的环境，改造不良的环境以利于身心发展。

(三)学校教育因素

学校教育是一种特殊的社会环境因素，其对象是受教育的学生，是一种有目的、有计划、有组织地通过学校教育推动青少年发展的外部条件。

学校教育因素有下列特点：①排除心理发展的自发性和盲目性。没有受过教育的儿童与在学校接受教育的儿童心理发展水平完全不同。学校教育有导向和矫正的作用，一般社会环境影响是自发的、无计划的。②学校教育对一般社会环境的选择性。学校利用社会环境的积极影响巩固教育成果，抵制它的不良影响。③学校教育受社会制度及教师能动作用的制约。

(四)主观能动因素

一个人一生接受家庭教育和学校教育的时间并不是很长。一个人即使有良好的素质，有良好的环境，受到良好的教育，但是，个人不去奋发努力，不去自觉地参加社会实践，心理也不能得到充分的发展。

一个人的主观因素是不能低估的。当然，心理发展不完全以主观努力为转移，人的心理发展是多种因素综合作用的结果。

第二节　大学生心理发展的概貌

俄语中“大学生”这个词源于拉丁语，意思是掌握知识的人。“校长”“系主任”“教授”等词从大学产生时候起已使用了很久（在英国、法国始于十二三世纪）。

我国著名心理学老前辈潘菽教授曾说：“高等院校中的学生大部分属于少年期进入青年期这个阶段的。在这个阶段的学生在心理方面的成长上正将达到一个旺盛的、比较迅猛的发展高峰……”

我国大学生目前仍是经过全国统一考试进入高等院校，大多是正规的全日制应届高中毕业生。年龄趋于“年轻化”（омоложение），入学年龄一般为17~18岁。青年期通常划分为三个阶段：青年初期（15~18岁）、青年中期（18~22岁）、青年后期（22~25岁）、当代大学生基本上属于青年中期，平均年龄为20岁。

一、大学生生理发展水平

（一）形态（身高、体重、胸围等）

大学生身体各器官已基本发展成熟。由于性激素对脑垂体活动的抑制作用使大学生的身高、体重和各器官的增长发展速度逐渐缓慢下来。大学生的骨骼变得粗壮，颜面骨迅速发展，有了成人的面部特征。大学生的肌肉主要向横向发展，重量和肌力明显增加，接近成人水平。20岁左右的大学生肺活量逐渐达到成人水平，但是，动脉血管的成熟晚于心脏，造成暂时性的血压增高。

（二）性机能

大学生性腺机能基本成熟，男女生两性差异明显，性的生理冲动扰乱了原来的心理平衡，性的体验敏感、丰富。

（三）神经系统

大脑皮质的发展已达到成人水平，兴奋和抑制的过程基本平衡。第二信号系统的调节能力迅速增强。

大学生处于长身体的时期，他们的新陈代谢很旺盛，需要及时补充能量、营养，文体活动、劳逸结合都是不可缺少的。

二、大学生心理发展概貌

大学生年龄段有许多积极面，但是，也有消极面。总的来讲，大学生心理发展往往落后于生理的发展，大学生在心理发展上迅速地走向成熟，但又没有完全成熟，低年级大学生尤其如此。下面我们用俄语专业问卷来说明大学生心理发展概貌，这些自我剖析有一定的代表性。

（一）成人感、独立感增强

"还在中学的时候我就觉得自己已经长大，不喜欢父母把我当小孩。考上了大学，离开了父母、家庭，住进了大学生宿舍，成人感一下子强了起来，我好像已进入社会，开始独立生活。""生活起居要自己料理，自己照顾自己。学习制度和中学大不一样，要学会自己安排时间和支配时间。过去事事由老师和家长做主，现在和老师关系疏远起来，除了集体，许多事情要自己做主了。""当了大学生，父母、亲戚朋友、老师都很重视自己，我觉得，自己的社会地位变了，我很希望有独立性，不希望约束和干涉。""到了二年级，同学们常摆出成熟者的姿态，因为又来了一批新生，而实际上自己还没有真正成熟……"

（二）精力充沛、有理想

"考上大学更增强了自信，现在浑身有使不完的劲，我看到周围的同学也都踌躇满志，准备大干一场。""同学们都充满着理想，满怀着希望，步入了大学校门，个个心中都有自己的目标。一切都是新的，一切都那么美好！""大家都把入大学当作从零开始，大家都想有所成就，充实而有意义地度过大学时光，做一个有丰富知识和才干的社会需要的人。”

（三）智力发展和情感发展迅速

“在大学里可以从许多方面获得知识：在课堂上、在图书馆里、在系内外的讲座上、在交往中，完全不像中学生时一门课一本教科书了。学习的专业性越来越突出。独立思考能力大大提高，学习知识和解决问题相结合，时时都需要动脑筋。”“我感到，在大学里情感上的变化很大。对未来的向往，对国家需要的责任感，对开创新局面，对变革的渴望，对社会时弊的憎恶，对一切美好东西的审美意识……文化层次提高，性情、修养也有了变化。”

（四）内心矛盾加多

“的确矛盾不少。初期对大学生生活很不习惯，很不适应。理想中的大学有着一种神秘色彩，现实中的大学与想象中的有距离。比如5~6个人一个宿舍，很挤，很不方便。”“到了二年级对环境已经适应，同学之间彼此也有了了解。原以为自己是中学的尖子，相信在大学里一定会一帆风顺的。可是天外有天，自己与同学相比还差得很远。在大学里与他人比较的范围极其广泛，学习成绩、知识水平、经济状况，甚至外表等都会影响人的情绪，对学习产生影响。”“在三年级学习抱负和学习方法矛盾令人苦恼。这一阶段虽然课程很多，但是由于离毕业还有一年，精力还是集中的，只是不知道怎样才能提高得快。”“四年级有很多压力，有很多矛盾，如现有的水平和未来工作需要的矛盾，选择职业中的矛盾等。”

第三节 当代大学生心理发展的特点

目前世界性的大学生生理成熟提前，我国的大学生提前了一年多，生理发展是心理发展的基础。当今，从大环境讲，时代不同了；从小环境讲，大学的学习、活动、生活方式均和中学不同。大学生心理发展有其自身的特点。

一、有较高的思维能力

有人称当代青年是思考的一代，大学生青年可以说是其中的代表。大学生思维能力在迅速提高。

(一)理论型的逻辑思维

高中生已开始在进行抽象思维时由“经验型”转向“理论型”。逐渐摆脱具体形象和直接经验的限制，通过概念进行合乎逻辑的抽象思维。大学生由于专业训练的需要，常将所学的概念、原理、法则、公式运用于解决实际问题。因此，系统地论证、揭示事物的本质和规律的能力明显提高。同时，因系统的马列主义课程的学习，辩证思维能力加强，开始自觉地注意到一因多果，全面地考虑问题。

(二)独立性和批判性思维

大学生思维的独立性表现为乐于发表个人主见，自己对事实得出结论，希望对方同意自己的观点，并且要求对方的观点要有说服力。大学生思维的批判性表现为遇事问个究竟，不轻信盲从，用批判的眼光看待周围的一切。

(三)创造性思维

创造性思维是以发散性思维为主导的，思考者从多种设想出发，尽可能做出合乎条件的、合乎规律的多种解答。大学生学习活动为学生创造力的发挥提供了可能性。理工科大学生在学习期间就有实际发明，人文科学大学生也常有论文见于报刊。高等学校大学生的毕业论文生动地说明了大学生创造性方面的潜力。

大学生在思维能力的发展上存在着较大的个性差异。高、低年级之间，男女生之间发展水平不尽相同，并带有专业的特点。一些大学生在认识问题时容易主观片面，或者过分自信、固执己见。

二、有丰富的情感世界

大学生的情感随着知识水平、文化水平的提高而日渐深厚。人的主要情感（道德感、理智感、美感）在大学生身上进入了较高的层次，能够代表当代青年与众不同的风貌。当然，大学生的情感还具有不稳定性，但是，他们的情感随着年龄的增长、社会经历的增长而日臻完美。

（一）道德感

道德感是人的举止行为是否符合一定的道德准则而产生的情感。当别人或自己的思想品德符合公认的道德标准时的欣慰、满意、敬佩的情感，或者相反、不满意、责难的情感，道德感和国际主义、爱国主义、集体主义情感联系在一起，和义务感、责任感、自尊感、荣誉感不可分割，爱国主义、集体主义情感在大学生道德感中占首要地位。道德感有继承性，祖先的、先辈的、父辈的美德，高尚的道德情操是中国大学生情感的主流。

（二）理智感

理智感是人在智力活动中产生的体验，也称智力情感。大学生的智力情感和他们的认识活动相联系，如新奇感、求知欲、惊奇、困惑、怀疑、满意等。大学生智力情感很发达，在学习活动中产生，又促使他们的思维活动的积极化。大学生的理智感是创造力、取得学业成就的强大动力。

（三）美感

美感是人对事物美的体验，这种体验是人在鉴赏和创造自然美、社会美、艺术美中产生的。大学生对美的体验水平可以称为审美能力，审美能力包括鉴别美、欣赏美和创造美。大量地阅读文艺作品、欣赏音乐、在大自然中陶冶、观赏美术作品，听各种讲座，参加各种文体活动，与周围的人交往，特别是在投入时间最多本专业学习中的美的体验与创造，是大学生进入青年期审美能力的高峰。

美感和道德感有关，道德的重要标准是善，善也是美的内容。希腊哲学家柏拉图（Платон）曾说，人要“既善且美”。美感和理智感有关，美是智慧，美感推动着理智感的发展。有人称爱因斯坦（А. Эйнштейн）广义的《相对论》（Общая теория относительности）是“一个永远被人观赏的艺术品”。

三、自我意识明显增强

自我意识是人对自己和自己与周围关系的一种认识，包括自我观察、自我评价、自尊心增强等内容。这一问题涉及前面没有提到的意志力（行为的目的性、自觉性、毅力、自制力等）。

（一）自我观察

在大学集体生活中我经常观察着自己也观察着他人，在自我观察时很想知道自己的形象。

（二）自我评价

“我在一年级的时候过高地估计了自己，对克服困难的精神准备不足，在不顺利的时候感到自卑，又感到自己一无是处。”“心理上要求独立和现实生活中的能力差距形成了矛盾，在偌大的学校里我好像找不到自己的位置，当然，情况会改变。”

（三）自尊心增强

“我觉得班级里不少同学自尊心都很强，这是对自我价值的确认。不过分的自尊心还是很好的，如为当一名大学生感到自豪和光荣。但是，毕竟我们还不成熟、敏感、自我控制能力不强，容不得他人的否定，禁不住打击。”

四、世界观基本形成

世界观是人对自然、对社会和对人生问题的一个总的看法。世界观的形成需要一定的心理条件。首先，需要系统地学习马克思主义理论，了解社会发展规律。了解历史，思维发展要达到一定的水平，能够抽象地概括对客观世界、对社会的认识。其次，要有一定的自我意识，只有对自己进行思考才能参与改造世界的实践。再次，个体有较为明确的社会义务感。大学生均有未来职业的定向，这是参与社会实践的前提，世界观（人生观）的核心成分是理想。理想是人向往的目标，大学生的理想是多种多样的，主要有两个方面：一是生活理想（好的物质文化生活、幸福的家庭）；二是职业理想（社会理想），大多数大学生都想为国家的富强做出自己的贡献，为国争光。

第四节　教育教学总对策

教育教学总对策就是教育教学总的原则，可以归纳为八个字：理解、鼓励、引导、帮助。理解学生并不容易，真正地理解学生需要爱心、耐心。一般来说，在理解学生方面青年教师优于中老年教师，鼓励学生的每一个微小的进步，少用生硬的批评是十分重要的。多肯定学生的优点会激励他们进步，使学生勇于自责，有利于自我教育，引导意味着诱导，提倡和风细雨。大学生常常有许多自己不能很好解决的问题，教师应当给予他们真诚的、具体的帮助，为了做好教育、教学工作，要从大学生心理发展的矛盾入手。下面谈谈大学生心理发展的主要矛盾及解决矛盾的参考意见。

一、理想与现实的矛盾

青年的理想并非虚无缥缈，不着边际，不过，他们的抱负水平往往高于现实。理想与现实的矛盾表现在现实水平低于理想，因此，极易产生不理解、不满意、悲观失望情绪。其结果，或是正确对待，走出苦闷，振奋精神，积极学习、生活，或是消极处世。

（1）理想中的外在条件与现实中的外在条件的矛盾。现实中的大学校园、宿舍、教室、生活条件、学习条件、同学间的关系（包括与异性的关系），师生关系与一些学生的理想相悖。一些人感到失望，由此得出结论："唉，大学也不过如此"（一年级学生容易产生这种矛盾）。

（2）理想中的"我"和现实生活中的"我"的矛盾。一些学生要求独立自主，但是现实中并不具备很强的能力。一些学生过去一帆风顺，很自信，现在常遇波折（如学习不适应等）而处处被动（低年级学生容易产生这种矛盾）。

（3）对职业的理想和现实可能性的矛盾。每个大学生根据自己的优势、爱好、物质标准，对职业都有较具体的考虑，而现实具有局限性，如就业选择的范围、用人单位的倾向影响着学生的情绪和对学习的态度。

解决矛盾的参考意见：第一，帮助学生正视现实，去掉不切实际的要求，帮助他们适应环境，愉快而积极地生活，成为生活的主人。第二，帮助学生实事求是地评价自己，找出被动状态中的积极因素，在此基础上提出对自己适中的要求，同时，在方法上给予具体指导。第三，帮助学生乐观地对待一切可能产生的困难，使他们懂得，人生是苦乐矛盾的统一，生活不可能处处按照自己的设计去进行。

二、情绪与理智的矛盾

情绪与理智的矛盾指的是大学生情绪的不稳定与理性的矛盾。大学生在情绪体验方面既充满激情、朝气蓬勃，又容易冲动、不冷静，有时盲目狂热、不计后果。情绪的不稳定是由于需要与现实不符时采取了过激的态度，而辩证思维能力和意志力还欠缺所致。同时，由于大脑皮质暂时难以完全控制，性激素分泌增加而处在兴奋亢进的下丘脑使得青年情绪带有很大的冲动性和爆发性。情绪上的矛盾既有心理上的原因，也有生理上的原因。

解决矛盾的参考意见：第一，帮助学生首先平复激昂的情绪，使他们懂得“退一步海阔天空”，冷静是解决问题的前提。第二，帮助学生首先从自己找原因，先做自我分析。第三，帮助他们寻求解决问题的方法。第四，帮助他们总结教训，在教训中学习，提高审度问题的能力。

三、心理的闭锁性与寻求交往的矛盾

大学生喜欢活动与交往，希望周围有更多的人理解自己，成为自己的朋友。他们的自我意识增强，越来越注意自己在集体中的位置、他人对自己的评价等。随着自尊心的增强，他们不再像少年那样坦率，那样较少隐讳，而越来越表现出一种内心的闭锁性，这是他们能适应环境的一种表现。他们不轻易向不了解自己的人透露心中的秘密，他们对强迫说心里话产生反感，这种孤独感对大学生身心健康是非常不利的。

解决矛盾的参考意见：第一，真正理解大学生心理发展的这一特点，尊重他们。第二，真诚地接近他们，平等地对待他们，做大学生的知心朋友。第三，要耐心，不能急躁，一时不能解决的问题应该等待时机再解决。

一位学生在问卷中写道："我曾多次有过强烈的愿望，希望老师指出我在学习上的长处（尽管很少、很少），使我有信心，指出我的短处（哪怕很多、很多），使我知道努力方向。"另一位学生写道："老师的一句暖语，和蔼的一笑会在有自卑心理的学生身上起到奇妙的作用……希望老师成为我们度过心理断乳期的助手。"

第四章

大学生俄语学习动机、兴趣的培养

从这一章开始，我们将具体讨论如何组织好俄语教学活动。俄语教学和其他科目一样，包括认知过程、情感过程、意志过程。认知过程是理解知识和运用知识。情感和意志不是学习的内容，但是需要培养与激发，使它们很好地参与认知过程，积极的情感、意志品质能够直接提高学习效果。值得强调的是，学习动机和学习兴趣是学习的内在动力，是学习活动的心理前提。我们在这一章里正是要谈谈这一心理前提的意义和作用。

第一节　需要、动机、兴趣

一、人的需要和动机

(一)需要的概念

人的需要（потребности）是人在生活中感到某种欠缺而力求获得满足的一种内心状态，它是人自身或外部生活条件的要求在头脑中的反映。“需要”推动着人的积极活动，没有“需要”，活动就会中止，而需要是不会因一时得到满足而终止的，“需要”带有动态的性质。一种需要得到满足，又会产生新的、更高的需要。

(二)需要的种类

我们可以从不同的角度对人的需要进行分类。

1. 按照需要产生的根源可分为生理性需要和社会性需要

（1）生理性需要。生理性需要是人脑对生理要求的反映，包括人的生存的一切需要。人的生理性需要受社会条件的制约，也随社会的发展而发展。如当今人的饮食结构和几十年前大不相同，人对进食的需求进入了更高、更科学的层次，因为社会发展了，人的生活水平提高了。

（2）社会性需要。社会性需要是人脑对社会需求的反映，如对劳动、求知、交往、成就的需要等。社会性需要是在生理需要的基础上，在社会实践和教育的影响下形成和发展的。社会性需要也受社会生活条件的制约，如当今人求知的需要和社会的进步与科学技术的发展分不开。

2. 按照满足需要的对象的性质，人的需要可分为物质需要和精神需要

（1）物质需要。对衣、食、住、行等生活物品的需要，对劳动、学习、科学研究用品的需要，它包括人的生理性需要和社会性需要。

（2）精神需要。对交往、认知、创造的需要等。如当今对审美的需要已反映在人活动的各个领域。

以上分类是相对而言，许多需要不能截然分开。如对食物的需要是生理性需要，也是物质需要，对书刊的需要是物质需要，也是精神需要。

（三）需要的层次结构

人的需要是一个复杂的问题，是按不同层次组织起来的系统。有低级（низшие потребности）、高级（высшие потребности）之分，是不断发展的。为了教育、教学的需要，为了了解大学生需要的特点，这里有必要介绍一下美国心理学家马斯洛（Маслоу，1908—1970）的需要层次理论（Иерархическая модель потребностей，1954），马斯洛将人的需要分为七级。

1. 生理需要

生理需要（физиологические потребности）是人的基本需要，与生存有关，其中最主要的是饥和渴的需要。

2. 安全需要

安全需要（потребности в безопасности）是为了避免危险和为了生活有保障，也是人的基本需要。

3. 归属和爱的需要

归属和爱的需要（потребности в любви и принадлежности）是对参加和依附于一定的组织的需要，接受他人的爱和给予他人爱的需要。如果爱的需要得不到满足，人就会感到孤独和空虚。

4. 尊重的需要

尊重的需要（потребности в признании）是对自尊的需要，需要信任、自信等情感，需要他人尊重和认可等情感。人的尊重的需要得不到满足，会产生自卑感。

5. 认识的需要

认识的需要（потребности в познании）是通过认知的需要来克服障碍，解决问题。

6. 审美需要

审美需要（потребности в эстетическом восприятии）是对完美的需要（秩序、对称、完整、和谐等）。

7. 自我实现的需要

自我实现的需要（потребности в самореализации）指极度发挥个人潜能的需要，实现个人价值的需要。马斯洛指出："音乐家必须作曲，艺术家必须绘画，诗人必须写作。人必须成为他能够成为的人，我们称这种需要为自我实现的需要。"马斯洛认为，自我实现者大多数是中年人或年长的人，或者是心理发展比较成熟的人，他们是少数。大多放人只是在第三、第四级需要的层次上度过一生。歌德、贝多芬、爱因斯坦等人是"自我实现"的代表。

马斯洛的理论带有假设性质，还缺乏实验依据，他是离开了人的社会实践谈人的自我实现的。但是，马氏理论在科技革命深入发展的时代有积极意义。重视人的需要的演进，创造性潜能的充分发挥对当代大学生的培养至关重要。

（四）动机的概念

动机（мотивация）是人为了实现某一目的而行动的原因。人的各种实践活动都是有原因的，或者说是有动机的。恩格斯指出："就个别人说，他的行为的一切动力都一定要通过他的头脑，一定要转变为他的愿望的动机。"动机是在需要的基础上产生的，没有需要也就无所谓动机，但是需要必须达到一定的水平，有具体的目标才能变为动机。例如，有上大学需要的学生在大学招生的条件下才会有报考某一学校的动机。动机引起人的活动，又指引活动前进，同时可以维持和加强活动，动机停止，活动不可能进行。如对想转系的学生来说，他原来的动机减弱直到消失，已不能维持原来的学习活动。

(五)动机的种类

人的行为十分复杂，行为的原因更为复杂，把人的动机截然划分为几类是不可能的。这里只从不同的角度谈谈动机类型的问题。

(1) 按照动机的产生分为生理性动机，社会性动机（成就动机、交往动机等）。

(2) 按照动机的性质和社会价值可分为高级动机、低级动机，前者符合社会发展规律，后者违背社会发展规律。

(3) 按照动机持续作用的时间可分为长远的（间接的）动机、暂时的（直接的）动机。

二、学习需要和学习动机

(一)学习需要

学习需要是学生对知识本身的向往和追求，是在社会环境和教育的影响下形成和发展的。社会（包括家长和教师）需要青少年通过学习成为社会所需人才。这种客观的“规范需要”如果变成学生自己的需要，就产生了学习动机。所以说，学习动机是社会和学生自己的这种客观要求在头脑中的反映，这表现为学习的意向或愿望。

(二)学习动机

学习动机是推动学习的内部动力。学习动机和一般动机一样十分复杂，我们也只能从不同角度对它进行相对的分类。作为教师我们应当认识和把握学生远景的、间接的动机和近景的、直接的动机。振兴中华、为祖国的繁荣富强而学习这一远景动机是绝大多数中国大学生（包括在海外学习的中国学生）在改革开放新时期的共同需要，是他们生活的目标。当然，也有的学生是为获得知识，取得文凭，只为了个人发展。这两种远景动机是不同的，大学生的近景动机和他对专业学习的态度相联系，大多数学生将专业作为自己未来的事业，有志为国家的科学事业贡献自己的力量，少部分学生学习专业主要是因为愿意从事脑力劳动（不从事体力劳动），在城市生活，少部分学生学习专业只为了继续学习，继续受教育，或者是奉父母之命。学习动机有很强的社会性，受社会和教育的制约，如过去学生的学习动机是为了高官厚禄，或是求得温饱等。今天大部分学生学习是为了我国四个现代化，为了社会进步，同时也为了个人在事业上有所成就，生活幸福。

三、兴趣

兴趣（интерес）是人积极探究某种事物的认识倾向。兴趣的本质特征是：

(一)兴趣是在需要的基础上,在活动中发生和发展起来的

人对某种事物产生了需要，才会对事物发生兴趣。在较低需要的基础上产生的兴趣比较短暂，如饥饿的需要得到满足，对食物就不那么感兴趣了。在精神基础上产生的兴趣比较长久，能引起浓厚的兴趣。瑞士心理学家皮亚杰（Пиаже）指出："兴趣实际上就是需要的延伸，它表现出对象与需要之间的关系。因为我们之所以对一个对象发生兴趣，是由于它能满足我们的需要。"

(二)兴趣和认识、情感密切相关

如果我们对某一事物没有认识，就不会对它产生情感，也就谈不上对它发生兴趣。相反，我们对事物的认识越深刻，情感越丰富，兴趣也就越浓厚。

(三)兴趣有不同的发展层次

1."有趣"是兴趣发展的最初水平

如我们常常被身边的事物或人所吸引而感兴趣，带有直观性、盲目性、弥散性、不稳定性。

2.“乐趣”是兴趣发展的中等水平

当“有趣”趋向专一，和活动联系在一起，变成“爱好”就成为“乐趣”。如打球、下棋的乐趣。乐趣有专一性、自发性、坚持性。

3.“志趣”是兴趣发展的高水平

“志趣”和人的远大目标相联系，如对美术的志趣。志趣有自觉性、方向性、坚持性，并且有社会价值。

在兴趣的层次上有明显的个性差异。有的人志趣产生得早，有的人的兴趣长期停留在初、中级水平。

四、学习兴趣

学习兴趣是积极探求学习对象的认识倾向，学习兴趣是在求知需要的基础上发生，并且通过学习活动逐步发展的，它是过去学习的结果，也是提高今后学习成果的手段。

(一)学习兴趣形成的条件

1. 学习兴趣要有明确的学习动机来激发

如果学生了解学习内容的实际意义，就会产生学习的需要，从而产生兴趣。

2. 学习兴趣有赖于掌握知识的水平

如果学习效果好，就越学越有兴趣。

3. 学习兴趣受情感的制约

轻松愉快地学习、有感染力地学习促进兴趣的提高，而顽强的意志有助于兴趣的保持和发展。

(二)大学生兴趣的特点

1. 广泛性和多样性

据中国心理学家调查，高校文科生兴趣广泛者占60%，理科生兴趣广泛者占50%。大学生兴趣的广泛性是令人羡慕的（正在成长时期渴望多知，有发展自己的时间与空间等）。

2. 集中性和稳定性

上述调查表明，高校文、理科80%的学生对自己的专业感兴趣。专业兴趣是大学生的中心兴趣，对专业的钻研使专业兴趣日趋稳定。当今教学更加突出能力的培养，这有助于大学生的兴趣发展成志趣。

学习积极性是学生在学习活动中的一种自觉能动的心理状态，包括多种心理因素，如学习动机、学习兴趣、学习注意等。学习兴趣是学习积极性中很活跃的心理成分，学生学习积极性往往因兴趣而转移。学习有兴趣，可以变被动为主动，变苦为乐。教师正确地激发学生的学习兴趣，是学习的最佳动力。我们所说的提高学生学习的积极性也就是学生学习动机和兴趣的激发和培养。

第二节　学习动机、兴趣的激发和培养

我们在这一节里将要讨论俄语专业学生学习动机的一般情况，以及讨论在俄语实践课上激发和培养学习动机和兴趣的问题。在本章第三节专门探讨提高阶段学生积极性问题。

一、俄语专业学生的学习动机

俄语专业学生的学习动机也大致分为两类，远景动机和近景动机。远景动机指个人学习和社会的关系，如成为优秀的俄语人才，近景动机指个人和眼前学习活动的关系，如学习好俄语语言知识，掌握基本的口、笔语实践能力等。影响俄语专业学生学习动机的因素和其他专业学生学习一样，有客观的，也有主观的，社会条件和教育影响这一客观因素起决定性作用。外语学习动机在我国有一定的不确定性，常常受社会条件的限制。动机来自需要，学习俄语的动机的确定性和持久性主要取决于社会对俄语人才的追求。

俄语人才的需求量在中华人民共和国后经历了三个时期。(1) 二十世纪五六十年代初期，俄语人才需求量大。(2) 20世纪60年代中期至70年代中期，俄语教学中断。(3) 20世纪70年代中期至80年代中期，俄语人才需求量不大。(4) 20世纪80年代中期至90年代，社会对俄语人才的需求量大增。社会俄语人才过剩，社会需求不大，就业率不高是俄语学习动机被动、下降、消失的直接原因。左右学习动机的主观因素主要是学生的学习效果。研究表明，成绩较好的学生学习动机指向学习活动的最终目的，有较高的确定性，成绩差的学生的学习动机有较强的情景性。

二、俄语专业学生学习动机的激发和培养

俄语实践课的教学实践表明，课堂上近景学习动机和直接兴趣对教学

效果具有重要意义。在俄语实践课的教学中，也和其他学科的教学一样，必须调动学生的学习积极性，这种积极性的重要心理因素就是学习动机和学习兴趣。在前面我们已经提到学习动机主要分为远景的、间接的和近景的、直接的两种。过去我们比较重视学生的远景动机，并且认为，这个问题一旦解决，学生就会自觉地，或者应该自觉地完成学习任务，不管对俄语有无兴趣都应该努力学好。与此同时，则比较忽略学生在课堂上的近景动机和学习兴趣这样一些重要的心理因素，甚至认为，只能靠自觉，不能凭兴趣，似乎一讲兴趣，就是兴趣主义。

课堂上的近景动机和直接兴趣与课堂学习活动的关系直接、紧密，具体性和实践性强，对学习有直接的推动作用。古人说："知之者不知好知者，好知者不知乐知者。"课堂上近景学习动机和直接兴趣对学习的推动作用的心理机制是成就感和求知欲，这种欲望可以使学生聚精会神、兴致勃勃地学习、探索。而在学习过程中得到的新知识、新技能会使他们得到心理上的满足，产生愉快的情绪体验，从而推动进一步学习的兴趣，这样，才能越学越爱学，越学越好。反之，没有兴趣，学习成绩往往不好，成绩越不好，就越没有兴趣。

为调动学生在课堂上的学习积极性，在俄语实践课上，应该引导学生把远景和近景两种动机综合起来。把自觉性和兴趣结合起来，充分发挥激发和保持课堂学习积极性的作用。通用的激发与培养学习动机的教育心理学原则和方法对俄语实践课教学也是适用的，但是，必须结合学生在俄语实践以上的心理特点来加以运用，才能取得成效。在俄语实践课激发学生学习动机的做法如下。

(一)明确、生动地提出每课的目的要求

讲明每一课教学内容在生活中的具体意义及它在整个科学体系中的地位，能够引起学生对所学内容的重视，引起学生的求知欲和探究心理，从而调动其积极性。

在实践课上明确每一课的具体内容容易做到，但是，要明确某一课的

语言知识的具体意义及其在俄语结构中的地位则比较难。教学课上教师讲一个小数点的错误引起整个工程失败的故事，就能够激起学生强烈的探究心理。若在外语实践课上对学生说，不记住哪一个或哪一些单词会对其今后工作带来多大危害，对学生心理上的激发作用是不大的。也就是说，仅仅从语言角度来明确要求和意义，相对来说，对学生探究心理的激发作用是比较弱的。因此，为了激发学生在课堂上的近景动机和兴趣，最好从题材和体裁角度讲清当堂课语言材料的交际功能，将获得运用俄语言语交际能力的长远需要和眼前学习内容联系起来，使课堂教学要求变成学生自己的需要，才能产生一种主观的积极态度。实践证明，可以采用以下两种方法。

1. 内容综述的方法

这种方法强调学习材料的交际功能，如«Саша»一课讲的是一位青年医生萨莎因疏忽误诊致使病人死亡，为此受到处分，他深感内疚和懊悔。后来他吸取了教训，在新的工作中认真负责，以忘我的精神治好了不少病人，重新赢得了人们的信任（这里为了叙述方便，均以«Саша»一课为例，希望能起到举一反三的作用）。在上这一课之前教师可以向学生讲明语言材料的交际意义，告诉学生，他们可以通过青年医生从犯错误到改正错误，从失败到成功的经历，以及在这一过程中他的思想感情和心境的变化学到许多关于就医、诊断、治疗等医疗方面的词语。学了这一课，有了这一课主题的有关表达手段，可以迁移到表达这一主题的其他情景，如可以谈自己的一次生病，也可以介绍某位医生的治病经历。不掌握一定的词汇和表达手段是不可能进行口、笔语交际性的交谈和叙述的。讲明学习某一课能够学会哪些言语交际本领，对学生是有吸引力的。

2. 技能测试方法

教师可以在学习一课时先提出一些问题，请学生回答，如“有哪些同义手段可以表达愉快、幽怨、快乐、悲伤、振奋、抑郁？”“俄语怎样表达狂喜时的手舞足蹈、欢呼跳跃，烦恼时的坐卧不宁，悔恨时的顿足捶胸？”

学生经过思考做了力所能及的回答之后，一般的心情是对自己的回答不满意，但是，又感到需要掌握这些表达手段，从而产生强烈的愿望和兴趣。这时，教师在简要指出回答中的缺陷以后，说明新课可以帮助提高这方面的交际能力，能起到较好的动员作用，这就是技能测试法。这样做，比较容易激发学生课堂学习的兴趣，反之，只讲通过这一课可以学习和巩固哪些语言材料，对学生课堂学习积极性的推动作用不大。因为，对这种千篇一律的课堂教学要求，学生久而久之就麻木了，因此，要避免教学方式的单调。

（二）创设问题情景，启发学生积极思维

在讲解新的语言材料时，围绕新课内容，充分调动已有的知识和技能，创造问题情景，能够促进学生积极思维，激发和保持学习动机和兴趣。

与其他学科不同，在俄语实践课讲解中所接触的新词汇和表达方式与过去所学往往没有逻辑上的紧密联系，一般靠判断、推理不能解决问题，因此，仅从课文新的语言材料中提出问题，创设问题情景，往往是启而不发，或者启而乱发，使学生积极性发挥受到限制，容易形成消极、被动状态。所以应当充分运用已有的知识技能来启发学生积极思维，比较行之有效的方法是在讲解中穿插语言材料的替换练习和根据课文内容提出分析性问题。

1. 替换练习

如«Саша»一课中有关于“忧郁的”词汇，教师可以引导学生说出各种关于“忧郁”的表达方法，这样可以促使学生开动脑筋，积极发言，使他们能够在回顾、整理旧知识的基础上，高效率地理解和掌握新的表达手段。同时，教师还可以在归纳的基础上告诉学生更多的替换形式，但要注意讲清各种同义手段的共性和差异。如这一课 мрачный 可以用 угрюмый 替代，还可以进一步归纳出 мрачный, угрюмый, хмурый, сумрачный, пасмурный 这样一组同义手段。又如 неразговорчивый 可用 молчаливый 替代，还可以加上 малоразговорчивый, несловоохотливый, малоречивый 等。与此同时，应该简明扼要地指出它们在意义、程度、语体上的区别，这样才能切实达到归纳的目的。引起“顿悟效应”，得到前所未知的信息，使学生在语言理解和交际技能方面有扎实的提高是讲解课保持学生学习兴趣的重要条件。

2. 提出分析性问题

在讲解中也可以根据课文内容。如«Саша»中有这样一段描写：年轻医生误诊造成病人死亡之后，“他急促地在船舱来回走着。不时抓起教科书，但又马上放下，地板上满是烟蒂。”就这一细节教师可以提出：“这说明什么?”“萨莎在事故后的心情是怎样的?”这样一些启发式的问题，创设问题情景，激发学生解决问题的强烈愿望，引导他们进入“心求通、口欲言”，既想解决，但又颇费思索的状态。当学生思维活动活跃起来之后，教师及时给予启发，这样能学得主动。在解决问题中语言功能和适用情景结合，掌握语言材料的交际功能可以激发和保持课堂学习兴趣。

(三)用新颖的教学方法激发学生探究心理

教师在教学中应该根据大纲，结合具体情况，创造新颖生动的教学方法，使学生在知识、技能上有提高，精神上感到愉快。这是调动学生课堂积极性的又一环节。

在俄语实践课上，可以用听、说、读、写、译多种手段变换形式，发挥多种感官神经通路的作用，能够较充分地调动整个大脑的功能，有助于激发学生课堂学习的积极性。这一点是与其他一些学科和课题不尽相同的。但是，在培养俄语技巧和技能的实际练习中分解性的单项练习占很大比例，容易使学生感到单调、枯燥。另外，练习内容往往是约定俗成的语言基础知识，需要机械记忆的内容比较多，要求进行分析、综合、比较、抽象概括的内容比其他课型和学科少，大脑皮质难以均衡地参加学习过程，因而容易引起疲劳，在实践课的复习巩固时更要注意这一点。为此，在复习巩固时要组织多角度、多角色、多层次、多情景地创造性练习，以练习内容和形式的新颖性吸引学生，激发他们的探究心理，使他们在创造性的、有所收获的练习中得到精神上的愉快和满足，从而激起进一步学习的兴趣。

还以«Саша»一课为例，围绕这个故事可以以病人发病、医生治病，医生先后工作态度的变化、医生先后情绪、感情的变化等作为交际项目，进行练习，这就是“多角度”。另一种方法是“多角色”，就是让学生通过充当不同角色，如医生、病人、上级、同事、病人家属等来练习切合身份的表达手段。此外，还可以利用“多层次”的方法，使交际项目由具体到抽象的深化，以及交际方式的变化。如可以以医生误诊为主，通过不同人物对这一事故的反应，练习对话，然后再讨论医生错误的性质、原因、教训，进行带分析性的独白，最后布置学生写一份关于这次医疗事故的处理意见，练习比较严谨的书面语（层次的多少和层次之间的跨度。应当根据课文的交际潜力和学生实际水平而定）。

“多情景”是指根据交际项目的需要，假定一个学生面临某种实际交际任务的情景：①事故发生后记者来船上调查采访。②年轻医生所属单位开会讨论，分析他的错误。③上级当众宣布关于这次医疗事故的处理决定。这种创造性的练习能够强烈地激发和持久地保持课堂学习积极性。反之，仅仅一般地针对课文回答问题，缺乏言语行为的真实交际目的，难以激发练习动机和兴趣。

（四）帮助学生在学习上获得成功

教师努力帮助学生在学习上多获得成功，及时给予肯定的评价，使学生得到积极的情绪体验和心理上的满足，利用学习成果的反馈作用可以保持学生的学习动机和兴趣。

在实践课上口头练习很多，评价及时，学习成果对课堂学习积极性的反馈作用快，但是，一旦失败又处理不当，对学习兴趣的消减作用也很大。因此，比起其他课型和学科的课堂教学，在俄语实践课上学生心理活动多，心理过程复杂，个性心理差异表现明显。实践课上不仅有认知心理过程（如感知、记忆、思维、想象等），还有情感和意志这两方面的心理过程，三者紧紧地交织在一起。随着学习的成功或失败，教师和同学评价的高或低，积极的情绪体验和消极的情绪体验会交替出现，而这些情绪体验由于气质和性格的不同，又会有自己表现的特点。

针对以上特点，在俄语实践课上要千方百计地帮助学生在课堂活动中，特别是在第一次活动中获得成功，及时给予评价，使他们得到积极的情绪体验，这里要注意评价形式、难度和因材施教。

1. 评价形式要多样化

对比较简单的练习项目可以只做简单的肯定："正确"。对比较复杂的项目，即便回答得很好，也要做分析性评价，如肯定其全面（问题的各个方面）、准确（概念、用语）、深刻（从现象到本质）等。这使学生更清楚地看到自己的成绩，也能够帮助他们进一步概括提高。对那些基本正确的回答或表述要通过分析性评价，既充分肯定学生的成绩，又指出他们的缺点，这会推动学生进一步提高的愿望和兴趣。

2. 难度要适当

每课的练习任务既要和已有的知识、技能有联系，学生通过思索、探究能够解决，又不是学生靠简单重复过去的语言材料就能完成的。"跳起来摘下的果子比地上拣起来的好吃"，但是若明知跳起来也摘不到，就没有跳的积极性了。教师应当准备好高度不同的"果子"，使不同"身高"的人都能吃到跳起来摘的果子。如在«Саша»一课的巩固课上可以提出三种难度不同的问题：①你是否愿意他成为你的朋友？为什么？②他为什么会出医疗事故？这是偶然的，还是必然的？为什么？③你理想中的医生是怎样的？他应当具备哪些品德？其中第一题以课文为依据。第二题课文中提供了某些事实。第三题与课文没有直接联系，但是，可以根据萨莎先后的经历，经过独立思考，得出自己的结论。

3. 因材施教

这一点对缺乏学习兴趣、学习差的学生尤其重要，提出的任务过于简单，会被认为这是照顾他的低水平，伤及自尊心。提出的任务过于复杂，回答不上来，也会挫伤积极性。因此，要努力创造条件，帮助他们在练习中获得成功，吃到他们跳起来也能摘到的果子，尝到学习的甜头。然后，及时给予肯定、鼓励。心理学研究成果和教学实践都表明，利用刚刚得到的积极的情绪体验和刚刚留下的鲜明的记忆表象，对学习成绩及时评价比不及时评价对学习兴趣和学习成果的巩固能起更大的促进作用，从而使学习兴趣不断增强。切不可使他们失败的时间过长，或连续失败，因为消极的情绪体验不仅会使他们失去兴趣，甚至会失去信心。

4. 创造和谐课堂气氛

好的课堂气氛使师生良好情感得以维系，良好的课堂心理气氛是有效教学的必备条件，也是教学中重要的情感因素，运用与否非同小可。良好的课堂气氛培养和保持学生的学习兴趣，提高学生的学习效果。在建立和谐的教学气氛方面起决定作用的是教师，教师重视自身的情感对学生的激励作用是健康的师生关系和课堂气氛的主要依托：①教师对教学工作充满热爱之情，他对俄语的钟爱和文化素养，他工作的热情而富有朝气感染着学生。②教师热爱每一个学生，对他们寄予最大的期望，耐心地帮助他们获得进步，这些都温暖着学生。③教师公正，真诚对人、对事，他将大家团结在自己的周围，在课堂活动中师生始终相互帮助，配合默契。不少学生反映，他们喜欢在轻松愉快的课堂里学习，在这里好像难以掌握的东西也变得容易了。

第三节　高年级学生学习积极性问题

高年级学生学习积极性有不可忽视的特点。

一、高年级学生学习的心理特点

(一)对俄语的兴趣增长，专业思想水平提高

高年级学生对俄语有更深的了解，更加明确专业的意义。从心理发展进程来说，他们在生理上、心理上趋向成熟，自我意识增强，一般能够自觉地对待学习，学习兴趣更加浓厚，更有专业特点。总的来看，大多数学生对学好俄语充满信心。

进入提高阶段以后，理解能力与表达能力拉开距离，“想说的不会说，会说的不想说”，担心知识技能不足而不能胜任未来工作等，促使高年级学生产生新的需要、新的动机。他们迫切希望在专业知识、技能的广度和深度上都能上一个新台阶，强烈要求扩大知识面，同时把以往所学的知识系统化，增强实际业务能力。

(二)要求自我发展、自我实现

大学生随着自我意识的增强希望更多地表现自己，实现自身的价值，在自我实现过程中大学生会感到满足，体验到一种愉快感，得到一种施展才能的自由。

在提高阶段学生要求自我发展的标志是要求独立作业，胜任独立作业，在高年级学生看来，这是成熟的表现。学生在独立完成作业时有自我实现的动力，独立作业难度大，富于创造性，同时，有效的自我发展还有助于职业准备。

二、高年级学生学习积极性的激发

(一)选择高质量的教学材料

教材应当提供多方面的信息和丰富的语言表达手段，保证知识的数量、质量、广度、深度、有益、有趣，材料要符合学生实际水平，同时也应有一定难度，以便挖掘学生潜力。否则，内容简单、空泛，主题不集中、枯燥、信息量小的教材不能满足学生的求知欲，影响学习积极性。例如，四年级第一学期104学时，学生学习了160页教材（16开油印本）共8个专题：①«Хозрасчет»；②«Китайский маршрут»（关于俄罗斯经济改革，中国经济和政治改革）；③«Молодёжь сегодня»；④«Охрана природы»；⑤«Свет»（科普）；⑥«Д. Гачев в письмах и документах»（关于革命者生涯）；⑦«Закон пирамиды»（关于伦理学问题）；⑧«Письма жалобы»（关于社会生活）。这些学习材料较好地满足了需要。

(二)突出教学材料的交际主题，提高课文的交际价值

如果引导学生紧紧围绕课文交际主题进行叙述交谈、议论、争论，他们便能够获得积极的情绪体验，从而提高学习积极性。例如，我们在三年级将每一课列出交际主题（不是课文的全部，而是课文的重点）：①«Разговор в купе»（自«Дорога сближает людей»）；②«Мне 18 лет»（自«Куда убегают ручьи»）；③«Экзаменационная сессия»（自«Спасибо, профессор!»；④«Врачебная ошибка»（自«Саша»）；⑤«Шалость не доводит до добра»（自«Ошибка»）；⑥«Свадьба»（自«Один год молодой семьи»）；⑦«Энергетический голод»（自«Энергетика сегодня»）。这些题目都使学生感兴趣，因为它们来自课文，又走进生活。

为了强化课堂的交际功能，使交际主题更加集中，教师可以选出教材中最有价值的部分，舍去一些不重要的部分（消极掌握），同时，补充一些和主题有关，但教材中欠缺、学生未来需要的东西（学生对此十分欢迎），当然，补充应当适当，不要喧宾夺主。如«Охрана природы»中«О братьях наших меньших»«Океан должен быть чистым»«Берегите лес!»«За чистое небо!» «Красная книга» «Об истории экологии» 为主要部分，«Не измени красоте!» «Человек слушает лес» 为辅助部分，教师并且在辅助学生归纳语言材料时作一定的补充。在巩固所学材料时，教师可采用适当的形式，把教材的主要部分和辅助部分有机地结合起来，达到突出主题强化材料功能性的目的。教师在每次课上根据需要提供背景知识、国情常识，每天的“5分钟新闻”（国内外大事）都是活生生的教学材料，短小实用。教师还可以提供一些和课文有关的其他新的信息，如进一步揭示主题思想、主要人物的性格特征，对课文中所提出的问题发表不同看法等，提供新的思路、新的表达方式，可以帮助学生思考、想象、创造。学生在问卷中写道：“我们喜欢这种无所不包的俄语实践课，因为这样的课开阔眼界。”“可以说，我们点燃了新的求知欲，有一种强烈的愿望想好好学习，知识越多，越感到不足。”教师创造性地加工教材可以激发学生对课程的兴趣，没有对知识的兴趣，也就不可能有运用知识的兴趣。

(三)采用灵活的教学形式

一般来说，每一篇教材原来并非具有很好的交际性质，教师应当钻研教材，改造教材，精心设计，灵活的、有针对性的教学形式，使教材更好地为言语交际训练服务。例如，«Китайский маршрут»是一篇40页的课文，内容很多，但也不是面面俱到，使用起来并不得心应手。教师经过加工组织了“记者招待会”，这一会议举行两次，使得角色练习没有偏向。一部分学生先充当记者，任务是提问，一部分学生先充当国务院发言人、经济特区公司经理、经济学家等，任务是回答问题。本来大家坐在长凳上，面向教师，现在学生面对面，顿时产生另一种情景，另一种气氛。问者学着记者的口吻，答者学着发言人的口吻，每个人专注于交际，人人投入自己的角色。由课文到“记者招待会”是效果不错的交际形式，但是，一些语言材料常常不具备好的交际条件，这时，教师可以随机应变，实事求是，不拘一格。例如，«Д. Гачев в письмах и документах»是一篇感人肺腑、凝重的语言材料，不适合角色练习。教师便可以组织朗诵会，学生们可以分角色朗读主人公给妻子和儿子的书信，同时，进行口译练习，要求正确而流畅。虽然这样的练习与课文一字不差，但是要求不同，学生怀着极丰富的情感去完成练习，既体会到语言的美，也受到革命者高尚情操的陶冶。

在学习«Охрана природы»一课时，为了把教材主要部分与辅助部分结合起来，扩展主题，增大交际情景，教师组织学生召开一次"科学讨论会"。学生以不同的身份，如海洋生物学家、动物学家、植物学家、气象学家等就环境保护问题发言。通过发言学生较好地掌握了所学语言材料，学生参加这一活动的积极性很高。在学生学习了«Письма жалобы»一课后，教师组织了"听众信箱"，学生仿课文纷纷"投书报刊"，反映时弊，以求解决。一些学生充当有关方面负责人回答群众来信提出的问题，课堂活动的真实交际气氛可以激发学生学习兴趣，积极的实践活动可以使兴趣保持下去。

(四)有针对性地做词汇工作

为了提高学生的言语质量，一定的词汇工作还是必要的。词汇工作的重点是想方设法增进学生对俄语词义的理解的深度，从而达到词汇运用的得体性。我们这里所说的词汇工作与传统词汇工作不同。学生常为不会区分词义，不会运用同义词和近义词而苦恼，为此，可将以专题言语交际为目的的词汇工作分两个部分。一是归纳同一主题的词语（包括已知和新知)，其中还可以分类以求得举一反三、扩大广度、系统整理的作用。二是同义词、近义词辨异。辨异的词来自课文，教师可综合以往所学帮助学生更深一步地掌握好课文中的词，如课文中出现личный, 辨异的内容是личный, собственный, частный的区别。使学生掌握好同义词、近义词辨异，可以新旧词结合，做如下分类。如名词：обстановка, обстоятельство, положение, состояние。形容词：большой, крупный, великий, громадный, огромный, грандиозный, гигантский, колоссальный。动词：трусить, робеть, трепетать, бояться, опасаться, пугаться, страшиться等。一课的语言材料有限，教师可以将它作为信息的源泉，尽量多地利用课文扩展知识，学生对此十分欢迎。

（五）充分地发挥学生的自主性

激发高年级学生学习积极性应当从发挥他们的自主性做起。为此，可以采用下列活动形式和活动方法：

1. 优化组织每一次课的开头和结尾

每一次课组织教学所用的时间不多，但是非常重要，关系着这一课是否成功。为了很快地将学生带进语言情景，教师应当按照交际性原则来开始每一次课的教学。例如，可以这样开始一次课："В субботу мы были в гостях у москвичей, а сегодня мы приехали на огромную стройку "Атоммаш". Наверняка вы знаете, с кем мы здесь познакомимся. Ну, о чем нам расскажут наши новые друзья?" 教师不知不觉地宣布了这堂课的计划，将学生动员起来进入所需要的交际环境。结束一堂课最好是正当全班情绪高涨的时候，教师在此时要做下一次的铺垫，提出下一课引人入胜之处，使学生企盼下一课的到来，使新的学习动机产生于上一课的结尾。教师可以这样说："Впереди много нового, давайте поработаем с вами в следующий раз..."

2. 鼓励学生亲自动手

学生应当在预习的时候使用原文词典，自己去发现问题，解决问题。教师在学生自学基础上与他们一起讨论，解答疑难，寻找性练习、猜测性练习能够发挥学生的独立性、积极性。如教师提出下列要求："Найдите в тексте, где передано напряжение героя? Какими языковыми средствами оно передано?"（寻找性练习）猜测性练习内容很广泛，包括词汇现象、语法现象、修辞难点、国情常识，课文内在含义，此种练习有利于鼓励学生各抒己见。

3. 使学生有更多的机会独立地自我表达，发表议论

学生们喜欢以不同的身份在讲台前做3~4分钟的发言。如在学习《致我的年轻朋友》一课以后，学生以学者的身份在母校校庆会上发言。即使在提

高阶段也不应当否定角色游戏、教学小品的作用。实践证明，它是模拟真实交际最有效的形式。变换情景、变换角色（当然不是任意杜撰，而要合乎情理）能够激发学生练习动机，使他们创造性地运用知识。在角色活动中学生体验到独立自主性，不拘束，不紧张。依托课文，一般都能找到适合角色表演的主题。如①«Посещение старым пенсионером своего бывшего ученика»（自«Рекомендация»）；②«Интервью у опытного педагога»（自«Мамин сын»）；③«Встреча друзей в ресторане»（自«Конец дружбы»）；④«Пресс-конференция»（自«По великой транссибирской магистрали»）。在角色表演的练习中课堂气氛十分活跃，每一个学生都可以充分地表现自己。此外，起巩固作用的书面独白可以提高学生言语成品的质量，是不可缺少的。

第四节　学习兴趣概括

学生动机和兴趣，即学习积极性问题，是教学中的关键。本章用了较多的篇幅来阐述，下面做一概括性小结。

一、形成专业俄语学习兴趣的基本条件

(一)客观条件

（1）社会需要俄语人才。近年社会需要俄语人才，学生就业不困难。因此，学生学习动机确定，这是激发、保持、发展学习兴趣的前提。

（2）教学内容有趣。教学内容应当是学生未来工作所需，能够满足学生深入发展的好奇心、求知欲。教学量和难度要有一定要求，使学生感到有压力，战胜困难可以增强学习兴趣。

（3）教学方法新颖。言语交际活动应当丰富多彩，能够满足用所学语言进行交际的现实需要。

（4）良好的教学人际关系，愉悦始终伴随着兴趣。

（5）班级学习成功的人数多、次数多，成功是学习兴趣的直接刺激物。

（6）教师良好的语言水平及其他良好的素质可以激发学生学习兴趣。

(二)主观条件

（1）自觉地学习。学习目的明确，学习自觉性强。

（2）稳定的心理素质。能冷静地对待成功与失误，有顽强的毅力，勇于克服困难并取得成绩。

（3）善于总结自己的学习经验，学习别人的经验，改进学习方法，提高学习成绩。

（4）对俄罗斯语言的兴趣，对俄罗斯文化的兴趣，学生学习兴趣与他

对这一语言的热爱分不开。

二、培养学习兴趣的实验结果

我们在教学实验班的实验表明，教师有意识地为培养学生学习兴趣所做出的努力使学生学习成绩明显提高。在我们十余年连续实验中均获得了肯定的效果，任何一个教学班在开始上课3~5周内学习兴趣明显增强，并能保持下去，通常学习优秀者占25%，良者占75%，中下线学生全部转为“良”。

三、对教学的基本要求

（1）知识性强。所学材料信息量大而新，为学生未来工作所需。

（2）实践性强。学生实践机会多，主题集中，接近真实交际。

（3）创造性强。教师在组织教学上不断创新，同时，帮助学生发挥创造性，标新立异，展现自己的能力。

（4）和谐的课堂气氛。师生之间、同学之间的理解、友爱、相互支持、紧密配合。

第五章

俄语教学过程中认知能力的培养

我们在前面的章节里已经谈到任何一门课程的教学过程都是心理过程，包括认知过程（познавательный процесс）、情感过程（эмоциональный процесс）、意志过程（волевой процесс）三个组成部分，既有区别，又有机地联系在一起，俄语教学过程也不例外。

学习过程通常分四个阶段：感知、理解、巩固、应用。感知就是感觉和知觉，是认知过程的开始，是一切知识的来源。毛泽东同志指出："任何知识来源，在于人的肉体感官对客观外界的感觉。"学生感知的对象是教材，这是感性认识阶段。"理解"指认识事物的本质特征，是通过思维活动，通过分析、综合、抽象、概括达到目的，这是理性认识阶段。"巩固"指的是知识的保持，和记忆过程有很大关系。"应用"指运用已知知识解决实际问题，也就是实践能力的培养。俄语教学环节也是这四个方面，只是具有自身特点。

综上所述，学习的认知过程也就是感觉、知觉、记忆、思维、想象等。本章讨论的俄语学习的认知过程是全书的中心，因为俄语教学法就是研究俄语教学过程规律的。第四章“动机和兴趣”是认知的前提，后面几章主要讨论认知过程的心理条件（学习的情感、意志因素，教学中的人际关系，教学心理气氛等）。我们将在本章讨论七个问题。①俄语专业学生认知过程的特点；②语言基本功的训练；③基本言语交际能力的培养；④创造性思维能力的培养；⑤学生学习风格的指导；⑥语言失误分析；⑦学生未来职业准备。

第一节　俄语专业学生认知过程的特点

我们在这一节谈五个问题。①感知规律和观察力的培养；②记忆规律和记忆力的培养；③思维规律和思维能力的培养；④想象力的培养；⑤注意力的培养。

一、感知规律和观察力的培养

(一)感知的一般规律

1. 感觉、知觉的含义

感知是感觉（ощущение）和知觉（восприятие）的统称。感觉是人脑对直接作用于感觉器官的事物的个别属性的反映。例如，我们面前有一束玫瑰花，鼻子闻到了花的香味。眼睛看到了花的颜色，手触摸到花叶、花瓣、花刺等。感觉包括外部感觉：视觉（зрение）、听觉（слух）、嗅觉（обоняние）、味觉（вкус）、肤觉（кожное ощущение）；内部感觉：动感觉（кинестезия）、平衡感觉（ощущение равновесия）、机体感觉（органическое ощущение）等。感觉是一种简单的心理活动，但是，感觉是十分重要的心理活动。列宁说："感觉是运动中的物质的映象。不通过感觉我们就不能知道实物的任何形式，也不能知道运动的任何形式。"没有感觉，人无法正常生活，感觉是高级心理活动的开端和基础，是知识的源泉。人的不同的感觉是相互作用的，人接受信息通过多种感官通路，运用多种感官作用的规律对外语教学有重要意义。

知觉是人脑对直接作用于感觉器官的事物的整体反映。例如，人感觉到苹果的颜色、香味、硬度、甜味等个别属性，然后把感觉到的个别属性进行综合就成了苹果的整体映象，这就是对苹果的知觉。感觉的个别属性越丰富、越精确，我们对这一事物的知觉也就越完整、越正确。但是，在现实生活中人一般是以知觉的形式来反映客观事物的。感觉只是作为知觉的组成部分而存在于知觉之中，很少有孤立的感觉存在。知觉按照起主导作用的感觉器官分为视知觉、听知觉等：根据知觉反映的特性分为空间知觉、时间知觉、运动知觉等；根据知觉能否反映事物分为正确知觉和错觉等。

2. 知觉的基本特征

（1）选择性。人对外来信息进行选择并做进一步加工的特征称为知觉的选择性。外界作用于我们感官的信息本身并不分轻重缓急，但是，对每一个人来说，主观上对一切信息有轻重缓急之分。这是因为人的知觉受需要、动机、兴趣的影响，被选择的信息是人知觉的对象，而其他信息就是知觉对象的背景，这是知觉的最基本的特点。由于知觉的选择性，才使人有主次地认识外界事物。心理学中通常向人们介绍一个关于图形和背景的效应的实验，一会儿我们看到图上的花瓶，一会儿看到两个人的脸部侧面，但是，我们不能同时看到两者。

（2）理解性。人在加工信息时用词加以概括，并且赋予它一定意义的特征称为知觉的理解性。如我们看到一个游戏机，头脑中想："这是什么？"然后心里说出了名称，不过，不是每个人都能用词来概括。知觉的理解性主要受个人知识经验、言语、实践活动、个人兴趣爱好等因素的影响。对知觉对象的理解是以自己过去已有知识经验为前提的，同一个事物由于知识经验不同，不同的人会有不同的知觉。

（3）整体性。人在加工信息时根据自己的知识经验使知觉保持整体性，统称知觉整体性。人的知觉可以把客观事物中缺少的特征在主观上进行弥补。如我们走进教室不是先感知桌椅，再感知黑板，而是从整体上同时感知它们。又如我们不用触摸就能看出一个花瓶是什么材料做成的。

（4）恒常性。当知觉的条件有所改变，而知觉仍保持相对不变的特性称为知觉的恒常性，例如，对过去认识的人不会因为他的服装改变而不认识他。知觉的恒常性是过去经验作用的结果，但是，恒常性是相对的，如我们观看太阳落山，当太阳消失时，对这一事物的知觉也就停止了。

感觉和知觉同属于认知过程的感性阶段，它们都是对事物的直接反映。学生理解教材正是通过感知开始的。在教学过程中根据感知的基本特征来提高学生感知教材的效果是必要的，也是可能的。

3. 感知的一般规律

（1）目的越明确，感知越清晰。感知的清晰度受感知目的的制约，目的性越强，感知的效果越好。如儿童喜欢饲养小动物，在教师明确这一活动是配合自然常识，并且要求他们写日记时，儿童的感知结果就大不一样了。

（2）感知的对象越突出，越容易被感知。通常有许多信息同时需要我们去感知，如让学生看到地图上我们要提到的城市，那么，就应该使它醒目，做上标记等。又如还可拉开被感知对象在时间、空间上的距离，以突出对象，记笔记时，重要标题留出空当，教师讲课抑扬顿挫、课文分段等。讲话过快、过缓均有碍学生感知，影响听课效果，如果被感知的对象处在运动过程中也会产生好的效果。所以，教学中使用幻灯片、录像有助于感知。

（3）多种感官协同活动提高感知效果。我们感知事物往往通过各种感觉器官的同时活动。心理实验表明，仅靠听觉可记住知识的15%，仅靠视觉，从图形获得知识可记住25%，若听、视觉综合可记住65%。感知的一般规律也是俄语教学中应当遵循的。

（二）俄语专业学生感知的特点

感知是俄语专业学生学习俄语的开始，也是俄语认识活动的开始。感知不是孤立存在的，它和记忆、思维、表象、想象等心理过程相互促进、相互依存，而整体认知过程又受学生需要、动机、兴趣、情感、意志活动的制约。我们这里要讨论俄语感知的特点只是讨论认知过程的一个侧面，在前面的章节里谈到了俄语的特点，这里可以直截了当地说，我国学生感知俄语是困难的。由于俄语的语音、语法、词汇是三个相关的庞大系统，不可能全部涉及感知它们的方方面面，所以，我们打算谈谈感知俄语语言知识应当注意的一些问题，以简单说明俄语感知的特点。

1. 语音感知（包括语调）

（1）突出双唇动作。我国学生不习惯将口腔开大，双唇做出明显的动作，或前伸，或圆撮等。然而，只有把握双唇动作变化，把握舌位前后、高低才能学好俄语元音。我国学生学习俄语元音的难点是o, э, ы，在连贯语中他们时而正确，时而不正确，教师需要按照发音要求将不正确的词的读音放到句子中去纠正。如очень, самолет, еще, Сережа, Ольга, восток, этот, поэтому, сады, цветы等。

（2）强调声带振动、舌中部抬高等发音要领。我国学生不习惯声带振动，将浊音发成清音，如将бал读成пал。舌中部抬高发软音对我国学生是陌生的，他们对ч, щ的发音感到困难，同时不习惯舌前与齿龈形成缝隙发з音。我国学生学习辅音的难点是ч, щ, в, в', ж, з, з', 如часто, человек, через, товарищи, вот, вид, можно, каждый, завтра, задание等。

（3）强调语调的调、义结合。学生语调上的毛病常表现为语调和内容不相吻合，容易在升调时用陈词、降调多于升调，有时违反一般叙述语调的常规，有时句首词音调过高，以致全句过于高昂，很不自然。在教授语调时，教师要注意两点：

①教师向学生讲明，人类思维的共性，即用和汉语语调的相似性学习俄语语调：Какие виды транспорта ты знаешь？— Сейчас скажу. Самолет, поезд, автобус, трамвай, троллейбус, такси.（疑问句语调和列举语调）。

②教师帮助学生对俄语主要调型进行比较，可以降低感知这些调型的难度。例如，

Мы живем в Москве.（ИК–1，陈述句语调）

Где вы живете？（ИК–2，带疑问词的疑问句语调）

Вы живете в Москве？（ИК–3，不带疑问词的疑问句语调）

Мы живем в Москве，а вы...?（ИК–4，有连接词的不完全句语调，或其他语句尚未结束的语调及列举语调）

Мой друг Володя Петров живет в Москве，на Ленинском проспекте в доме номер 5.（ИК–4，列举语调）

Как хорошо，что мы живем в Москве!（ИК–5，感叹句语调）

Как хорошо，что мы живем в Москве!（ИК–6，感叹句话调，但是句子多指日常生活中的现象或事物）

2. 语法感知

关于语法教学我国俄语界积累了丰富的经验，对如何提高语法感知的效果也有不少好的办法。这里简略介绍一二。

（1）讲明语法课题的意义，并且和汉语语法进行对比，突出感知对象。初学俄语的学生对俄语为什么有词形变化感到不理解，对使用它们感到被动、勉强。至于俄语词形变化的所以然并不能解释，这是一个民族的语言特点，就像汉语也有自己独特的规则一样，应以积极的态度承认俄语的特点，以掌握俄罗斯人遣词造句的方式。同时，教师要讲明某一俄语语法课题使用的条件，如当人们想用俄语说："发展中的国家""昨天收到的信"，无法使用单纯的形容词。俄罗斯人说："развивающиеся страны""полученное вчера письмо"，这里的说明词既有形容词的特征，又有动词的特征。"发展中的"是由动词"发展"产生的，第二个词组亦然，由动词"收到"变化来的。

（2）最大限度地使用直观手段突出感知对象。有的教师用实物或模型，或由学生表演的情景来教授形容词和副词的比较级和最高级，取得了很好的效果，如练习下列词可用直观手段：дорогой, дешевый, высокий, низкий, полный, худой, новый, старый, молодой, большой, маленький, сильный, слабый, хорошо, плохо, громко, тихо, высоко, низко, быстро, медленно等。有的教师使用幻灯片教授动词变位，省时、省力且效果极佳，如教师先不给学生动词不定式，而是让学生在"生活中"学俄语。因为在实际生活中，人们先学说话，后学规则。教师带领学生练习动词читать的变位，说明俄语中人称不同，动词的用法就不同，如Это отец. Он читает. Это мать. Она тоже читает.（第三人称）；Это я. Я читаю. Это брат. Мы вместе читаем.（第一人称）；Ты читаешь? Вы читаете?（第二人称）。然后，教师展示читать，告诉学生这是动词原来的形式，称不定式，接着介绍如何根据不定式进行俄语动词的变位。

（3）将语法课题置于交际情景，突出感知对象。为了节约时间和增加练习频率，教师可以巧妙地使用交际性单句练习以提高感知效果，如按指定词造句，续句也可以使学生较快地、初步地掌握一个新的语法课题，如描述工程师参加教言语动的情形：①Орлов, не занимавшийся никакими видами спорта... ② Орлов, прошедший медицинский осмотр... ③ Орлов, загорающий у моря...④Орлов, бегущий со всеми ранним утром во дворе... 学生在重复时加强了感知的印象。

（4）在大规则中增添小规则，突出感知对象。在学生的语法难点项目（如动词体、运动动词）之中增补若干一般教科书不介绍的、经过教学实践归纳的具体规则，以减轻理解的困难。

（5）难句、长句的感知。在精读课的语言材料中带有语法现象使学生感到费解，以致理解错误，教师应当帮助学生化整为零，按主句、从句、主、谓、定、补、状语，很快将难句的语法关系“稀释”，找出主要矛盾，其他问题则迎刃而解。

3. 词汇感知

我国学生感知俄语词汇困难很多，同义词辨异是主要的困难。在短短的四年学习时间里，学生可能接触到6000~7000个单词，但是真正运用好的词汇要少得多。教师在学生感知词汇时可注意下列几点。

（1）使用构词法。凡是能够使用构词法分析生词的教师可帮助学生自己分析，以降低感知难度。如преследовать, объединить, распасться, подсказать, обширный, передний, чайник等。

（2）通过词的本义区分、理解词义。如 волноваться, беспокоиться, тревожиться, нервничать；предатель, изменник 等。

（3）按词义的程度理解词义。如 влажный, сырой, мокрый；бой, сражение, битва 等。

（4）根据词的语体理解词义。如 приехать — прибыть, навестить — посетить，работать — трудиться 等。

（5）依靠原文词典理解词义（俄汉词典有一定的局限性）。如 известный, знаменитый, знатный, выдающийся 等。

（6）根据词的搭配范围理解词义。如 уничтожить, ликвидировать, истребить 等。

（7）通过词的直义理解词的转义。如 сочный юмор, щедрый дождь 等。

（三）俄语观察力的培养

1. 观察力的概念

观察力（наблюдательность）是有目的、有计划、主动的知觉活动能力，不是单一的视觉活动能力，而是多种分析器官的综合活动（视觉、听觉、触觉、嗅觉等）。同时，观察力也不是单一的知觉活动能力，包括精细的注意力、知觉能力、记忆力、思维能力，以及情感、意志等个性因素，含有理解、思考成分，是有意知觉的高级形式，是一种获得第一手材料的认识能力。

2. 俄语观察力的特点及个性差异

学生要学好俄语，必须具有良好的语言观察能力。大学生的观察能力大大优于中学生，在抽象逻辑思维的参与下，在反复观察的基础上，其观察力比较深刻，能够逐渐地洞察到事物的本质，而且较少受情绪等因素的干扰，观察力具有一定的敏锐性。然而，俄语专业学生（包括非俄语专业学生）由于俄语知识不足，适用语言的经验不足，俄语语言观察力与他们所具有的一般观察力之间有很大的差距。良好的观察力的主要特征是强烈的求索精神，审视并发现他人容易忽视的东西。在俄语实践课上我们观察到，具有良好语言观察力的学生能够提出其他学生没有注意到的、令人深思的语言现象。他们喜欢提出“Почему?”“Отчего?”“Зачем?”这对他们掌握俄语起着奠基作用。从观察类型来看，有的俄语专业学生视觉能力强，他们在阅读时常能细心揣摩；有的学生听觉能力强，属于有声资料的观察。从观察的能动性看，有的属于主动观察型，有的属于被动观察型；从观察的深度看，有的学生属于精细型，有的属于粗略型。

3. 俄语观察力的培养

（1）语言搜索能力。语言搜索能力（поисковые способности к языку）是语言的发现能力。目的明确的寻找性练习（寻找所需语言现象）可以培养学生对语言的观察力（词的搭配、修辞特点，多种多样的语法手段），有助于学会地道地运用语言知识，学生很欢迎这样的练习形式。通常练习要求如下：①Найдите в тексте глаголы, связанные с темой«Экскурсия по Москве». ② Найдите в тексте предложения со словами“успехи”“достижения”. Пронаблюдайте употребление этих слов в контексте ③ Проследите в тексте слова и выражения, передающие чувство радости человека. ④ Найдите в тексте случаи употребления следующих прилагательных （существительных）. ⑤Найдите и исправьте ошибки. Объясните их. 改错练习要求较高水平的观察能力，寻找性练习激发学生的好奇心、成功感，学生在完成这类练习中精神十分专注，并且可以从中体验到搜寻的快乐。

（2）语言猜测能力。语言猜测能力（языковая догадка）是正确判断、精心观察事物的结果。在学生视觉活动和听觉活动中如果处处借助词典，常影响以上两种知觉的速度，因此，教师要帮助学生根据上下文，根据以往的知识、经验猜测某种语言现象的内涵。教师可以提出下列问题：①Отметьте разговорные （книжные） слова в данном абзаце. ②Подумайте, какой смысл имеет данный фразеологизм в контексте. ③Что скрывается за этой незаконченной фразой （за многоточием）？ ④Догадайтесь，почему тут автор дает описание. 等。

（3）语言对比能力。语言对比能力（сопоставительные умения）是感知语言现象的一种强的能力。教师可以提出下列要求：①Сопоставьте конструкции, выражающие нужное действие человека со словом “надо”, “должен”. Скажите, в каких ситуациях замена невозможна. ② Сравните предложения со словами “долг”“обязанности”. В чём состоит смысловое сходство и различие между этими словами. ③Скажите, можно ли заменить слово “задание” словом “задача”. Изменится ли при этом смысл?

二、记忆规律和记忆力的培养

(一)记忆的概念

记忆（память）是人的一种基本的心理过程，没有记忆的人是不能正常生活的，人脑中对过去经验的保留和恢复的过程就是记忆。我们在前面谈到，人对客观事物的认识是从感知开始的，但是感知如果没有记忆参与就不能保留下来，记忆是巩固知识的唯一的心理因素，没有必要的巩固，学习则无法进行下去。

(二)记忆的类型

记忆按其形式可分为：①视觉型（зрительный тип памяти）；②听觉型（слуховой тип памяти）；③运动型（двигательный тип памяти）；④混合型（смешанный тип памяти）。单纯的记忆类型的人不多，混合型记忆的人占多数。

记忆按其内容可分为：①形象记忆（образная память）；②逻辑记忆（логическая память）（如关于语法概念的记忆）；③情绪记忆（эмоциональная память）（如通过歌曲的记忆）；④运动记忆（如通过操作、表演的记忆）。

记忆按其储存的时间分为：①瞬时记忆（моментальная память）（持续1~2秒）；②短时记忆（кратковременная память）（持续时间1~2分钟）；

③长时记忆（долговременная память）（保持时间很久，以致终生不忘的记忆）。

记忆按其方法分为：①机械记忆（механическая память）；②意义记忆（словесно-логическая память）（意义记忆的基本条件是理解）。

记忆按其目的分为：①无意记忆（неосознанная память）（无须要特别的、努力的记忆）；②有意记忆（осознанная память）（通过努力，并采取一定的方法的记忆，包括机械记忆和意义记忆）。

(三)记忆的一般规律

记忆是一个复杂的过程。记忆是脑的功能，从信息论的观点看，记忆就是信息的输入、加工、储存及提取和输出的过程。记忆过程包括识记和保持、再认识和回忆。

1. 识记的规律

识记（запоминание）是记忆的第一步，影响识记效果有下列因素。

（1）识记目的越明确，识记效果越好。教师应当讲明记住学习材料的必要性、重要性。

（2）识记要和活动相结合，识记在学生的积极活动中效果最好。心理学实验表明，有意识记忆缺乏学生积极的、独立的活动，其效果甚至还不如组织好的无意识记忆。

（3）识记越重复，效果越好。故事性强、生动的学习材料有助于有效识记。

（4）识记材料的性质和数量要符合学生接受程度。

（5）识记要求科学的记忆方法。

2. 保持与遗忘的规律

（1）保持。保持（сохранение）是人的过去经验在头脑中得到巩固的过程。信息论认为，保持是编码、储存的过程。记忆的保持不仅通过机械重复，而且需要对材料进一步加工。储存记忆和储存东西完全不同，记忆的保持在数量上会随着时间的推移不断减少，在质量上也会降低。这种变化有时也有积极意义，因为，我们无须也不可能记住所有的东西。

（2）遗忘。遗忘（забывание）是指对于识记过的事物不能再认和回忆，或者错误地再认和回忆。遗忘和保持是相反的心理过程，遗忘可能是永久性的，也可能是暂时的，遗忘程度也有不同。

①遗忘的原因：其一，受到外界干扰。干扰一旦被排除，记忆就会恢复。例如，学生考试时由于过分紧张会产生遗忘，但是记忆会很快恢复。此外，因过度疲劳产生遗忘也是一种干扰。其二，受到内部抑制。如记忆长期得不到量化，记忆会逐渐衰退。

②遗忘过程的规律。其一，不符合人的需要和兴趣的事物先被遗忘；其二，事物细节遗忘得快；其三，不带情绪色彩的事物遗忘得快；其四，识记不牢固的事物遗忘得快；其五，复杂的材料开端和结尾遗忘得少，中间部分容易被遗忘；其六，连续识记两种材料，特别是相似的材料，会因相互干扰而遗忘。

③减少遗忘的办法。为了减少遗忘必须进行复习。机械记忆的条件是复习，意义记忆的条件是理解，然而，理解本身不能保持牢固的记忆，所以，必须进行复习。不过，不是任何复习都会产生好的效果的。为此，复习要及时，要有重点，要有多种形式。实验表明，间隔时间不太长的分散复习效果最佳。

3. 再认和回忆的规律

再认（воспроизведение）和回忆（припоминание）是提取人的知识经验的过程，就是提取信息的过程。再认就是过去经历的事物再度呈现时，仍旧能够再认识的过程。如学生学过скульптура这个词，过了很长时间，这个词再度出现时，还能被认出来。但是，再认有不同的速度，有时可以立刻再认，有时要经过复杂的联想，有些还会错认。回忆是过去经历的事物不在面前，而能够把它重新反映出来的过程。回忆的速度和准确与否取决于知识是否被概括成体系，是否常使用，意志努力如何，是否能够利用各种线索引起联想。一般地讲，再认比回忆容易，所以，凡是能够回忆起的事物均能再认出来，而能够再认的事物却不一定能回忆起来。

(四)俄语记忆能力的培养

大学生正处在记忆的最佳年龄阶段，他们的记忆品质得到全面的发展，他们的记忆敏捷、持久、精确，他们的逻辑记忆力显著提高。在记忆方法上，大学生掌握了不少适用于自己专业的有效记忆方法，如提要法、解意法、序列法、联想法、谐音法、编组法等。

俄语专业学生，一般来说，记忆方面没有太大的困难。俄语的读音和书写基本一致，这给记忆生词带来了方便，俄语语法规则严格、系统，在记忆上有优越性。俄语词汇派生能力强，构词有一定规律，学生可以通过同根词记住一些词。如知道“род”一个词，可以一下子记住其他许多词：родина, родители, родной, родить/ся/, родня, родовой, родственник, родство等。培养学生的俄语记忆力可以采用下列方法。

1. 将语言材料分段

将课文迅速分段，列出提纲是逻辑识记的重要方法之一，是符合记忆规律的。我们每教授一课都应该与学生一起讨论，将它分段，提出小标题，分出支撑点，联成一个统一的系统，以简化的方式识记，并且保持在记忆中。一篇材料有了条理，记忆就变得容易起来，也便于回忆。如一年级课文«Система образования в СССР»枯燥、生词多、语法现象偏难，难以记忆，因此，将它分段，每一标题中再加一些提示，学生记忆便有了改善，为言语练习创造了好的条件。如这一课是这样分段的：①Среднее образование（десятилетнее и восьмилетнее）；②Поступление в вуз；③Третий семестр（добровольная работа студентов в летние каникулы）；④Научное студенческое общество；⑤Распределение студентов（выбрать место будущей работы, рекомендовать в аспирантуру）。这样，全篇课文的各种词语就迅速按照分段提纲流入记忆库。

2. 按照交际课题组织记忆

目前学生所学材料均按专题安排，这是合乎交际原则的，交际均有主题，教师可将与主题紧密相关的材料列入积极掌握。教师应当帮助学生首先记住与主题有关的词语、句式，并且在课堂交际中深化记忆。高年级的语言材料量大，如果主次不分，会影响记忆效果。为了加强记忆，教师可以提出“Найдите（Подберите）в учебном материале（в текстах）слова и выражения（или конструкции），связанные с темой «Желтая река»«Проблемы большого города»”等。按照交际主题记忆也就是分类记忆。

3. 在言语情景中记忆

学生在言语情景中运用知识，新知识便自然而然地储存起来。如（В магазинах）一课，教师设置了我国学生在莫斯科商店购物的情景，学生取得了良好的关于商店用语的记忆效果。

4. 以多种形式的复习与测试巩固记忆

外语的复习应当是变换形式的言语练习，如先练习对话、问答、叙述，后练习口译、采访等，朗读是记忆的好方法。小测验最好一课一测，减少遗忘。

三、思维规律和思维能力的培养

(一)思维的概念

思维（мышление）是学生掌握知识的重要心理过程，和感知一样，是人脑对客观事物的反映，但是思维反映的是事物的本质及内部规律，它是理性的。思维的概括性、间接性是思维的主要特征。人们通过思维概括事物的本质，还可以对不在眼前的、感知无法把握的事物进行推断，获得间接的、更为深入的认知。还应当指出的是，思维是通过语言实现的，两者关系密切。

(二)思维规律

1. 思维过程有程序

思维包括分析（анализ）、综合（синтез）、抽象（абстракция）、概括（обобщение）等环节。分析与综合是思维活动的基本环节，分析指将事物的整体分解为部分；综合就是把事物的各个部分联合起来，分出事物的本质与非本质特征的过程称为抽象；概括是一种特殊形式的综合，它在抽象的基础上进行。

2. 思维活动有自身形式

思维活动的自身形式即概念（понятие）、判断（суждение）、推理（умозаключение）。概念是事物的抽象概括，是非直觉的；判断是肯定或否定某种事物具有某种属性；推理是从已知的判断推出新的判断，推理分为归纳推理和演绎推理，归纳推理是从特殊事例到一般的推理，演绎推理是一般原理到特殊事例。

3. 思维的成分

思维有三种成分：直观动作思维（在动作中思考）、直观形象思维（通过具体形象，进行联想的思考）、抽象思维（通过概念、判断、推理进行思考）。

4. 思维的个别差异

学生思维的发展从低级逐步过渡到高级，不同年龄阶段思维活动有不同水平。以上介绍的思维规律的几个侧面统一在人的整体思维之中。凡是健康的人，在正常的社会条件下，思维发展顺序大体一致，都是从动作思维、形象思维、形式思维（抽象逻辑思维），到辩证思维（辩证逻辑思维）。人的思维水平有明显差异，表现在思维的敏捷性、灵活性、逻辑性、独创性、批判性五个方面的异同：思维的敏捷性指思维的迅速、正确；灵活性指应变性；逻辑性指条理性（有逻辑顺序）；独创性指新颖性；思维的批判性指思维的反省性。

(三)俄语思维能力的培养

1. 俄语专业学生思维能力的特点

思维能力指人制作思维产品的能力。大学生思维能力发展的特点是：①抽象逻辑思维占优势，大学生可以充分理解课题的各种逻辑关系，按照逻辑顺序自觉地去解决问题。②提高了思维的独创性和批判性。大学生在思维活动中常常自省，注意自己和他人的思维方式，对思维活动采取审视的态度。在大学生思维中出现了对思维的思维，对规则的认识，对事物的偶然性与必然性、无限性与有限性的思考。能够进行假设性推理，思维活动有自己的特色。

俄语专业学生思维能力的高低主要体现在学生理解语言材料时能否抓住本质，举一反三，在表达思想感情时思路是否清晰，是否符合逻辑顺序和思维是否具有一定的深度。

外语专业学生思维能力的培养有其特殊性。学生思维的发展与母语学习应该同步，而他们的外语思维或从零开始，或大大落后于母语思维。俄语思维能力的培养就是培养用俄语思维，这是一个困难而漫长的过程。这里我们先谈谈学生应当具备的基本思维品质。

2. 学生基本思维品质的培养

（1）敏捷性。思维的敏捷性（быстрота）是指思维迅速、正确。①俄语交际本身就要求思维高度敏捷，否则，会有碍于交际或贻误工作。如对方询问：“Что касается условий поставки, то мы хотим узнать ваше мнение. Как вам будет удобнее? На условиях СИФ или ФОБ?”如果我们不知所云，反应迟钝，就无法将交际进行下去。为此，教师要鼓励学生勤于练习，学生只有勤练，才会有敏捷的思维能力。②言语练习始终要求一定的速度。教师要求在尽可能正确的情况下快听、快说、快读。

（2）灵活性。思维的灵活性（гибкость）指思维的应变性。教师要细心培养学生思维的灵活性：①一题多解。用不同的方式回答同一个问题。如教师问："Какие номера были на вечере?"学生可以使用下列动词，做出数种回答：выступить с чем, в чем; исполнить что; показать что; поставить что; играть кого-что; петь；читать; танцевать等。②帮助学生学习摆脱言语困扰，这也是训练思维灵活性的方法。教师帮助学生开动脑筋扬长避短，在紧急情况下想出解决问题的办法，不因缺少词汇或句式而束手无策。

（3）逻辑性。思维的逻辑性（логичность）指思维的条理性，并且能抓住事物的本质。教师可以这样做：①训练学生运用演绎法（дедукция）和归纳法（индукция），学习语言材料；②要求学生口、笔语表达中的条理性，要求他们首先报告自己的提纲；③帮助学生学会概括。如做各种长短的"сжатый пересказ"。

（4）独创性。思维的独创性（оргинальность）指思维的独立性和新颖性。①鼓励学生独立地提出问题、频繁地提出自己的观点；②鼓励学生提出与众不同的问题，并且给予评价。

（5）批判性。思维的批判性（критичность）指思维活动的自省态度。学生在言语练习中，在讨论、争论、辩论中抒发个人见解以培养一种对客观真理的追求精神。

四、想象力的培养

(一)想象

想象（воображение）是人的重要心理过程，是人在头脑中创造新事物的形象，是通过口头语言和文字描述形成相应事物的形象过程，和思维关系密切。想象有如下特点：①受社会、个人需要的制约。想象通常受人的需要和动机的推动，人在满足需要之前在头脑中想象需要得到满足时的情景。②想象能够预见未来，它是一种越前的形象系统。③想象是人的创造性活动的必要因素，是在人的探索中产生的。巴甫洛夫说，化学家"在为了彻底了解分子活动而进行分析和综合时，一定要想象到眼睛看不到的结构”。④想象可分为再造想象（воссоздающее воображение）和创造想象（творческое воображение）。再造想象是人根据语言的描述，或图样、图表、符号在头脑中产生新形象的过程。如我们通过书籍、电影、图片想象俄罗斯某一城市的样子。没有再造想象，我们无法理解许多概念。创造想象是独立创造新形象的过程，是新颖而独特的，在人的创造活动中产生的，是发明创造所必需的。

(二)想象力

想象力是人创造出新形象的能力，和人的感知能力（观察力）、记忆力、思维能力分不开。例如，读一首名诗，看一幅名画，有不同知识、经验的人会有不同的想象力。外语专业学生要学好外语，掌握俄语言语交际能力，在学习中必须有想象力的参与，否则很难充分理解较复杂的语言材料。学生在练习时没有想象就无法选择词汇和句式，没有想象写作就无从下笔，即使勉强写出来，也是空洞干巴的。

(三)俄语想象力的培养

（1）扩大词汇量，扩大知识面。学生俄语想象力和他们的知识面分不开。

（2）设计发展想象力的练习，如造句、续句、续情景、续故事（教学班每个人轮流一人一句续出一个故事）、续见解（对一个问题的看法）及作文等（有的学生造句能力低下，除了一些原因以外，想象力贫乏也是症结所在）。学生很喜欢这样的，可以发挥想象余地的作文。如一年级学生在学习了«В гостях у друга»后，写了作文«О желаемой квартире»，在学了«Климат Китая»一课以后，写了作文«А здесь природа особая...»。再如角色表演，角色练习是创造性的言语练习，需要发挥想象力。如一个学生说：文中只有两个人物，但是提到了四个人的名字，也提示了与主要角色的关系，这样，我们可以设计六个人的角色表演，由学生发挥想象力来创造。此外，还可以组织富有想象力的叙述，欢迎每一个学生发表自己的想法。

教师问：Что вы скажете о дальнейшей судьбе героини рассказа? Как вы думаете, как будет учиться и жить в Москве Ван Пин?

（3）给学生留有想象的余地。教师要防止一讲到底，应当随时给学生留有提问、发表不同看法的时间。

（4）多用直观。教师要多用直观，要使用生动的比喻，教师自身的语言要丰富、形象，有感染力，使学生浮想联翩。如这样的描写俄罗斯新年枞树可以将学生带进富有情趣的想象力王国。“Когда в дом с мороза отец вносит эту лесную красавицу，можно считать, что праздник пришел в дом, ...свежий，хвойный，ароматный...”

（5）想象力的培养与培养语言正确性相结合。有不少学生有丰富的想象力，当他们尚不能正确地用俄语去想象时，将发达的汉语想象力带进俄语表达中，他如果不考虑自己的俄语水平，想什么，就说什么，不顾俄语的语法规则和用词规则，则必然造成俄语表达中的混乱，所以俄语想象力要与语言正确性相结合。

五、注意力的培养

（一）注意

注意（внимание）指心理活动对一定对象的指向和集中。注意本身不是独立的心理过程，既和认知过程不可分割，也就是说没有注意，人不可能认识事物，又与情感过程、意志过程相联系，参与人的全部心理活动。注意是心理学中的一个独立课题。在心理学文献中，或被置于认知过程的最前面，或者被列在认知、情感、意志过程之后。“注意”是外语教学中一个至关重要的问题，注意的运用直接影响学生学习效果。注意为无意注意（непроизвольное внимание）时，即不随意注意，事先没有预定的目的，无须意志力；为有意注意（произвольное внимание）时，即随意注意，有预定的目的，需要意志努力。聚精会神地学习“困难而又不感兴趣的东西”就是有意注意。

(二)注意力

注意力（внимательность）是人组织注意的能力，大学生的注意力质量高于中小学生。①注意范围扩大，注意的对象增多。②注意紧张度提高。对专业的浓厚兴趣和爱好使学生沉浸于注意的对象，他们的注意是高度紧张的。③注意力的集中性。注意力的集中性和积极的思维活动有关，大学生的注意力符合这一特点。

(三)俄语注意力的培养

（1）合理地运用无意注意。教学突出重点，教学法多样化而新颖，激发兴趣，多种感官的调配适当，使学生自然而然地投入练习中去，这是利用无意注意。

（2）合理地运用有意注意。提高学习的自觉性，强化克服困难的意志、努力是运用有意注意的最佳途径。

（3）合理地运用两种注意的相互转换。在教学中过多依靠有意注意，学生容易疲劳，并且注意力会分散，过多依靠无意注意不利于学生学习自觉性的培养、不利于意志力的发展，要利用两者的转换，上课之初需要组织有意注意。如教师问：“Помните, на чем мы осноновились в прошлый раз？Что мы пообещали сделать сегодня？”接着学生对所学内容发生兴趣而产生无意注意。

当学习新的、有难度的材料时又常调动有意注意进行认真思考和理解，适当的直观或有趣言语练习形式又使学生转到无意注意。下课前一段时间学生注意力容易涣散，教师应当巧安排，最好组织有趣的、轻松的集体性练习以集中注意，调动有意注意。

第二节　语言基本功的训练

这一节和第三节我们着重讨论俄语技能的形成。

一、技能的形成与技能迁移

知识（знания）的掌握包括理解（由不知到知，由浅知到深知）、巩固（记忆、保持）、应用（由认识到运用）。技能（навыки и умения）是人通过练习获得自动化的动作方式或智力方式。动作方式指书写的技能等，智力方式指借助内部言语在头脑中默默地完成阅读、写作等，自动化是指有意识的控制作用减少到最低限度。

(一)技能形成的因素

人的技能不是天生就有的，而是练习的结果。练习是学生技能形成的基本途径。对学习外语来说，多练是培养技能的有效方法。练习的要求如下。

1. 目的明确

教师讲明练习的目的，可以调动学生的学习积极性，教师提出练习步骤，先后次序及具体要求可以促进技能的形成。

2. 明确练习方法和提供有关知识

练习时教师要做说明，并且示范，然后让学生自己练习，如果还缺少某方面知识，教师应当予以补充。

3. 练习分步骤进行

练习不能跳跃，违反认识规律，应当先简后繁。练习速度也应当是渐进的，开始缓慢，慢慢加快。

4. 练习次数和练习时间要分配适当

技能的形成和提高需要时间的保证，俗话说，“功到自然成”。教师组织学生做一种练习的时间不要过长，分散练习和集中练习要结合起来，练习形式要多样化。

5. 及时宣布练习结果

宣布练习结果时应以鼓励性的评价为主。

（二）迁移规律的运用

知识的迁移（перенос знаний）指一种学习对另一种学习的影响。先前的学习对后来的学习产生影响称顺向迁移，后来的学习对先前的学习产生影响称逆向迁移。一种学习对另一种学习起促进作用称正迁移，反之，称负迁移。其中正迁移又分为水平迁移（举一反三，触类旁通，把已知运用到相同的情景中去）、垂直迁移（先前掌握的较低层次的概念有助于学习较高层次的新概念）。学习迁移是学习的必然产物，学习的正迁移对学习具有重要的意义。

1. 学习迁移的因素

（1）学习对象之间的共同因素。学习内容共同因素较多，则正迁移明显。如教师通过столик, приход, исследователь等构词特点帮助学生在学过的词中举一反三。

（2）已有经验的概括水平。共同因素是正迁移的必要条件，但不是唯一的条件。学生原有知识的概括水平越高，正迁移的可能性越大。如学生掌握动词变位法的概括水平并不一样。概括水平高的学生在遇到特殊动词时，就会运用已知来解决新的变位问题。

（3）分析问题的能力。学生对事物之间的关系观察越敏锐，越容易产生正迁移。学生分析能力的高低直接影响迁移水平，如学生对语法关系的分析能力。迁移是一种复杂的心理现象，不仅受上述因素的影响，还受学习者本人主观条件的制约。如疲劳、缺乏兴趣、精神紧张、注意力不集中及知识掌握不牢都影响迁移的效果。因此，教师应当在教学中创造条件促进学习的积极迁移。

2. 迁移规律的运用

（1）突出事物的内在联系。如同义词辨异就是分析它们之间的内在联系。

（2）突出基本概念。抓住事物的本质，提高学生的概括能力有助于正迁移。

（3）应用比较的方法，防止干扰，俄语学习中应当多使用比较的方法。如俄语汉语在某一方面的比较，俄语语体之间的比较，词义之间的比较，都可以积极地防止干扰。

（4）在巩固先前学习的基础上转入下一步学习。如果两种技能都没有达到巩固的程度，那么，这两种技能就容易相互干扰，或其中一种干扰另一种。

二、俄语基本功的训练

我们在前面的章节里不只一处讨论了俄语基本功的问题。这里我们想进一步揭示俄语基本功的本质，它与言语交际能力的辩证统一及提出对俄语基本功训练的建议。

(一)俄语基本功的概念

俄语基本功是俄语基本知识、基本技能的总称，主要指学习俄语的学生和俄语工作者驾驭语言形式的本领，也就是口、笔语表达的准确程度。

俄语基本功和俄语交际能力是一对知识与能力的矛盾，当它们不能统一的时候，教师往往只突出模仿和大量反复练习，克服语言形式的错误，促进正确习惯的形成，或只突出交际，不注重纠正错误，以免打断交际练习的进程。应坚持两者的统一，使正确的习惯在交际中形成，在言语交际中培植基本功；交际能力以基本功为基础，交际能力与交际准确性融为一体。加拿大应用语言学家哈姆莱说："……交际应具有准确性而不是单一的交际性，也不是单一的准确性，应当是两者兼而有之。”俄语教学的最终目的则是培养能够准确而流利进行交际的俄语人才。

(二)俄语基本功训练的原则

1. 系统性原则

俄语语音、语法、词汇知识的讲授和练习应当系统。教学实践证明，凡是不符合系统性原则的教学安排，最终还要按照语言系统再加工，事倍功半。因为：①俄语语言知识是一个严格的科学系统。②系统学习有助于认识这一语言的本质特点及内在规律。③有助于学生自我检查。如在学生使用动词плакать，платить，кричать出现变位偏差时，回忆动词变位系统，会确立正确的形式。

2. 模仿性原则

模仿是学习外语的重要手段，不仅为俄语学习的基础阶段所必需，而且也为提高阶段所必需。①模仿有助于学生积累越来越多的纯粹的外语表达方式，它有助于学生摆脱母语的干扰，并促进用外语思维。②模仿有助于积极思维。大家通常认为模仿是被动思维的过程，但是要模仿得准确无误，正是积极思维、正确理解的结果。例如，模仿下面这样的句子对基本训练很有益处。“Вот вам таблетки от головной боли. Принимайте по одной три раза в день.”“Принять участие могут все желающие.”③模仿是掌握技巧的好方法。模仿常常要求多次重复，一丝不苟，对待俄语的难点（一致关系、支配关系）更应如此。例如，模仿这样的句子：“Простите, можно задать вам несколько вопросов? Пожалуйста, если могу, я с удовольствием вам отвечу.”

3. 限制性原则

限制性原则指在基本功训练时限制随意交谈。培养学生口、笔语的准确性必须从一开始做起。学生的表达要与所学内容同步，要符合学生现有水平，不切实际地随意运用语言，必然导致语言的不纯正，借助母语表达方式会产生“汉化俄语”。教师要引导学生多用所学表达思想，一时尚不能表达的则着眼于今后，宁缺毋滥。

4. 情景性原则

教师应当将任何一个教学题目置于一定的情景之中。例如，在教授形、副动词时，教师可让学生这样续句：① На вокзале родители встречали детей…（загоревших и окрепших за каникулы）；② Можно подписаться на журнал…（печатаемый в Гуанчжоу）；③Поднявшись на вершину горы…（мы сели отдохнуть）；④Находясь в Москве…（я посетила некоторые достопримечательности）。

5. 严格检测原则

基本功训练尤其需要较为频繁的检查、测验，以及时了解教学效果，及时弥补不足。实践证明，勤于检查的教学班，水平较为齐整，技能较为扎实。

(三)基本功训练的主要形式

一方面，可以采用现有的、经过实践考验的、行之有效的练习形式；另一方面，也需要不断开拓，创造新的形式。这里从俄语特点出发提出五项主导性的口、笔语练习形式。

1. 形式变化练习

俄语形式变化的准确性和自动化程度能够反映学生的基本功水平。这方面可有下列形式。

（1）构成性练习。如①Назовите формы повелительного наклонения. ②Образуйте от прилагательных краткие формы.

（2）填空练习。如 Вместо точек вставьте подходящие слова в нужной форме.

（3）替代性练习。如 ① Преобразуйте предложения по образцам. ② Замените причастные обороты определительными придаточными предложениями.

（4）完形练习。如Составьте предложения из данных слов.

2. 选择性练习

语言判断力是一种重要的能力，课上课下均可采用下列多项选择的练习形式。如Прочитайте текст. Выберите из трех вариантов один подходящий, закрасив собственную букву А. В. С.①（语法项目）Вчера ко мне приехала моя школьная подруга Наташа. Она такая же, ... я видела ее 10 лет назад（А. какая В. какую С. какой）；②（词汇项目）Русские ... суп в самом начале обеда, а китайцы наоборот（А. пьют В. едят С. кушают）。

3. 综合性练习

此种练习的目的是培养学生在连贯语中掌握语言形式，获得技巧。如造句、续句、译句、问答、对话、简短叙述等。综合练习的基本形式是«Спрашивайте и отвечайте»。《问与答》中的“问”特别能够锻炼学生的基本技巧，学会提问有时难于答问。除了一般的问与答，教师可以组织角色问答，既有真实感，又提高了水平。如配合«визит врача»一课，学生扮演小病人，小病人母亲及女医生和出诊打针的护士接受《健康报》记者的提问。

4. 模仿性练习

低、高年级学生均很欢迎配合课文，又有新意的练习«Слушайте и повторяйте!»。这种练习训练听力、记忆、言语的准确性，可以较好地巩固所学。如一年级配合«Почта»一课，重复类似的句子：“Университетская почта ежедненo принимает большое количество бандеролей. Учащиеся и преподаватели отсюда посылают книги во все концы страны.”。练习«Читайте и выучите наизусть!»是最佳模仿练习。

5. 课外练习

唱歌、朗诵、演戏等活动是巩固语言知识，获得技巧、技能的良好途径。

第三节 基本言语交际能力的培养

俄语专业学生能够获得基本的言语交际能力，是俄语教学最终所要达到的目标。俄语交际能力（коммуникативная компетенция）指用俄语传递信息和交流思想感情的能力，包括理解能力和表达能力，即听、读（理解）、说、写（表达）四种能力和翻译能力，在日常交往中外语（俄语）交际能力特别指口头表达能力。

一、培养基本言语交际能力的原则

(一)动机性原则

在我们运用交际性原则组织教学时，首先应当贯彻动机性原则，也就是激发和培养学生的交际需要和交际动机，更确切地说，教师要注意培养学生的交际意识。交际意识是对交际重要性的认识，并且善于用外语进行交际活动，是否具有强烈的交际意识往往是学习者成败的最重要因素之一。加拿大应用语言学家曾在《谁能学好外语?》的调查报告中指出："优秀的语言学习者愿意实践……愿意在各种交际场合将自己浸泡于语言运用之中，即使他的能力并未达到这个水平。"学生的交际积极性如果不高，往往是由于他们没有感到交际的必要性。①在认识上的问题，学生认为交际能力是未来工作中的事。②教师没有提供有实际意义的契机，没有使学生有自然的交际需要。③学生没有交际习惯，或存有其他心理障碍，如怕出错丢丑等。我们有时发现，一些教师提出教学任务时，学生反应淡漠，而另一些教师提出教学任务时，则引起学生的注意和兴趣，能够一触即发，(包括那些习惯沉默或腼腆的学生)，原因在于前者的口吻是"Сейчас мы будем повторять пройденный текст, кто хочет ответить на первый вопрос?"后者的口吻是"Помните рассказ 'Пекин'? Если бы к нам в город приехала делегация из дружественной страны, что бы вы показали нашим друзьям?”

（二）合作性原则

在课堂言语交际活动中师生之间、学生之间必须有良好的合作关系，否则活动无法进行。①教师有较好的交际能力和交际热情，教师重视学生交际能力的培养。②教师要培养学生的集体感，课堂活动中的每一个成员，不管水平如何均应相互支持和帮助，同喜同忧。③教师是学生交际的伙伴，教师对学生要尊重、平等、友好。苏联外语教学心理学文献中十分强调师生的教学合作性。

（三）功能性原则

苏联著名教学法专家E.巴索夫认为，学生学习一门外语时，不可能也没有必要掌握全部语言手段，而教师也无权改变整体语言结构体系，所以唯一的可能是确立一些言语模式（就像飞机模型一样，它在结构与功能上和它的原型一样），训练学生掌握它们。我们在选择和使用教学材料时应当突出它们的交际主题，教学目的是帮助学生能够就常见的交际话题进行言语活动，如交际题目包括学生生活、专业学习、社会文化生活、有关国家概况、国内外政治、经济形势等，这是一定范围的、最低限度的、基本的交际活动，可以据此设计情景。与此同时，教师要帮助学生掌握一些功能模式，如 сообщение, предложение, оценка, согласие, подтверждение, сомнение, убеждение, просьба, обещание, вопрос, объяснение, ссылка, опровержение, осуждение, защита 等方面的基本词汇及主要的语法表达手段。

（四）阶段性原则

获得交际能力是掌握一门语言的高级阶段。学生言语交际经验是一日一日、一点一滴积累的，不是一蹴而就之事。教师在组织交际练习时，必须由浅入深，循序渐进，练习如果超过了学生的能力，则会挫伤学生的交际积极性。交际活动一般分为模拟性的（псевдокоммуникативная деятельность）和真实性的（реальнокоммуникативная деятельность）两种。课上的交际活动主要是模拟性的，其特点是有准备的（学习语言材料），有组织的（教师安排）言语活动，情景、人物是假设的。教学交际应当根据不同的学习阶段来安排。①开始应安排以学习规则为主的交际练习（如为学习某一格而开展的对话）。②既学习规则，又学习交际的练习，也可以叫作准模拟交际练习（如初步巩固新材料的练习）。③注重交际内容的练习，真实交际则注重的是内容。如用于综合巩固所学材料的“座谈”“辩论”等。

二、交际能力训练的基本形式

我国俄语教学是在缺乏真实语言环境（дефицит реальной языковой среды）下进行的，要培养学生最基本的言语交际能力就必须创造人为的交际条件，并且使人为的交际情景最大限度地接近真实。《视听说》课型使用现代化的视听技术手段组织教学，但是，口、笔语实践课仍旧是在普通的教室里进行，陈设仅为桌椅、黑板、讲台，角色为教师与十几个学生。怎样进行练习才是交际性的，又怎样能较好地培养学生的俄语交际能力呢？我们在这里只讨论最基本、最典型的交际练习形式。

(一)座谈性练习

这种类型的练习包括讨论、争论、辩论，“讨论”在低、高年级均可采用，只是难度、深度不同，争论、辩论适用于高年级。在以上练习中学生的身份没有变，他们仍以大学生的身份就某个问题发表各自不同的看法。座谈性练习接近真实交际，当我们虚拟自己置身于俄罗斯时，我们首先面临的就是和俄罗斯人就一般生活问题，一般社会问题、文化问题进行交谈。在课堂组织争论的时候，教师要选好题目，以激发每一个学生发言的愿望。如配合«Женщины–современницы»的讨论题是：«Женщина сама выбирает свой путь. Одна, захваченная творческой работой, может отказаться от семейных радостей, другая полностью отдаёт себя материнству и дому. Но возможно ли сочетать и то и другое?»在完成这类练习时教师要帮助学生掌握一些实际交际所需的言语表达手段。①表示同意（不同意）对方意见：разумеется, да; разумеется，нет等。②肯定对方意见正确或肯定对方意见不正确：Вы абсолютно правы; С этим нельзя не согласиться; Разве можно с вами не согласиться; Я совершенно согласен с вами; Я разделяю вашу точку зрения; Этого не могло быть; Ничего подобного; Я совершенно не согласен с вами; С вами нельзя согласиться.等。③部分地同意对方意见或委婉地不同意对方的意见。这一部分用语值得学生重视，以正确地进行交际：В какой-то мере вы правы; Пусть будет по-вашему; Позвольте не согласиться с вами; Мне кажется, что это не так; Вряд ли это возможно; Боюсь, что нет.等。

(二)角色表演练习

在角色练习（ролевые игры）中，学生将扮演不同的角色以完成不同的交际任务。角色练习适用于低、高年级，不过，低年级采用的次数可多于高年级。教师在组织角色练习时要注意以下几点：①角色来自课文，或是课文的扩展，或替换课文中的角色。如一年级课文«Ольга Сергеевна едет на работу»介绍主人公一日乘车上班的经历，教师可以利用课文中唯一主角Ольга进行角色练习。如请几个女生先后分别扮演Ольга的角色，接受同事们的询问。扩展课文的角色是指教师将课文中一笔带过的人物，或课文中完全没有涉及，但有可能涉及的人物提到正式角色的位置上来进行角色练习。如课文中提到主人公奥尔加是因为女儿生病在家而离家晚于平时，奥尔加没有迟到是因为幸遇邻居（出租司机），将她捎到单位。教师设计的另一组角色是：奥尔加，她的女儿，她的邻居及她的同事等。替换课文角色是指学生走出课文，可以采访式的，也可以直述式的介绍自己乘车的故事。走进课文，再走进生活，使学生较好地掌握《乘车》主题的交际能力。②角色练习不拘一格，使学生进入贴近生活的情景是角色练习的主要目的，可以是角色间的问答，也可以是仿戏剧小品。如一年级课文«Семья любителей спорта»中有八个角色，教师可以组织学生分别扮演小男孩维佳的祖父、祖母、父亲、母亲、两个姑母、姐姐等来举行一次家庭周末晚会。一家人将畅谈为何与体育结下不解之缘。教师需要向学生提供少量的补充材料，使练习有现实性。③角色不分大小，教师应当公正地分配角色，使每一个学生的练习没有太大悬殊，主角不一定由上线学生扮演，合理地分配角色会产生良好的心理效应。

(三)交际得体性练习

交际中注意场合，不同的社会身份及交往的礼貌用语是十分重要的，建议学生完成下面类似的练习。

练习 1：Из предложенных ниже вариантов обращения отметьте подходящий.①Профессор, мне нужна консультация. Я хочу спросить кое-что. Можно? ② Иван Петрович, у меня есть кое-какие вопросы. Не можете ли вы уделить мне время для консультации? ③ Товарищ Львов, дайте мне, пожалуйста, консультацию по некоротым вопросам.

练习 2：Подберите из данных ниже реплик подходящий к ситуации вариант. Ситуация: Что скажет Федя при встрече со своим другом, который①возвращается домой с похода.②только что принял душ.③идет сдавать экзамен.④стоит рассерженный.⑤идет в ресторан.⑥уходит спать. ⑦ лежит больной. ⑧ уезжает в командировку. ⑨ скоро женится. Для справки： ① Приятного аппетита! ② Ни пуха ни пера! ③ Отдыхай и поправляйся! ④ Счастливо оставаться! ⑤ Спокойной ночи! ⑥ С легким паром!⑦Счастливого пути!⑧Поздравляю! Желаю счастья.⑨С приездом! ⑩Успокойся!

三、关于语法课贯彻交际性原则的特点

语法课是学习俄语的重要课型之一，是需要按系统教授的，然而，需要创造情景，使学生在情景中去掌握它。语法课贯彻交际性原则有一定难度，这里对如何在语法课上贯彻交际性原则问题做些探讨。

(一)教学组织定势的改变

语法教学要打破传统教学组织的定势，即理解规则，将一般语言技巧训练转变为交际思想贯彻教学过程始终，尽量使教学交际化。

1. 创造俄语语言环境

师生应当尽量多地使用俄语，语法课也是学生学习交际的好场所。使用汉语只是在必要的时候作为手段，如解释概念、进行翻译等。

2. 按情景原则安排教材

激发学生自然的交际需要和交际动机。一位俄罗斯教师在教动词将来时的时候，是这样提出任务的："Ребята, сегодня вы научитесь рассказывать о своих планах на будущее, делиться планами на каникулы, на лето, на ближайщее воскресенье. Между прочим, послезавтра воскресенье. Обратите внимание на то, как я это выражаю, в какой форме."

3. 交际性原则贯彻语法课的每一教学环节

如一课开始凯撒教师说："Ребята, сегодня мы повторим глаголы движения без приставок. Скажите, какие глаголы обозначают движение определенного направления, какие неопределенного направления."（非交际性的开始语）。"Ребята, научились вы упротреблять глаголы движения без приставок? У меня есть вопросы к вам, сможете ответить на них?" ①Что делает шофер такси в течение рабочего дня? Он везет или возит пассажиров? ②Дети то спускаются, то поднимаются по лестнице. Дети бегут или бегают по лестнице?（交际性的开始语）。如一课结束："Урок подходит к концу. В следующий раз мы будем изучать глаголы движения с приставками."（非交际性的结束语）。"Ну, пора с вами прощаться. В следующий раз я вас познакомлю с глаголами движения с приставками. Труднее, но интереснее."（交际性的结束语）。

（二）充分利用语法课本身的机制

语法课虽没有口、笔语实践课、视听说课的交际条件，但是可以发挥自身的优势，语法教材与任何一门语言实践课教材都不相同，它是高度抽象的词形变化规则，用词造句规则，配上说明概念的例句的一种严谨的教学材料。如果语法课突出其系统性、完整性，突出学习俄语的难点和我国学生学习俄语语法的主要困难，按课题集中训练交际能力，语法课的作用是其他课所不能代替的。在利用语法课本身特点贯彻交际性原则时，可以从两方面入手。

1. 情景性的语言技巧练习

过去语法课的常规练习不能全部否定，在语法教学中还应当保证相当量的语言技巧练习，但是，应当选择一般交际需要的、实用的、有生动情景的句子。如练习时间从句，可以选择这样的句子："Не успел я снять пальто, как в дверь постучали."这样的单句虽没有上下文，但是它反映交际活动的片段。此外，单句语言简练，用意明确，单位时间练习量大，获得的技巧能够为综合性交际练习打下基础。背诵式的变格变位仍不可少，它正是为了准确的交际，并且有助于交际过程中最容易出错的一致关系、支配关系方面的自我检查。情景是交际的灵魂，没有情景，交际也就不存在了。因此，在我们组织单句练习时要防止盲目性，为练而练的倾向，也就是说，不能只要求语法正确，不考虑有无交际价值。苏联著名教育家苏霍姆林斯基反对学生在学习动词时造这样的句子："Трактор пашет поле.""Кролик ест сено."苏霍姆林斯基写道："...слышалось такое равнодушие, такая мертвая скука...разве это живая речь? Разве это собственная мысль школьников? Если по ошибке ребенок сказал: ученик плывет, пароход идет, колхозник ест, кролик едет...никто бы не заметил..."

2. 积极安排一定数量的交际练习

语法交际练习（指口头交际）主要形式可以是在学习语法规则基础上问答、对话。问答、对话应当紧紧围绕语法课题，重点明确，不必过多扩展，以免主次不分。如可以采用这样的练习形式：①（格的用法）Узнайте от товарища, от кого он получил письма. — Борис, ты, я вижу, сегодня получил много писем. От кого они? — Два письма от родителей и два от моих друзей.②（完成体用法）Ваш товарищ занят. Попросите его зайти к вам, когда он освободится. — Когда кончишь заниматься, зайти ко мне. Есть дело. —Хорошо. Я скоро кончу и зайду. 下面一种常规单句练习也可具有交际性、创造性，由几个学生完成。如（让步主从复合句）Все устали от похода, но не все легли спать. Докончите предложения. Несмотря на усталость...（Витя долго читал детективы.）（Маша с Леной послушали Бетховена.）（Коля сел за письмом домой.）（Таня с Юрой пошли на танцы.）

（三）灵活性

语法教学中贯彻交际性原则有时受到一定的限制，或者说，有一定困难。①教材中交际性练习有限，很受欢迎的，实践性很强、内容丰富的普利金娜编写的《实践俄语语法》于1919年已7次再版，受时代的限制，教材中多为单句练习。目前语法交际练习出版数量不多，我们在教学中可借鉴的教材有限。②语法教学学时有限，而任务不轻。教材内容主要是规则，而不是综合语言材料，课堂交际练习需要教师专门设计，需要更加人为地提出语法规则本身并没有提供的情景。由于各种原因，交际练习量也受到限制。③有些语法课题主要用于书面语境（如形、副、动词），不适用于日常口头交际。

一些课题对我国学生俄语基础阶段学习来说偏难（如动词的一些用法），所以，交际练习可随着学生水平的提高和全面能力的增长再做安排。因此，语法教学中在运用交际性原则时，可以有一定的灵活性。这一灵活性体现在：①教材本身课题的内部调整，为了交际的需要，在不影响语法体系的情况下可将一些课题提前（如句法部分）。②教学方法因时制宜，因材施教。尚没有条件进行交际性练习时，可以语言练习为主；一个阶段没有条件进行交际性练习时，可以在一个阶段过后进行综合性交际练习。

第四节　创造性思维能力的培养

创造性思维是在一般思维的基础上发展起来的，它不是人先天就有的，而是后天培养、训练的结果。外语教师培养学生创造思维能力旨在培养学生用外语进行创造性的思维，从而产生创造性的口、笔语言语产品，是正确的、地道的外语。

这里我们专设一节来探讨俄语创造思维能力的培养是将创造性思维能力的培养作为一种手段来促进学生俄语知识和技能的获得，而培养俄语的创造思维能力也是俄语学习的目的。只有具有这种能力，才能有良好的言语交际能力，用俄语书写出好的文章，用俄语做出好的发言，它们均是良好的创造性俄语思维的结果。

一、创造性思维的特点

创造性思维是新颖独创地解决问题的思维过程和思维成果。就其思维过程来说，是高级的；就其思维成果来说，是有社会意义的。

(一)新颖性

新颖性（новизна мышления）是思维的打破常规，用独创（个体前所未知，他人前所未知，社会前所未有）的方法获得成果。如外语教学中的暗示教学法思想，使用音乐辅助教学使得学生大脑的两个半脑都参与学习活动，取得特殊的效果。

(二)发散思维与聚合思维相结合

许多心理学家认为，创造性思维是发散思维和聚合思维相结合的结果。发散思维（расходящееся мышление）是求异思维，提出不同的解决问题的方案。聚合思维（сходящееся мышление）是求同思维，从众多的方案中选出一种最适合的方案。例如，教师设计出许多不同方案来教授俄语变格，这是发散思维。最后采用一种适合教学条件的方法，这就是聚合思维。两者结合在思维过程中不是一次循环，而是多次循环。应当说，求异思维更重要，因为，求异中才能求同。

（三）创造性想象的积极参与

创造性想象是创造性思维的推动因素，任何发明创造都离不开想象。列宁说："有人认为，只有诗人才需要幻想，这是没有理由的，这是愚蠢的偏见！甚至在教学上也是需要幻想的，甚至没有它就不可能发明微积分。"在俄语学习中，在缺少语言环境的条件下用俄语来叙事，抒发思想感情没有创造性想象是不可能的。

（四）灵感

灵感（вдохновение）是创造性思维活动的典型特征之一，指人全神贯注解决问题时突然产生顿悟现象。俄国伟大化学家门德列耶夫（Менделеев）是在睡梦中形成元素周期表的（事后只做了几处小小的改动）。创造性思维的过程通常按照英国心理学家华拉斯（Г. Уоллес）的理论分为四个阶段，准备期（подготовка）（收集有关资料），酝酿期（созревание）（进行思考），豁朗期（озарение）（解决问题），验证期（проверка）（补充修正）。

二、俄语创造性思维能力的培养

（一）培养学生质疑问难的学习态度

这是一种求索精神，是获得知识和技能的强大推动力。在教学实践中，我们见到部分学生始终"平安度日"，很少提出问题，这很影响他们思维能力的发展。清代郑板桥说："学问，学问要折开来看。学是学，问是问。只学而无问乃一钝汉耳。"明代陈献章说："学贵知疑，小疑则小进，大疑则大进。"托兰斯曾就培养学生创造性思维向教师提出五点建议：①尊重学生提出任何幼稚，甚至荒唐的问题。②欣赏学生表现出具有想象与创造性的观念。③多夸奖学生提出意见。④避免对学生所做的事情给予肯定的价值判断。⑤对学生的意见有所批评时应当解释理由。我们在俄语教学中就是要鼓励学生方向则一，手法可二，角度可别，不困守一隅地解决言语交际课题。

(二)将课堂教学变成解决言语交际课题的教学

这里我们将专门谈谈问题性教学原则，以培养俄语创造性思维能力。问题性原则（принцип проблемности）旨在用提出问题和解决问题的方法培养学生获得知识和技能。这一原则越来越受到各国教学法专家的重视。苏联心理学家T. 库德里亚夫采夫（Т. Кудрявцев）指出，“建立问题性教学体系是个自然的现象，是时代的要求，心理学和教育学发展的结果。”关于问题性教学的思想产生于教授一些专门的理论课题，如演讲课、专题课、讲习班等。近年在教学、物理、化学、历史课教学中问题性原则的研究日趋深入，然而，这一原则对外语教师来说还感到陌生。苏联著名学者、教学法专家米特洛方诺娃在1991年的著述中说：“显然，没有任何一门教学科目与问题性原则相悖，没有任何一门教学科目不能采用它。”在外语教学中问题性原则有三方面含义：①教学材料要有明确的主题，如«Выбор профессии»«Защита женщин и детей»«Музыка и жизнь»等。②教学材料是一组有不同问题层次的课文。如«Учитель не профессия，а призвание»一课中包括6篇小课文：«Учитель — профессия уникальная»«Точка опоры на всю жизнь»«Что они думают о нас?»«Кто может стать учителем?»«Кому не надо быть учителем?»«Учитель，воспитай ученика!»等。③在交际中，通过座谈、辩论、角色练习解决各种认知课题。如解决这样的问题：“В чем суть профессии учителя，чем притягивает это внешне вроде бы однообразная работа?”

不难看出，问题性原则改变了传统教学的结构。学生不是获得现成的知识，而是在教师的指导下，通过自己的努力，按照解决问题的途径去学习知识。在运用知识时，不是复述课文（信息复现式的），不是按照课文叙述的顺序回答问题，而是通过紧张的思维活动去解决问题。学生在发表对某一问题的看法时，有说明，有议论，有评价，在论证自己的观点时，进行创造性思维，以说服对方，对对方的看法表示赞同或反对等。学生在克服言语表达上的困难，克服自身的弱点，在认真思考中发展自己的认知能力。

问题性原则和交际性原则是外语教学的两个主导原则。О.米特洛方诺娃又指出："如果不按照交际性原则组织教学，问题性原则也就无法贯彻。"不言而喻，教学的交际性又是在解决问题的过程中实现的。我们可以确信，问题性原则就像发动机一样推动着教学全过程，使得学生在解决问题中科学地、独立地掌握语言。应当说，这就是问题性原则在外语教学中所占的地位。

苏联心理学家Л.弗里得曼（Л.Фридман）说："任何课程均应当按照提出问题和解决问题的原则来组织。""解决问题所带来的益处是什么也不能替代的。"为了得到亲身体验，我们也在教学中进行了这方面的探索，实践证明，十分有效。如学生在学习«Современная молодежь：какая она？»一课时表现出极大的兴趣和热情，他们对能够解决«Кто же она，нынешняя молодежь？»这一问题感到满意。用俄语说清楚这一问题要涉及许多方面：青年的学习、工作、休假、未来物质状况、服饰、青年人与长辈的关系、青年人之间的关系，道德价值观等。问卷表明，学生喜欢问题性教学。①向他们提出了有吸引力的、富于挑战性的、催促他们立即回答的问题。②向他们提出了有难度的问题。他们必须"动员"自己的全部已知和新知。③课堂上创造了无拘束的、紧张思维的气氛。学生增强了用俄语表达思想的能力。

实验表明，外语教学中运用问题性原则的好处在于：①学生很快地成为教学的主体。学习的课题变成了学生自己的需要、自己内部的动机，从而提高了思维的积极性和掌握语言的积极性。交际任务是由教师确定的，学生一旦接受它们，就成了解决问题的主人，他们会想方设法攻下这一问题堡垒。②学生提高了获得知识的自觉性。学生在传统教学法指导下习惯于记忆、复述、复习，学生在问题教学法自导下学会探求问题的本质，投入到解决问题之中。③由于富有成果的思维活动，学生的情感、意志品质也得到提高，增强对科学、对所学语言的浓厚兴趣，高级情感不断发展，智力情感得到升华。

下面谈谈实施问题性教学原则的途径。

以问题性原则为主导的外语教学和其他课程的教学一样，包括三个阶段：激发动机阶段、认识操作阶段、评估小结阶段。以学生学习«Проблемы городов-гигантов»一课为例。

第一，激发动机阶段。教师明确主题、教学目的、内容和时间，以及掌握这一课题的实际交际意义，教师强调学习这一课以后可以就这一热点问题进行讨论。这一阶段的任务是引起对《大城市问题》的兴趣，对学习结果、学习的实际效益有一个初步的估计。

第二，认识操作阶段。教师用提问的方法介绍学习内容，学生以参加讨论的方式接受新知识，也就是通过积极思维，解决问题、掌握新的语言现象，也是通过解决问题（交际课题）运用知识。此时，教师要考虑到学生心理特点，认识水平、需要、兴趣、生活经验等。在第二阶段（练习阶段）教师可以提出下列问题（проблемные вопросы）①说明性问题。如Что нового для себя вы узнали из прочитанного？Каковы преимущества и недостатки жизни человека в большом городе？这一类型的问题要求回答кто, что, когда, где, сколько, какой等。如果课文中有提示，对学生来说不困难。②因果性问题。如Почему увеличивается население в большом городе？Почему города растут？这一类型问题要求回答Отчего？Зачем？等。如果课文只提供个别细节，这类问题有一定难度。③条件、假设性问题。如С какой идеей вы могли бы проектировать город будущего、если с позиции архитектора（эколога, социолога）？回答要求自由发挥，但即兴回答是困难的。这里要补充说明的是，如果教师提问涉及学生个人对问题的态度，会引起学生的兴趣，这对他们是有益的。如Как по вашему, любой растущий город, в том числе новый, должен уплотниться или расширяться？Выразите свое отношение к следующему утверждению：С какой точки зрения вы согласны? Против какой мысли вам хотелось бы возразить? — Маленький город в результате реконструкции и развития промышленных предприятий может стать оптимальным типом городского населения?

第三，评估小结阶段。教师总结练习的成绩与不足，并且具体分析学生言语成品的优缺点，此外，就典型错误进行讲评。问题性教学的另一特点是鼓励学生提供多种答案，甚至针锋相对。如教师欢迎对下面问题发表不同的看法："Где вы хотели жить, в городе или в деревне?"各抒己见对学生创造性思维的培养是直接的、有效的。

第五节　学生学习风格的指导

传统教学注重教师的教，而易忽略学生的学，所以关于学习理论的研究落后于教学理论的研究，当今“会学习”的问题更加尖锐。美国人类资源研究所心理学家赫伯待·格乔伊说：“未来的文盲不是不能阅读的人，而是没有学会学习的人。”

一、学习风格的一般概念及形成的因素

学习风格也称认知风格（познавательный стиль），指学生学习中使用的模式化方法（形成一定的程序或方式），学习风格有鲜明的个性，小学生、中学生和大学生的学习风格不同，每一个大学生的学习风格也不相同。从学习的心理过程来讲，学习风格包括感知风格、记忆风格、思维风格等。例如，面对新的语言材料，有的学生注意它的个别情节而忽视整体思想，也就是“见树不见林”或“见林不见树”，当然，有不少学生“既见树又见林”。在记忆方面，不少学生习惯于视觉记忆，而不习惯于听觉记忆，在思维方面，有的学生总是借助母语来思维，在分析、比较、抽象、概括的语言能力上每个学生也都有自己的风格，学习风格形成的主要因素如下。

(一)智力水平

对中线和中下线智力水平的学生来说，他们适合以教师指导为主的学习风格。教师讲介新的语言材料的条理性和循序渐进地组织言语练习使他们收到好的学习效果。对上线智力水平学生来说，他们喜欢多思索，多发表自己的看法的学习方式。对于学习困难的学生来说，他们欢迎生动直观的学习方法，反复地练习，平稳的速度。

(二)气质类型

活跃型的学生学习灵活，反应快，但不够踏实。镇静型的学生学习稳健，有毅力，但有时固执、懒散。气质类型会影响学生的学习成果。

(三)以往的学习体验

学生过去学习中的成功或失败的体验常常是形成他们学习风格的因素。例如，一个学生用某种方式学习获得很大成功，那么，这种学习方式就会固定下来，成为他的学习风格。如果用某一种方法学习失败了，他就会放弃这种学习方式。

(四)教师的教学风格

教师的教学方法也是他的治学方法和认知风格，直接影响学生的学习风格。同时，学生的父母，平常接近的人的学习风格也对他们产生潜移默化的影响。学习风格是个复杂的问题，以上因素并不能概括问题的全部。

二、俄语学习风格的培养

俄语学习风格不是一成不变的。学生不良的学习风格（如只注重死记硬背）要得到矫正，不适合的学习风格要得到改进（如中学生学习俄语的某些方法），科学的学习风格要得到培养和训练。要改变学生已有的学习风格相当不易，教师应当循循善诱，持之以恒。下面介绍四种科学、有效的学习风格，教师在教学中可以宣传这些方法，有意识地将这些方法传授给学生，变成他们自己的学习方法。

(一)条件化的学习风格

条件化的学习风格指学生善于将掌握的语言知识与它们使用的条件、场合结合起来。一些学生在学习一课语言材料时，往往只知道一些词语和句式在课文中的用法，能够记住它们，应付提问，复述或一般性表述，而并不知道在其他交际场合如何运用。将学生的已知条件化是指：①掌握语言现象的搭配范围：如 пользоваться, использовать 是同义词，意义和搭配范围不同。случиться，произойти 意义和搭配也不同等。②掌握语言现象的修辞特点和得体性。对于常用的词都应当附有语体条件，中性体、口语体、书面语体等，对于常用词语和句式都应当附有使用场合。如 есть, иметь, обладать 同为“有”，修辞色彩不同，同样表示“拒绝”之意的句式“Нет, я не могу.”“С удовольствием бы，но...”“Я должен отказаться.”“Решительно отказываюсь.”用于不同的场合。

(二)结构化的学习风格

结构化指学生掌握的知识列入科学的系统，大系统中有小系统。知识除了上述的条件化，还必须归入一定的系统，分门别类，形成单元，以备随时提取。例如，北外《基础俄语》1、2册，除导论课外共20课，可归为三个大系统：①学习生活：«В институте» «О русском языке» «Об образовании»；②日常生活 «О себе» «Квартира» «Внешность человека» «Магазин» «Почта» «Телефон» «Транспорт» «Больница» «Спорт» «Климат»；③文化生活 «Театр и кино» «Художественная самодеятельность» «Праздники» «Выставка» «Пекин» «Москва» «Парк»。每一个系统中每一个题目又是一个独立的系统，例如，教师将《节日》一课的常用词语和句式归类，在交际时，学生使用就很方便了。

(三)熟练化的学习风格

这一风格指基础知识的掌握达到自动化的水平。人们在用外语交际的时候，供思索的时间是有限的，达到自动化的技巧可保证有效地解决交际课题。如我们马上需要使用 учить 这个动词，就能不假思索地说出 кого, чему；需要使用 преподавать 的时候，立即说出 кому, что。而在将两个基本动词变位的时候，绝不能重音不正确，或将变位形式搞错。

(四)执着实践的学习风格

这是外语学习的独特风格，如果只习惯于阅读、记忆，而不千方百计地利用机会去练习外语，那是不能真正掌握一门语言的。某些中学外语学习风格不适于大学阶段，必须改变。

下面简单描述一下具有好的学习风格的学生是如何学习外语的。

课上学习：①有强烈的交际动机。②利用一切机会练习，别的同学回答时，自己自言自语说出答案。③稍有不解，立即提问，绝不一知半解。④当别的同学说错时，自己能自言自话说出正确答案。当自己发言时很警觉可能的错误，当有错时，力求纠正之后，再继续说下去。⑤当遇到读、听语言材料中的难点时，能够动脑筋去猜测。

课下练习：①注意朗读。②能够时时处处将所学知识、技能分类，归入系统。③注意分析语言现象。④常常自己问自己："这件事俄语怎么说?""这一想法用俄语怎么说?"

课外交往：①注意多用俄语交谈，不怕出错或他人笑话。②用心使用学过的词语、句式。③以练习俄语为目的，去找人谈话。④以学习俄语为目的，去听广播、看电影。

第六节　语言失误分析

对学生语言错误的分析是教学法中的一个重要问题，对学生语言的研究（错误分析）也正是应用语言学的研究对象之一。

一、对学生俄语语言错误的认识

语言错误的产生是一个正常而复杂的现象。我们常常为学生的五花八门的错误而苦恼，也为了纠正学生的错误花去不少时间，似乎对真正改正它们失去了信心。但是，作为教师，我们对待学生的语言错误还是要采取积极而乐观的态度。①学生语言错误的产生十分复杂，恐怕比语言规则本身还要复杂。学生对一种语言的理解和使用受母语、社会因素、心理因素及使用时的具体条件的制约，也和学生的文化水平、生活经验、个性特征、动机、兴趣、情绪等有关。②学生学习初期的错误将逐渐减少与消失。③许多错误是言语能力发展中的错误。④错误在所难免，试图纠正所有的错误是不可能的。

二、语言错误的性质

学生语言错误包括非言语错误（事实错误、逻辑错误）、言语错误（只在笔语中出现的错误，如正字法错误、标点符号错误；口、笔语均可能出现的错误，如语法错误、词汇错误、修辞错误等）。加拿大应用语言学家哈姆莱将学生错误分为三种：①失误。由于粗心大意，考虑不周而产生错误，学生能够立即纠正。如Мою（Моего）дедушку любят и уважают.②曲解。学生未能掌握某一知识面犯的错误，即用错。如Выйдя из дому, начался дождь.③差错。差错指错误涉及尚未学过的语言现象，如学生在没有学习ароматный, душистый这两个单词时，使用вкусные цветы。语言错误有共性与个性，共性的错误具有典型性，是教师加强某一方面教学的重要依据，错误有个性差异，每一个学生常见错误不尽相同。错误的产生和学生的学习风格有关，教师在帮助学生纠正错误时，也要帮助他们改进学习方法。

三、学生语言错误产生的心理因素

(一)智力因素

学生产生错误和他们感知语言知识的程度有关，如一些学生没有真正理解动词变位的特征："Все надеятся（надеются）на тебя."。学生错误也和记忆有关，如"Я хочу к вам посоветоваться（с вами）."。此外，与逻辑思维能力有关，一种是因果关系不清，事物发展顺序交代不清，一种是过度概括，和儿童语言中常有的将规则简单化、高度划一的现象相似，即套用语言规则而忽视规则的限制，或例外情况，如"Я помогаю маме мыть посуды（у）."（不用复数）。

(二)非智力因素

调查表明，疲劳、情绪紧张、惶恐不安、注意力分散，或专注某些非语言方面的活动可增加差错。有的教学法专家认为，要判断学生错误首先不是按照听者的逻辑，而是按照说话人的逻辑，分析学生说话的动机，了解他想说什么，如"Когда мы пошли к реке, она была широкая."（Когда мы пошли к реке，мы увидели，что она была широкая.）。此外，犯错误多少也和学生的积极性有关。一些学生勤于练习，除了用已知手段外，还尝试用没有把握的词语和句式，因而错误加多，而另一些学生则过于小心，说、写最简单的话，因此错误较少。

英国应用语言学家科德将学生错误分为四种模式，可供我们参考：①遗漏。②添加。③选择词错。④词序不当。以俄语为例：①Напоминаем, завтра будет диктант.（遗漏 что）②Когда началась гроза, и мы сразу побежали домой.（添加 и）③На экзамене мы должны быть равнодушными.（选择词错，应为 хладнокровными）④Эрмитаж очень нравится мне.（词序不当，应为Эрмитаж мне очень нравится.）

四、改错策略

（一）教师要树立正确的改错态度

哈姆莱认为："应该是以一种善意的、实事求是、温和文雅的方式进行。这种方式是帮助性的，而不是指责性的，要使学生感到纠正错误是对事不对人，语气和蔼可亲，循循善诱，而不是埋怨指责，生硬刺耳，教师绝不能有过激的言行，或者使学生感到难堪。如果教师总是以这种良好的态度纠正错误，那些期望在教学过程中得到指导的学生便不会对纠正错误感到反感。"

（二）不能姑息语言形式的错误

教师对学生语言规则的错误要从一开始就及时严格予以纠正，要一丝不苟，哪怕需要学生重复多次，直到正确为止。当学生最终能纠正错误，教师要真诚地给予肯定，使学生相信"功夫不负有心人""有志者事竟成"。教师要培养学生严谨的学习作风，不提倡不顾准确性的随意表达，强调最大限度地运用已知。当然，也不可矫枉过正而防碍学生主动性和创造性的发挥。

（三）对交际活动中的错误采取宽容的态度

①纠正主要错误，不要事无巨细，以分散学生注意力。②不要中途打断学生发言。③纠正错误不可放在整个交际活动结束之后，以免因遗忘而达不到效果。

（四）训练学生自我纠正

教师应当启发学生自己发现错误，总结错误规律。如"Работу я выполнил только к вечеру, которую поручил мне преподаватель."（Работу, которую поручил мне преподаватель, я выполнил только к вечеру.）。像这种性质的错误，经过启发学生自己是能够纠正的。

五、语言失误分析

这里主要谈笔语错误的分类，改正和防范的原则和措施也适用于口语错误。

(一)错误进行分类的必要性

对错误不进行科学的分类，在教学上不但不能有效地纠正学生的错误，反而会增大错误的重复率。一些常见的错误几乎在每一届学生的作业中都曾出现，有的学生还把它们从一个年级带到另一个年级，这将直接影响学生对语言知识和技巧的掌握。同时，如果学生在学习中不能对错误进行分类，不了解每一类错误的性质及其产生和多次出现的原因，也不可能采取正确的、有针对性的防范措施，就不会养成独立分析错误的习惯和改正错误的自觉性。尤为重要的是对错误要进行正确分类，否则将导致理论上和方法上的不正确结论，或者导致各类错误性质的混淆。

例如，将语音错误、语法错误归为正字法错误：①Теперь у нас троллейбусы сменили транваи.（трамваи）（语音错，不是正字法错。）②Иван Смирнов — новая коллега моего отца.（новый коллега）（句法错，不是正字法错。）将修辞归为词汇错：①Никогда не забуду того незабвенного дня, когда меня приняли в духовой оркестр.（не забуду того памятного дня...）②Я вижу в городе Пекине. Этот город очень большой. В этом городе я учусь.（Я живу в Пекине. Это очень большой город. Здесь я учусь.）（修辞错，不是词汇错。）

将句法错与词法错混淆，或将语法错归为修辞错：①Мы очень довольные его работой.（довольны）（句法错，不是词法错。）②Я неподвижно сижу у печки, ждя Машу.（ожидая Машу）（词法错，不是修辞错。）③Островский — он был известным нам писателем.（“—”和“он”多余。）

将词汇错、成语错、逻辑与事实错归为修辞错：①Соревнование увенчалось в нашу пользу（закончилось）.（词汇错，不是修辞错。）②Он сидит спустя рукава.（сложа руки）（成语错，词义混淆，不是修辞错。）③Что же вы не берете книгу? Возьмите（Берите）（词法错，不是修辞错。）④Шел снег，и на небе сияли яркие звезды（事实错，不是修辞错。）

以上例证表明，为了准确鉴别错误和防范错误，制定出有科学根据的、内部不自相矛盾的关于错误的分类原则，是个亟待解决的问题。

(二)错误的分类原则

语言是交际的工具，在对学生笔语作业中的错误进行分类时，应该考虑它们在哪些方面影响交际、阻碍交际。一般说，言语交际要求准确性、逻辑性、正确性，这三点也应该成为我们对学生笔语错误进行分类的一般原则。此外，我国学生由于受到母语的干扰，造成许多汉语式的俄语错句，在分类时也应予以注意。

1. 准确性

准确性要求讲话、写文章符合所反映的事物的实际情况，违反这一要求的错误称事实上的错误。这类错误不是言语错误，因为没有违反语言规范，但与事实不符。如①Штурм Зимнего прошел в Москве.（в Петрограде）。②«Русский характер»— одно из лучших произведений Б. Полевого.（А. Толстого）

2. 逻辑性

逻辑性要求讲话、写文章符合人的思维规律，符合逻辑规则，合乎事理，违反这一要求的错误称为逻辑错误。逻辑错误主要表现在：

（1）概念范围不清（部分和整体不能并列，不同范畴的概念不能并列，大类、小类不是平行关系，而是包含关系）："Я больше всего люблю стихи и литературные произведения."（种与类并列）"Я возьму собой мяч и младшую сестру."（不同范畴的概念并列）

（2）自相矛盾：①"В пасмурный день ночью вернулся отец."（时间界限不清，自相矛盾。）②"Он единственный живой среди погибших."

(死难者中无幸存者，自相矛盾。)

(3) 因果无据：①“Подул сильный ветер, и мы проиграли матч.”（因果关系不成立）②“На собрании все выступили. Задание было выполнено.”（因果关系不成立）

(4) 语无伦次：①“Директор завода познакомил присутствующих с планом на будущий год и подвел итоги работы.”（违反正常思维顺序）②“Мой дед — рабочий с опытом. У него сильные руки и живые глаза. Не было случая, чтобы он не занимался спортом. Все его уважают.”（语无伦次）

3. 正确性

正确性是指言语必须符合语言规范，即符合拼写法、标点、词汇、成语、语法及修辞等规范。

违反语言规范的现象称为言语错误，言语错误又分为非修辞错误（不符合拼写法、标点、词汇、成语、词法、句法的规则）和修辞错误（指破坏语体的统一，表情色彩不当等）两大类。汉语式的俄语错误有非修辞性的，也有修辞性的，我国学生笔语错误中言语错误是主要的，因此，在教学中应该加以正确地分类，以便更好地防范和纠正。为此，我们在这里专门讨论一下。

非修辞错的分类。在非修辞错误中首先是拼写法、标点方面的错误，这类错误比较容易识别，不用多加分析。这里着重谈谈词汇、成活、语法方面的错误。

①词汇错误。词汇错误既包括用词错、搭配不当、混用同义词、同义反复，也包括用词不符合时代特点或生造词，错用发音近似的词等，如“Недавно я сдал заявление в комсомол.”（подал）（用错词）“Где бы мы ни были, наша дружба сильна.”（прочна）（搭配不当）“Дядя мой умер в автомобильной катастрофе.”（погиб）（混用同义词）“Отдельные группы рабочих соединились воедино.”（“воедино”多余）（同义反复）“Обломов рано ушел на пенсию.”（в отставку）（用词不符合时代特点）“Мне нравится его прямота и остроумность.”（остроумие）（生造词）“Он человек — практический.（практичный）”（发音近似）

②语法错误。语法错误包括词法错误和句法错误。词法错误的类型很多，除了构形方面的错误外，学生经常在名词的数、前置词、代词及动词的时体方面出错。如“Насчет этого вопроса у каждого свои мнения.”（应为 свое мнение）“На следующий раз я расскажу вам об этом.”（应为 в следующий раз）“— Вы товарищ Ван Шен？ — Да，я сам.”（应为 самый）“Борис говорил так уверенно и понятно, что нельзя ему не поверить.”（缺少 было）“Подождите, пожалуйста, сейчас нельзя вызвать его с занятий.”（应为 вызывать）句法错误经常出现在支配关系，一致关系，形容词表语、定语，形、副、动词短语，同等成分，复合句中的主从联系、词序及引语等方面。如“Нельзя судить человека по внешности.”（应为 о человеке）“Третий курс вызвались очистить площадку от бревен.”（应为 вызвался）“Ленин был близок рабочим человек.”（应为 близкий）“Оказавшиеся люди в беде ждали помоши.”（应为 Оказавшиеся в беде люди）“На огороде мы собирали не только огурцы, но и поливали помидоры.”（应为 не только собирали огурцы）“Мы сидели дома, пока кончилась буря.”（应为 пока не кончилась буря）“Павел сказал, что я хочу знать правду.”（应为 он хочет）。

关于修辞错误。从学生笔语错误来看，他们所犯的修辞错误大致有：混用不同语体的词、语义重复、使用多余的词、重叠（повтор）、词汇贫乏、句式单调、追求华丽辞藻等。

①“Степан бежал на станцию во все лапки.”（应为 сломя голову）（混用不同表情色彩的成语）。

②“Недавно я прочитала одну интересную книгу, эта книга называется «Степь». В этой книге рассказывается...”（相同的词反复出现）。

③“Вера писала, что студенческая жизнь интересная, что студенты живут весело, им не скучно, их интересуют кино и театр. Вера еще писала, что недавно у них был веселый концерт.”（词汇贫乏，句式单调）

④ “Ян Пин погиб при спасении утопающего ребенка. Он отдал свою молодую жизнь за светлое будущее всего человечества.”（使用刻板套话）“Он не пришел на занятия, значит, дело в том, что он заболел.”（烦冗）

对错误进行分类的目的在于有效地进行防范和纠正。

①事实错误和逻辑错误都是非言语错误，纠正这些错误不是靠一些单项性的练习所能奏效的，而要在提高学生认识事物的能力及逻辑思维能力的基础上逐渐加以解决。教师应当多分析典型的逻辑错误，引导学生克服诸如概念范围不清、自相矛盾、因果无据、语无伦次等毛病。这方面工作要持之以恒，不能操之过急。

②对于笔语错误中的非修辞错误首先要进行归类，然后采取多种方式防范和纠正。教师应当分析造成这些错误的心理过程，即弄清学生为什么这样想，这样写，对症下药地予以防范和纠正。

③教师往往认为学生的修辞错误是难免的，因而容易原谅，没有采取积极的防范措施。实践证明，一年级教学中也应该作关于语体属性的简单介绍，否则，在较简单的叙述文作业中，也会因错用许多文语词、庄严词而造成语体的混乱。在高年级教学中除了注意词的修辞属性之外，还应该有意识地强调词语的表情色彩。实践课应当和写作课、修辞课相辅相成。

④对于汉语式的俄语错句教师要指出错误的具体性质，在汉俄对比中帮助学生纠正这类错误。如“Каждый не должен забывать об этом.”“Все не знают, что случилось.”等句中学生受汉语的影响没有正确使用俄语中的否定代词。汉语中广泛使用连动式、兼语式，而俄语中相应的结构较少。当要表达“我看见他来了”“你马上打电话叫他来”时，在俄语中必须使用连接词连接的从句“Я увидел，что он пришел.”“Сейчас позвони，чтобы он пришел.”。

第七节　学生未来职业心理准备

学生未来职业心理素质应当在他们在校期间有所培养，以适应社会的需要。

一、职业心理素质

职业心理素质是社会上从事某一职业的人才所应具备的心理品质。各行各业的优秀专家的良好职业心理素质，既是他们为国家创造财富、成就个人事业的基础，又是青年一代仿效的榜样。

(一)良好的职业动机

职业动机是从事职业活动的有效动力。良好的职业动机和良好的学习动机密不可分，但两者并不等同。良好的职业动机意味着明确而具体的社会责任感，如未来将从事口译的俄语专业学生的职业动机是准确地为交际双方进行翻译，相互正确理解。大学生的职业动机中有几种消极倾向：①职业动机近乎零。一些学生曾对职业、对专业有过幻想，迫切向往改善社会地位，但是，考上大学以后，似乎职业、专业就不那么重要了，抱着漠不关心的态度，认为有了文凭，不愁没有饭吃。②职业动机需要强化。大多数学生渴望成为社会有用之才，他们有职业动机的基本条件，但尚需结合专业进行针对性的强化。③职业动机需要矫正。一部分学生具有狭隘的个人动机，应当将它转变为具有社会积极意义的动机。

(二)良好的意识倾向

意识是人对内部和外部客观现实的认识，即人对自我和周围事物的知觉状态，对客观现实，对自身的一切思想、行为与潜力所采取的自觉态度。作为一个即将进入社会的大学毕业生，应当有社会意识、时代意识，许多大学生了解社会发展的历史和发展趋势，了解社会、时代的特点和对个体的要求，但是少数学生生活圈子过于狭小，很少关心时事政治和社会的变化。这两种类型的学生步入社会的心理水平是不一样的。此外，毕业生要有良好的自我意识（自我评价、进取意识、自制意识等）。

（三）良好的基本专业技能

良好的基本专业技能是工作自信心的基础，作为未来俄语工作者应具备胜任本职工作的专业技能，否则，去工作岗位会惶恐不安或盲目自信，甚至闹出笑话。从近些年的毕业论文、研究生、博士生入学考试及参加工作的毕业生业务反馈情况来看，在专业技能上尚有一定差距。有些方面的缺陷值得我们在俄语专业技能的培养上特别注意。

①学生应当有政治常识。学生在校期间应当关心国内外大事，经常听广播、看新闻等。缺少起码的政治常识将贻误工作，如有的学生在作业中将“СССР”译成“部长会议”，“Венгрия”（匈牙利）译成“安格里”，将“государство”译成“政府”，不知“Франция”（法国）的词义等。

②学生应当有一定的文化素养。谈吐浅薄、对中国、对俄罗斯文化、历史了解甚少，是不能胜任未来工作的。如文学方向的硕士、博士考生在回答著名俄罗斯古典作品中的女性形象时只能用“美丽而善良的女人”这样的字眼，离准确的评价相差甚远。书写潦草、难以辨认，错别字连篇，这些都是文化素养不足的表现。

③学生应当有丰富的俄罗斯国情常识，对于俄罗斯的历史、地理、风俗、礼仪等应当有所了解。如一些学生一直不知道самовар（茶炊）为何物等。

④学生应当有十分牢固的俄语语法基础。毕业生在工作中理解与表达的失误主要在于不能正确地理解复杂的语法关系，或自己表达时没有按照俄语语法正确地组织句子。词汇方面的问题可以查考辞典、语法方面的问题多数情况下只能靠自己的基本功。

（四）良好的心理状态

良好的心理状态是指在事业的进取中自尊、自信，有较高的心理承受力，能够正确对待挫折和压力，随时根据环境条件的变化调整自己，以达到自身与外界的心理平衡。当今的大学生多数一帆风顺，而在心理上比较脆弱。在教学中教师要训练学生紧张工作，培养克服困难的意志力，应付复杂情况的机智等。

(五)良好的个性品质

个性品质包括个人对工作、对集体、对他人、对社会、对自己的态度。好的个性品质和职业心理素质的要求是一致的。

以上心理素质的培养要依靠社会教育、学校教育，特别重要的是，通过教学过程来进行。

二、职业心理素质的培养

苏联心理学家M. 季亚琴科（M. Дьяченко）指出，这一培养“不应当从毕业生手捧毕业文凭到工作岗位报到的那一天开始，而应当早得多。应该直接从进入高校的第一、第二堂课开始”。苏联心理学家调查表明，81%的大学毕业生需要一年的时间才能适应工作。我国心理学家20世纪80年代初的调查表明，72%的大学毕业生需要一年的适应期。一些研究者认为，适应期为半年是最佳的。

(一)从一年级做起

教师要使一年级学生认识到，为了胜任未来工作应该从一年级做起。如课上大胆发言，积极参加交际练习，敢于提出问题，发表不同见解等。课堂上，在有条件的时候，教师应当组织有职业特点的交际练习，以逐渐培养学生未来职业心理素质。

如配合《基础俄语》«Выставка продажи»一课教师可以组织我国轻工业展览会的模拟口译练习，使学生有一些口译工作的“现场”体验。如学生翻译这样的句子：“这些都是我国国产家用电器。这些现代化的电冰箱、洗衣机近年已走进我国人民的日常生活。它们很畅销，耗电少，无噪音，很受我国顾客的青睐……”，类似这样的译句接近展览会活动的实际需要，以课文为基础，要学生自己组句选词。

（二）职业心理素质的要求应当在所有课型上得到反映

职业心理素质的要求与教学大纲的要求完全一致，因此，应当结合未来职业特点来组织教学。如阅读中训练学生在限定的时间内寻找所需要的信息。写作课应当有应用写作部分，以适应未来工作的需要。

（三）在专门课上重点培养职业心理素质

根据近年俄语专业毕业生分配的走向，预计担任口译工作占学生未来工作的比例很大，即使一个时间口译比例减少，但是，口译仍旧会是毕业生就业后的主要工作形式（有的人可能以笔译工作为主或兼其他工作，不过，口译工作是不可避免的）。目前开设的口译课可以有目的地培养一定的职业心理素质，下面谈谈教学实验中通过口译培养学生职业素养的情况。

1. 口译的本质特征及职业特点

翻译是听、读、说、写、译五种言语交际能力中有自身独特机制的、双功能的交际能力。笔译者借助视觉器官，即阅读，接受信息，对原文作准确而完全的理解，然后用另一种语言将信息确切完满地传递出去，表达（翻译）出来，体现双程信息的传递。口译者则通过听觉器官完成上述全过程，对口译者来说，听懂原文，理解原文是口译成败的关键。口译者在听原文时经历着由词句到思想、由形式到内容、由外部到内部、由局部到整体的心理过程，这是理解过程，它是由表及里的、由句子的外部形式到内在的概念。而表达是由里及表的，这一心理过程与理解过程相反，是由中心思想出发，到准确地遣词造句。汉俄口译对以汉语为母语的人来说，是接受用汉语表达的信息，用俄语将信息传递出去。听力上一般没有问题，但是，将汉语口头转换成俄语并非易事。我们常见到一些重要场合汉译俄由俄方担任，俄译汉由中方担任，取各方之长，是有道理的。长期从事笔译工作的人不一定能胜任口译工作，口译有其自身特点。

（1）时间性。口译时没有可能多次接受同一信息，没有可能反复思考和推敲，或查考资料，再将信息传递出去。要求“养兵千日，用兵一时”，平日努力培养必需的技能技巧，临场时将它们提到“一级战备”。口译者的工作直接关系到活动双方的交际进程，严重的情况下甚至会使其中断。

（2）现场性。口译范围非常广泛，种类也很多，但是，就是同一类型的口译也会因口译的场合不同，交际双方接触的时间、条件、地点及参加者的社会状况不同而富于多变性。口译不是静态的，而是动态的，在口译过程中常常产生事先无法防范、意料不到的情景，译者应当“以不变应万变”，以丰富的实践经验去应付局面。

（3）口语性。口译材料多为口语体，要求口译者熟悉俄语和汉语的语言特色及民族、文化特点。同时，口译者本人要有较好的口语能力，难以想象口语能力差的人可以承担起口译工作。

（4）生理及心理上的特殊性。口译要求口译者生理上及心理上经过特殊的训练，口齿清楚、灵敏机警、反应快。听到原文，在译者脑子里立即加工制造，变成另一种语言，能够自动化地“一触即发”；听力和记忆力要强，不仅能够记住原文，而且能够按原文的层次井井有条地翻译出来。此外，口译要求口译者长时间地全神贯注，心理准备对口译者至关重要，紧张、缺乏信心、心慌意乱、顾面子、骄傲自满等负面作用往往大于自身业务上的不足。最后要提到的是，口译要求译者忘掉自己，记住自己的翻译身份。不管译者对双方交际内容持什么态度，在翻译时都不能有丝毫的流露，应当不折不扣地译出双方的本意，包括讲话者的口吻，以传达出讲话风格。还应指出的是，口译对译者的仪态也有严格的要求。

2. 课堂口译技能的培养

（1）学生口译的难点。学生在口译中的特点是整体把握差，由于缺乏专门的训练，听原文时反应慢，或者注意在已知上，忘记了未知；或者熟悉已知，但由于注意力在未知上，而没有记住已知；或者全段原文中具体的词语都不陌生，但是抓不住逻辑关系，不能把握中心，不能正确理解，以致曲解。

例如，俄译汉："Леса — это огромнейшее богатство человечества. Лесоводы многое делают для умножения лесных богатств, они страдают создавать такие леса, которые не уступали бы естественным, но истребление лесов несет огромные бедствия, с этим не можем не бороться." 画线处常被理解错误，主要原因是未能记住全句，进而未能把握中心内容及各分句之间的关系，加之对画线词在句中的搭配方式不熟悉。学生口译的难点是理解原文，这也是任何形式的翻译的关键。因为，理解不正确就谈不上正确表达。

对学生口译来说，汉译俄时理解易、表达难；俄译汉时理解难，表达也不容易。如中俄两方各自谈对中国经商改革的看法时的翻译。中方："十年是历史的一瞬，但是，我国改革的十年是转折性的，开放搞活的经济政策使我们国家充满活力，西方不能不重视我们了。"学生在听汉语时，能较快地摘记和理解，尽管表达质量不一定高，但是通常可以将这段话译完，将信息传给俄方。俄方："Китайская экономическая реформа уже дала ощутимый эффект. Увидев в Пекине, Шанхае, торговые улицы, полной всякой всячины, мы убедились, что эта страна обрела динамизм и надежду, что народ не допустит возврата к старому." 学生听这一段话时，不一定能摘记下来，不一定能完全正确地理解，因而也不一定能完整地将信息传递给中方。所以，这两种形式各有特点，都不能偏废，特别是俄译汉，它的核心是俄语听力，需要认真地进行训练。俄语听力中的语言形式（词、句式）；语言内容（何事、何时、何地发生、为何发生）；语速，特别是俄语的韵律；言语交际形式（对话、独白）的特点也都是学生口译的难点。

（2）课堂口译技能的培养。大家公认的翻译标准是信、达、雅，课堂口译应当以"信"为主，从"信"做起，这也是课堂口译的目的，也就是先要"译得对"，再力求"译得好"。课堂口译应当注重带有普遍意义的技能的培养，使学生掌握口译的基本要领，以便为今后现实的口译打下一些基础。我们可以将口译技能（以俄译汉为例）分解为几个侧面，分别着重训练，最后再将它们统一起来。每一阶段结束时，当众测试，以加强真实感。

第一阶段，请听并重复«Послушайте и повторите!»（反应力、记忆力的强化训练。）一个语段听两遍，将所听内容逐字逐句重复出来。材料中列举的事实和数字是记忆的难点之一，在这一阶段中应给予注意。例如，“Приход солнца для северян всегда был большим праздником, в древние времена в долгие полярные ночи они боялись, что солнце не вернется никогда. Конечно, в наше время суеверный страх перед вечной ночью прошел. Миллионы искусственных солнц освещают города и поселки, улицы и дома, театры и концертные залы. Они помогают жителям Севера пережить долгую полярную ночь.”（列举部分）又如“Сюда после дуэли привезли смертельно раненого Пушкина и здесь после двух суток мучений он скончался 10 февраля 1837 года. И все те дни к дому Пушкина шли сотни людей, чтобы узнать о состоянии его здоровья.”（数字）这一阶段选用的材料要简明易懂、难度适中、有新鲜感，使学生乐意重复，并且从中受益。

第二阶段，识别已知和未知«Определите известное и неизвестное!»。口译者往往因陌生的词语而中断翻译，此阶段训练学生迅速地明确熟词，捕捉生词，将它们辨听出来，请说话人解释，从而将翻译进行下去。例如，“Среди художественных музеев Советското Союза первое место бесспорно принадлежит Ленинградскому Эрмитажу. По величине и богатству <u>коллекций</u> он входит в число четырех крупнейших музеев в мире, среди которых Британский музей в Лодоне, парижский <u>Лувр</u>, нью－йоркский <u>Метрополитен</u>.” “Эрмитаж возник как личный музей императрицы Екатерины Ⅱ в 18 веке.”画线词为生词，后两个生词可凭常识去猜测。有时有的语段中没有生词，但是有生疏的表示法，也要求学生指出，以免错译。例如，“Имя шестиклассницы Пермского хореографического училища Надежды Павловой стало известно в 1972 году. С тех пор интерес к ней не ослабевает. Даже люди, далекие от хореографического искусства, знают Надю, интересуются ей, спрашивают, какие роли она готовит."

第三阶段，列举当事人、时间、地点«Перечислите лица, время, место случившегося!»。这一阶段训练学生对原文的主要事实给予足够的注意，对它们的关注与记忆有助于口译时的思维活动。例如，"...молодежь очень серьезно думает, как выглядеть привлекательно. Но для того чтобы выглядеть по-настоящему привлекательно, недостаточно быть только хорошо одеты. В Санкт -Перебурге состоялся первый выпуск школы изящных манер и искусства общения Сегодня появились дипломированные преподаватели этикета."

第四阶段«Запомните первые слова фраз!»记住句首词，以便翻译时抓住原文的逻辑层次。例如，"Почему мы так пристально смотрим сейчас на Восточную Европу, на Китай — опять ходим по кургу? Есть классический опыт? — Потому что страны Восточной Европы переходили от командной экономики к рыночной. Америка и весь мир переходили от рыночной к рыночной. Прямые аналогии оттуда невозможны. Там нет перехода от плохого к хорошему..." 画线处为需要记住的句首词。

第五阶段«Найдите главную мысль прослушанного!»这一阶段训练接受信息时一下子抓住说话人讲话内容的本质，要求指出中心思想，舍去其枝节。例如，"Сообщаем к вашему сведению, что наш генеральный директор В. П. Морозов сейчас находится в Кельне по делам объединения. Вы можете связаться с ним через Торговое представительство СССР в ФРГ и обсудить вопрос, упомянутый в нашем письме. Мы послали ему сегодня авиапочтой копию вашего письма." 这一阶段选用的材料内容应当主次分明，以训练学生很快地抓住信息的中心部分。又如"В конце февраля-начале марта в русских городах и деревнях проходит веселый праздник — проводы зимы. Это древний русский народный праздник Масленица. Она продолжалась неделю. И каждый день этой праздничной недели имел свое имя. Женщины с утра пекли блины, которые были символом весны. Круглый, горячий и румяный был так похож на веселое теплое солнешко.”

第六阶段«Спокойно доведите перевод до конца，несмотря ни на что!»不顾一切困难把翻译进行到底。口译者各种原因的沉默，口译有头无尾，严重漏译都是不允许的。这一阶段是综合阶段，要求学生集中注意力，冷静、沉着，无论出现什么情况，都要尽最大努力，不中断地将听的内容有条理地表达出来，不足之处再找机会补加，以便交际活动正常进行。这种百折不挠的心理素质对未来的口译工作是十分重要的。例如，“Студенту можно больше доверять. Дать ему программу действий, а уж по программе пусть работает он сам. Как бы хороша ни была лекция, она может дать только одно: суть какого – то вопроса, его зерно, а дальше предполагается самостоятельная кропотливая работа, разобраться с предметом, распутать клубок знаний студент обязан самостоятельно.”

ниа. Женщины-сутрапели [illegible], которые [illegible] весьма [illegible] круглая [illegible] [illegible] было [illegible] на [illegible] совершенно [illegible]."

参考翻译：Спортсмено довести [illegible] до конца, несмотря ни на что.

[illegible]，[illegible]，[illegible]。[illegible]，[illegible]，[illegible]，[illegible]，都是最大努力，[illegible]，[illegible]这种[illegible]，[illegible]。例如："Студенту

нужно составить [illegible] программу действий [illegible] программе [illegible] работе [illegible] [illegible] была [illegible], она может дать только одно [illegible] это вопрос [illegible], а главное преподносится самостоятельная [illegible] работа, разобраться с предметом, рассчитывать [illegible] студент [illegible] самостоятельно.

| 第六章 |

非智力因素在俄语教学中的作用

我们知道，学习过程是心理过程，包括认知过程、情感过程、意志过程三个方面。从另一个角度来说，学习过程由智力因素和非智力因素构成。智力因素指感知、记忆、思维、想象等，以及与其相应的观察力、记忆力、思维能力和想象力等。非智力因素指动机、兴趣、情绪、情感、意志、课堂心理气氛等。美国心理学家亚历山大1935年发表的《具体智力和抽象智力》一文第一次提出非智力因素（неинтеллектуальные факторы）的概念。当时这一创见并未受到重视，直到20世纪60年代以后对这一问题的研究才在全世界范围内展开。智力因素与非智力因素辩证统一在学习全过程之中，它们是相辅相成的。智力因素可以优化动机、兴趣、情感、意志，反过来，后者又推动着智力因素的发展。非智力因素有积极与消极之分，它必然参与学习的认知过程。教学实验表明，同样智力水平的班级，由于教师重视和不重视学生学习的非智力因素，会收到完全不同的教学效果。非智力因素的核心是学习兴趣。我们在本书前面的章节里已经讨论了学习动机和学习兴趣的培养，我们在这一章里主要讨论非智力因素中情感、意志问题，以及它们在俄语教学中的作用。

第一节 俄语专业学生情感、意志过程的特点

一、情绪和情感

(一)情绪和情感的概念

情绪（эмоции）和情感（чувства）是人的重要的心理过程之一。人的认知过程是人对客观事物本身的反映，而情绪和情感则反映客观事物与人的主观需要之间的关系，是人对客观事物态度的主观体验，即喜、怒、哀、乐等，是人们需要是否得到满足的反映。例如，学生正确地回答了教师的问题，感到高兴，这就是他的情绪体验。“体验”或“感受”是情绪、情感的基本特征。

(二)情绪和情感的个性与共性

情绪和情感是两个概念，既有区别又紧密相关，情绪和情感的区别在于：

(1) 情绪更多地和生理需要的满足相联系；情感则和社会性需要的满足相联系。例如，干渴的人见到水的兴奋是一种情绪，而不是一种情感，对故乡的热爱是一种情感。处于不同社会条件和社会地位的人有不同的情感。情绪为人类和动物所共有（猿猴有喜、怒、哀、乐的情绪，并有相应的表情动作），情感仅属于人类，受社会历史的制约。

(2) 情绪体验先于情感体验。婴儿出生不久就有情绪反应，而他的情感是逐渐培养起来的。

(3) 情绪具有情景性、表浅性和暂时性；情感则具有稳定性、深刻性和持久性。例如，学生考试时产生激动、紧张的情绪，考试过后逐渐消失。而他对课程的喜爱或不喜爱不是一日可以产生的，也不是一日可以改变的，

这是稳定的情感，情感常常是人个性品质的一部分。

（4）情绪偏于外在，情感偏于内在。情绪有冲动性。如欣喜若狂、手舞足蹈、怒不可遏、暴跳如雷，一旦产生，往往难以控制，而情感则以内隐的形式流露，受意识的支配。

情绪和情感有共性，情绪和情感的差别是相对的，它们往往在个体身上交织在一起而难以严格区分。

（1）情绪和情感同为对需要满足与否的心理反应。

（2）情绪和情感相互依存。情感离不开情绪，情绪是情感的基础，情绪离不开情感。情感的深度决定情绪表现的强度。

（3）情绪和情感均有两极性。在我国古代。人们就把情绪归为最基本的“好”与“恶”两种。古人说：“喜生于好，怒生于恶……好物乐也，恶物哀也。”这就是情绪和情感的两极性。喜可分为欣喜、欢喜、狂喜，怒可分为愠怒、愤怒、大怒、盛怒、狂怒。同一事件对一个人有时可出现两极情绪。如学生因学习中的困难引起苦恼，也可能引起激奋，对同一事件不同的人有时可出现两极情绪，一个人感到高兴满意，另一个人则完全相反。情绪的两极性也可以转化，如“破涕为笑”等。

(三)情绪和情感的种类

人的情绪的表现形式很多，它们体现在人的心理活动中，情绪也可称为情绪状态，情绪状态主要有以下3种。

1. 心境

心境（настроение）是一种微弱平静而持续的情绪。例如，心情舒畅或闷闷不乐。心境的特点是：

（1）产生的原因多种多样，心境的产生有生理上的原因（健康状况、疲劳、精力充沛）、心理上的原因、精神上的原因、物质上的原因、生活上的原因、工作上的原因等。环境变化（四季变化、自然环境变化）也是原因之一，心境受人的主观认识的制约。

（2）心境有弥散性。心境可以蔓延到其他事物上，即“优者见之则忧，害者见之则喜。”

（3）心境持续的时间受事件的制约。一般来说，人或事的意义越重大引起的心境就越持久。例如，高考落榜的学生需要很长时间才能改变郁闷的心境。

（4）个性特征影响人的心境。性格开朗的人容易排解消极的心境。

（5）安宁的心境是一种生活态度。有的人经常处于抑郁愁闷的心境之中，有的人总是朝气蓬勃、愉快乐观，良好的心境可以帮助人积极地生活。

2. 激情

激情（возбуждение）是一种强烈的、短暂的、爆发性的情绪状态，如狂喜、暴怒、绝望等。其特点是：

（1）由重要的或突发的事件引起，或者由相互矛盾的愿望及抑制过度引起。如破产、重大成功等。

（2）有明显的面部表情。如狂喜时，手舞足蹈；悲痛时，木然不动，涕泪交加等。

（3）消极的激情是可以控制的。激情产生时十分迅猛，往往会减弱理智的思考作用，使人失去控制自己的能力，不顾后果。但是激情是可以控制的，俗话说，“退一步海阔天空”。

（4）积极的激情有很好的激励作用。积极的激情和冷静的理智、坚强的意志相联系。在革命战争中它是战士们克敌制胜的强大动力。

3. 应激

应激（стресс）是在出乎意料的危急情况下引起的高度紧张的状态（以应付紧急情况）。如飞行员遇到了险情时的情绪状态。应激的特点是：

（1）引起人的一系列生物性反应（肌肉、血压、腺体分泌、心律、呼吸等），行为紊乱、语无伦次、情绪慌张等，或者临时性休克。

（2）应激有明显的个性差异。由于个人经历、经验、性格的不同，人在应激中的应付水平不同。

（3）中等水平的应激使人情绪紧张，增强反应力，增强思维能力，既有助于活动的效率，又有助于培养在意外情景下的决策能力。但是，过度应激会击溃人体的生物化学保护机制，导致某些疾病的产生。

情感和人的社会观念及评价系统分不开，所以常把由社会条件引起的情感称为高级情感，在人的情感中占主导地位。人的高级情感主要分为道德感、理智感和美感。

1. 道德感

道德感（моральные чувства）是根据社会道德行为准则评价别人或自己的言行所产生的情感。如爱国主义情感、国际主义情感、集体主义情感、责任感、义务感、事业心、荣誉感、自尊心等。如果个人的言行符合道德准则，则产生肯定的情感，感到心安理得；反之，则会内疚不安。当他人的言行符合道德准则时，会油然起敬；反之，引起蔑视或愤怒。

2. 理智感

理智感（интеллектуальные чувства）是人对认知活动的成就进行评价时所产生的情感。如好奇心、新鲜感、求知欲、兴趣、自信、怀疑、惊讶、焦躁、喜悦等。理智感和教学关系密切，学生理智感的培养可以大大提高他们的学习积极性和学习效果。

3. 美感

美感（эстетические чувства）是人对事物美的体验。它是人根据美的需要，按照个人审美标准对客观事物进行评价时所产生的情感体验。例如，欣赏自然景物、欣赏艺术品的愉悦。美感受社会、历史条件的制约，和道德感密切相关，使人精神振奋、积极乐观、心情愉快、美化人的心灵、激励人对美好事物的追求。在教学中需要培养学生的美感，教师应当按照美的规律去组织教学。

(四)情绪和情感的功能

1. 动机功能

情绪和情感伴随着需要的满足与否而产生，能激励人的行为，起着强化动机的作用。例如，学生学习有成效，感到喜悦，这种情绪强化了他学好功课的动机，增进其学习效率。相反，不良情绪会产生负向作用。

2. 组织功能

情绪和情感有组织心理活动的功能，体现在组织知觉的选择，情绪的偏好影响我们感知的选择。例如，学生情绪不同，在理解教材时侧重点不同。情绪还可以加强注意，提高兴趣。此外，情绪有助于记忆力。

3. 信号功能

情绪和情感有突出的外显形式，即面部表情、声音表情、身体姿势等。例如，课上学生的表情就是信号，教师应当注意观察，不要让不良情绪影响学生学习，而教师自己的情绪对学生的影响是很大的。

4. 调节功能

成人的情绪和情感具有适应功能。为适应社会的需求，人需要调节自己的情绪。在教学中，教师为了提高教学效果既要调节学生的情绪，又要调节自己的情绪。

(五)情绪、情感在教学中的基本规律

1. 教师的情绪、情感有决定性的导向作用

教师的情绪、情感对课堂整体情绪有“定音”作用。例如，教师对俄语、俄语教学的热爱，对每一个学生的爱心直接影响教学集体的气氛。现代教育心理学认为，受教育者对教育者可以产生崇拜效应。学生乐于接受所敬重的教师的要求，喜欢模仿他们，以他们为榜样、为楷模，教师的情绪、情感具有极大的感染力。

2. 学生的情绪、情感需要积极地培养

一般来说，学生获取知识的过程不是完全自觉地进行的，需要刺激，需要情绪、情感的参与。为了使学生能有效地学习，教师要积极地培养学生良好的情绪，例如，自信、激情、好奇、惊讶、兴奋等，使外界的刺激

变成内在的动力。

3. 师生情绪相互制约

在教学实践中我们见到，学生因教师的良好情绪而亢奋，因教师的冷漠、不快而消极。而教师也受教学集体和学生个人情绪的影响，教学集体与学生的不配合，某个学生与教师的冲突会使教师情绪沮丧，师生情感不能沟通，教学则无法正常进行。所以，要注意师生情绪的调节，当然，这是一件复杂的事情，不过，教师要承担情绪调节的责任，找出问题的症结，努力去解决。

二、俄语专业学生情绪、情感过程的特点

俄语专业学生情绪、情感与他们所学的专业相关，因此，除了具有大学生情绪、情感的共性之外，还有其自身的特点。

(一)情绪、情感多样而深刻

俄语有其独特的魅力。俄罗斯文学、电影、戏剧、音乐、舞蹈、绘画在世界上享有盛名，接触到它们的学生受到文化精品的陶冶，逐渐产生了以热爱俄语为核心的情感。

1. 道德情感

通过学习俄罗斯历史，俄罗斯文学作品，学生对许多俄罗斯名人的爱国主义情操和英雄业绩，对他们的高尚人格十分敬仰。

2. 理智感

俄语仿佛是宝石花，只有勇于进取、执着追求的人才能得到它。俄语专业学生一方面感到俄语难学；另一方面又体验到逐渐掌握它的喜悦，在学习中频繁地体验到新鲜感、惊奇感、好奇心、求知欲。这些理智感也是由这门语言的特点所决定的，学生在克服语言困难中得到积极的情绪体验。

3. 美感

俄罗斯文学作品脍炙人口，令人爱不释手，阅读它是一种美的享受。

俄语音乐感强、流畅、有力，听俄语是一种美的享受。任何一个俄语学习者如果能逐渐纯正地朗读、发言、交谈，会感到欣喜。俄语形态变化多端，有严格的系统，学生会在俄语的规矩方圆中体会到极大的乐趣。俄语专业学生在学习中的情绪状态是丰富的，例如，因掌握不好发音而苦恼，为掌握不好语法而失去信心，产生畏难情绪。为自己的进步感到高兴，为自己的成功感到幸福、自豪，因语言材料的优美感到赞叹，因语言材料的有趣而兴奋、激动等。

外语专业学生在口语、笔语练习中情绪外露，容易察觉，俄语专业学生情绪、情感的深刻性表现为积极情绪、情感的持久性。如学生对俄语的深厚的感情。1993年全国俄语奥林匹克大赛期间，各校各年级学生选择参赛演讲题，有一半以上学生选择了«Я люблю русский язык»。同时，各级获奖者大多以此为题演讲，他们对俄语的情感十分强烈，深深地打动了听众的心，俄罗斯语言、文学、艺术为培养学生的情绪、情感、情操提供了良好的条件，俄语专业学生良好的高级情感成了献身事业的动力。

（二）情绪、情感复杂而富于变化

情绪、情感和其他心理活动一样，也是脑的机能，是以大脑皮质为主导，皮质和皮质下中枢神经协调活动的结果，而在很大程度上取决于下丘脑。据说下丘脑等部位存在着“快乐中枢”和“痛苦中枢”。巴甫洛夫认为，大脑皮质上的“动力定型”变化能引起情绪的变化，如果外界刺激使人原有的一些“动力定型”得到维持，人就产生积极的情绪和情感；反之亦然。美国心理学家克契德认为，情绪的产生不单纯地决定于外界刺激和机体内部的生理变化，而是外部刺激、机体的生理变化和认知过程三者之间相互作用的结果。俄语专业学生情绪、情感复杂而富于变化是直接受学习对象的制约的，其复杂性表现在以下几方面。

1. 受就业走向的影响

“社会是否需要俄语人才”多年来在我国经历了较大的反复，学生的情绪受毕业分配的影响，不像某些专业学生基本上没有“专业不对口”的问题。

2. 学习动机和情绪相互制约

从小有的学生将俄语视为第二母语，志向远大。有的学生被分配来学俄语，有的从零开始。围绕动机、兴趣问题情绪类型泛化，不集中。

3. 俄语难学

俄语规则变化多，难以运用正确。学生情绪游离于两个极端，或不得要领、闷闷不乐、心事重重，或茅塞顿开，体会到一种登山后的舒畅。俄语语音、语法、词汇知识的学习，听、说、读、写、译技能的掌握均由于它们自身的特点。即作为外界刺激的特点引起不同学生不同的情绪反应。

4. 情绪、情感的表现形式和学生的学习阶段有关

如果我们将情绪、情感只分为两类，即满意和不满意，那么，在基础阶段，学生的情绪、情感和这一时期的任务有关。能够适应教学要求的学生或喜，或喜忧参半，完全跟不上"队伍"的学生通常没有"喜"，或者极少。此阶段情绪、情感变化的焦点是"能否入门"，在提高阶段，学生情绪、情感变化的焦点是"能否独立运用""未来能否胜任工作"。高年级学生情绪的兴奋点与低年级学生不同。

三、意志

(一)意志的概念

意志（воля）是人自觉地确定目的，克服困难，实现其目的的心理过程。其特点是：

1. 意志为人类所拥有

动物在行动前不可能有明确的意识，不可能有预先确定的目的，即使它们也作用于外界环境，如挖洞、筑巢等活动。意志是人的意识能动性的集中表现。

2. 人的意志是自由的，又是不自由的

一方面，人可以按照自己的意愿确定目的及实现目的的方法；另一方面，他又必须符合客观规律，符合客观规律的意志才是自由的。

3. 意志与认知、情绪、情感相互制约

意志在人的认知过程中产生，人只有认识了客观规律才能产生意志目标，然而，没有意志努力，就不可能实现认知过程，没有意志参与，人难以克服认知过程中的困难。积极的情感是意志的动力，消极的情感是意志的阻力，然而，任何积极的情感都是在意志努力中发生的，常常锻炼意志的人才会体验到各种积极情感，也才会排解各种消极情感。此外，意志和个性关系密切，意志和个人的理想、信念、世界观、知识、经验、习惯、性格、兴趣、爱好是分不开的。

(二)意志行动的过程

巴甫洛夫认为，意志行动是通过一系列有意运动实现的。A. 鲁利亚（A. Лурия）认为人脑的额叶是形成人的意志行动的目的，并保证执行的重要器官。额叶受损的人不能形成行动的意向，常常分心，不能按计划工作。额叶在大脑发展中成熟较晚，所以儿童的自觉性和意志较薄弱。不是人的一切行动都称为意志行动，例如，学生将头转向发出声音的一方，他并没有完全集中自己的意志。意志是有目的、有动机、动员自己力量，克服困难的行动。每一种意志行动都有一定的内部结构，例如，伞兵的第一次跳伞，在跳之前他要认识任务的意义，而后做出跳伞的决心，以意志努力去战胜犹豫不决和害怕，迫使自己积极地行动。跳伞时要运用自己的知识、技能、控制自己的飞行，在着陆之后，要对自己的行动做出评价。由此可见，意志行动（волевое действие）包括发生、发展、完成的过程。

人的意志行动通常分为两个阶段：采取决定和执行决定。采取决定阶段主要的心理活动是目的，动机的冲突和做出决策。意志坚强者能够做出正确抉择，毅然决定取舍，意志薄弱者则往往犹豫不决、摇摆不定。在执行决定的阶段主要的心理活动是挫折感和成功感的意志力调节。人在执行决定时候会遇到挫折。它要求人用意志努力来面对现实，探明挫折的原因，克服困难，去达到最终目的。意志坚强者坚韧不拔、百折不挠、充满信心、战胜挫折，意志薄弱者一蹶不振、灰心丧气。人在获得成功时，满意、精神振奋，增强了自信和自尊；另外，一些人因成功而骄傲，被胜利冲昏头脑，松懈斗志，事业半途而废。意志对行动有调节作用，一是发动；二是抑制，两者统一在人的全部意志行动之中。

(三)意志品质

意志品质（волевые качества）有明显的个人差异，积极的意志品质主要有目标明确、坚定性、果断性和自制力。

1. 目标明确

目标明确（целеустремленность）是指主动地支配自己的行为，并且使之符合既定的目的，当然，必须符合客观规律。具有这一意志品质的人不盲从，不因受他人的暗示而失去主见，同时，也并不独断专行，不一意孤行。

2. 坚定性

坚定性（настойчивость）是指用顽强的毅力去实现目的。具有这一意志品质的人不动摇自己的决心，不放弃追求的目标，遇到挫折的时候不见异思迁，同时，也并不固执，不自以为是。

3. 果断性

果断性（решительность）是指行动坚决、迅速。具有这一意志品质的人不优柔寡断，不三心二意，同时，也不鲁莽，对活动的前因后果有清醒的估计。

4. 自制力

自制力（выдержка, самообладание, самоконтроль）是指自我控制、驾驭自我。自制力是意志的抑制功能，抑制不必要的冲动，意气用事等。

以上强调了意志品质的主要侧面，对学生来说，在学习中应当具有基本的意志品质。

四、俄语专业学生意志过程的特点

大学生的意志力大大高于中小学生，他们有较好的自我调节能力，俄语专业学生的意志过程也有自己的特点。

(一)意志过程活跃

我国学生学习俄语要付出极大的意志力，他们受到意志力的考验大大多于学习其他课程。读一个句子，可能因搞不清楚语法关系，搞不清楚词义，在理解上产生了障碍。想说一个句子，可能因不能正确地选择词汇，不会安排句式，在表达上有困难。在练习中明确的学习目的不一定保证学习上的成功，一次成功不意味着下一次成功，课上的成功与失败交替、变化，稍有疏忽，就会出错，改正了错误后可能马上重犯。对待学习时间与学习效果不符等情况都需要意志力的参与。在教学实践中，我们见到一些学生因“碰壁”过多而失去信心，但是大多数学生还是求助于意志力，并通过外界的鼓励来改变学习情况。如果学生意志力在掌握俄语中大大增强了，他们也就更加热爱俄语。

(二)意志力与激励作用的结合

学生在缺乏真实俄语环境中学习十分困难的俄语，仅靠意志努力是不够的。俄语专业学生的意志活动完全和积极的情绪、情感相结合。教师如果只强调刻苦努力，而不去爱护、帮助学生，鼓励他们，不仅意志力的作用是微弱的，而且还会产生负效应。有的学生因得不到热情的激励而自暴自弃。当教师要求学生做出意志努力，将一个句子重复到完全正确为止时，还需要这样说：“现在这个句子几乎完全正确，还有一处（两处）不对，再说一遍好吗？”或者说：“再重复一遍吧，你一定会说得完全正确的。”

第二节　教师期望的作用

教师期望（ожидание）是教学中运用非智力因素的一个重要课题，属于情绪、情感范畴。教师期望指的是教师的情感促进了学生认知的发展，适当地提高对学生的期望可以加快学生的进步，换句话说，学生的成绩可以受到教师期望的影响。下面谈谈教师期望的实验及其教学思想的本质。同时，将探讨“教师期望”在俄语教学中的运用。教师期望实验的效果尚有争议。但是，它的教学思想越来越受到教师的重视。在我国，在提倡“教师乐教、学生乐学”的今天，也将“教师期望”作用放到了重要的位置上。

一、关于皮格马利翁-罗森塔尔实验

1968年，美国哈佛大学心理学家罗森塔尔和雅克布森发表了《课堂里的皮格马利翁》一文，文中介绍了他们在奥克学校做的一个实验。他们先对这一学校1~6年级小学生做了一般智力测验，称“预测未来发展的测验”，接着随机抽样了少部分学生，并且告诉这些学生所在班的任课教师，说他们是“未来的花朵”，有很大的“学业冲刺”潜力。不过，要求教师对此“保守秘密”。8个月后罗氏又对该校全体学生进行了测验，测验表明，这些“未来的花朵”比其他学生成绩提高显著（特别是一、二年级），因为教师受到实验者的暗示，便看“未来的花朵”们顺眼、可爱，从而激起了教育热情，甚至在表情、语调方面也流露出一种特殊的情感。罗氏借用古希腊神话典故称这一实验为“皮格马利翁效应”。传说，古代塞浦路斯岛上有一个年轻的王子，名叫皮格马利翁，他善于雕刻，钟情于自己的一个用象牙雕刻的美女，精诚所至，金石为开，这个象牙雕刻的美女活了过来，成了他的妻子。

罗氏的研究引起了人们极大的兴趣和反响。一些热心的人毫无批判地接受罗氏的研究成果，他们相信，教师一旦对所有的学生形成较高的期望，学生的学习成绩就会提高。遗憾的是，罗氏以后的许多实验并没有获得令人满意的效果（特别是在高年级），原因很多，例如，教师已知实验的性质并且有了提防等。20世纪70年代以来，学者们对“教师期望”虽然还存在分歧，但是一致肯定罗氏实验的意义。1976年，罗森塔尔就300多个在实验室和在课堂中进行“期望效应”的研究做了总结分析，37%是成功的。虽然“期望效应”并不是一贯地、自动地起作用，但是“教师期望”有可能一如所期。另一些研究表明，教师有充足的理由估计学生未来测验成绩，“教师期望”使学生成绩平均提高5%~10%，而5%并非无足轻重。需要指出的是，教师期望并不意味着教师暗自自我预言学生未来的水平。到了一定的时间学生就会进步，和教师本人的教学观、教学态度、个性及学生本身的特点均有很大的关系。影响“期望效应”的主要因素有以下几点。

(一)教师的教学观和教学态度

实践表明，教师的教学观不尽相同。有的教师认为，外部因素对学生发展影响很大，另一些教师认为，学生的发展关键在学生的内在因素。持外因论的教师倾全力于上线学生，他们深信，可以在有限的时间内教会他们。持内因论的教师集中精力于下线学生，他们认为，上线学生没有教师的帮助也会成功。在对学生的成功与失败的分析方面，有的教师归结于自己的教学缺陷，因此，尝试改变方法以达到目的。有的教师则归结于学生的能力有限、水平低，从而放弃进一步努力。在教师对待学生的态度方面，有的教师对成绩好的学生习惯地偏爱，多表扬、少批评，或者多表扬、多批评，而对学习差的学生则失去信心，对他们的好成绩感到意外、怀疑。有的教师则对下线学生总抱有期望，并且耐心地帮助他们。

(二)教师的个性

独立型的教师喜欢根据自己的认识来安排教学，有自己的设想，能够按照自己的期望去塑造学生，不受前任教师评语、教学班级现有水平和学生自我评价的影响。另一种独立型的教师主观刻板，他们依据学生过去的成绩单和学年初的印象，对学生有成见，在教学中往往武断、冷漠，对学生缺少信任，上线智力水平的学生得不到他的期望与鼓励，下线智力水平的学生更是如此。依赖型的教师容易受他人的影响，即受学生原来的学习成绩，学生相互看法和其他教师提供的情况的左右，而没有自己对学生的期望。大多数教师介于两者之间，有时由于他们的期望灵活多变，他们对学生没有过高期望，一般来说，只能维持教学学习水平的现状。

(三)学生个别差异影响教师的期望

班级里表现突出的学生容易受到教师的正确理解，从而产生对他们恰当的期望。成绩平平的学生很难引起教师的重视，教师的期望可能不正确，下线智力水平的学生可能被教师忽视，受到冷遇，当然，这是部分教师的态度。学生对教师的期望有不同的反应和态度。有的学生认为，学习成绩靠自己，靠天资聪颖，运气好，因此，对教师的期望持无所谓的态度。而另一些学生相反，他们的努力随教师的表扬而增强，随教师的批评而减弱。此外，顺从的学生容易得到教师的期望。

二、教师“期望效应”的本质

(一)“教师期望”是强烈的情感因素

期望是影响学生学习成就的重要因素之一。期望可以来自社会，学生的家长和学生自己，期望可以使学生看到自己现有的进步和潜力。期望是一种热烈、执着的情感，是学生学习的强大推动力。学生在认知过程中往往缺乏自信，教师的期望填补了学生情感意志领域的不足。同时，期望也是一种心理压力，过去我们并没有将“期望”作为一个专门的问题来认识和研究，罗森塔尔实验告诉我们，教师有无对学生的期望与学生的成就呈正相关。期望是教师爱事业、爱学生的结晶。教师的合理期望将对学生的成长道路产生深远的影响。

（二）"教师期望"是正确的教学观

"期望效应说"端正了教师对学生的看法和教学态度。研究表明，天资非常聪明的学生仅占1%~5%，学习非常困难的学生也只占1%~5%，90%以上的学生在学习方面只有速度的差异，差生和一般学生相比，非智力因素和心理素质差异最大，智力因素差异不大。罗森塔尔实验的随机抽样不受学生原来水平的影响，不同水平的学生都获得了进步。看来，让所有的学生成功地学习是有可能的。因此，教师万不可对学生有亲疏、冷暖之分，万不可不公正。"天生其人必有才，天生其才必有用"。我国著名教育家陶行知曾告诫说："你的教鞭下有瓦特，你的冷眼里有牛顿，你的讥笑中有爱迪生。"

（三）"期望效应"是师生合作的产物

我们在实施"教师期望"的时候要注意：

（1）师生沟通期望的要求。单方面的希望有时会成为学生的心理负担，对于自主心较强的学生来说，可能会部分地或全部拒绝外来的期望。

（2）期望要合理。期望要符合学生个人的特点，"一刀切"的做法不可取。

（3）期望要变成学生自己的愿望，要有诱导性。应当用学生的成功充实其期望。

（4）学生并非一贯按着教师的期望去做，教师不要过分强求，以免适得其反。

三、"期望效应"在俄语教学中的运用

我们自1985年起根据皮格马利翁-罗森塔尔实验的指导思想，在教学班（零起点）进行了实验，取得了良好的效果。近年，我们已将"期望效应"经常化，下面谈谈"期望效应"在俄语教学中的尝试。

（一）了解学生的情况

开始上课一个月以后教师深入了解并认真分析教学班每一个学生智力

因素和非智力因素的现状，同时了解前期（中学或上一个年级）的学习状况、学习风格的特点等。

(二)教师提出自己的期望

(1) 期望是近期的，时间过长不易实施，且流于形式。期望是具体的，切勿笼统。如基本功方面、语言交际能力方面的期望。

(2) 期望先指向集体，后指向个人。整体水平的提高可以为个人的提高创造良好的环境和良好的条件。对学生个人的期望要有鲜明的个性，教师对每一个人的期望仅属该学生自己，不要雷同。

(3) 教师期望的重点是"两头"，上线智力水平的学生和下线智力水平的学生。教师要树立既勤奋、进取、成绩优秀，又谦虚、乐于助人的"尖子"，对他们的期望值可以偏高。对于学习困难较多、学习成绩较差的学生的期望不能过低，要使他们体会到教师真诚的信赖与器重，教师要使他们相信，"落伍"是暂时的。教学班中要有"带头人"，要有榜样，以形成你追我赶的局面。

(三)教师将"期望"公布于众

(1) 教师与全班谈话。教师利用适当的时机，以小结的方式提出前一阶段的成绩与不足（多谈成绩），满怀信心地提出下一阶段全班努力的目标。

(2) 教师与每个学生谈话。同上要求，教师时间有限，与学生谈话点到为止，无须冗长。

(四)教师将提出的期望融于课堂教学

不断地用已经提出的期望激励学生，用他们每日的进步去推进期望的实现。

(五)组织表演课

实验表明，有要求地组织汇报课能够大大促进"期望"的实现。例如，教师告知一年级零起点班学生，开学9周后要有一次表演课，向系里领导及一些老师们报告学习成绩，告诉他们，系里领导早已得知同学们学习积极努力，也很想看看大家是怎样学习的。表演课的要求较高，学生需要努力才能达到。

学生因为有了现实需要，学习动机就很明确，大家个个兴致勃勃地准备起来。他们几十遍地练习“Здравствуйте!”，用于和“客人们”打招呼（这一词对初学俄语的人来讲，是不容易说得纯正、自然的）。这一次学生们表演了背诵课文、两人对话、向教师提问，回答教师的问题等6~7项言语作品。当他们受到好评时，教师期望得到了验证，又鼓舞每一个学生去获得下一阶段的成功。

（六）问卷

教师为得到每一个学生直接的反馈，可以发放问卷，使学生通过书面形式具体小结成果，提出意见或建议。

第三节　积极情感、意志品质的形成

在前面我们介绍了俄语专业学生情感过程和意志过程的特点，我们在这一节里将讨论俄语教学中怎样培养学生的积极情感、意志品质。

一、关于成功学习的可能性

学生在学习中积极的情绪、情感集中表现为愉悦，一种满意的情绪体验，而这种体验主要来自学习上的成功。然而，成功的普遍性究竟如何呢？如果成功的学习不是每一个学生可以做到的，那么，积极情感、意志品质的培养就有了局限性。学生的学习实践证明，成功的学习适合于每一个学生，因为：

1. 人学习和工作的差异主要在于人的心理素质的优劣

科学研究表明，人类大脑皮质大约含有一万亿个神经细胞，其功能是最先进的计算机也无法比拟的。许多研究证明，人的大脑的两个半球在出生时有相同的生理特点，其生理意义是相同的，后来的差异几乎完全来自童年不同的训练。智力因素与成就有关，而心理素质（主要指情感、意志品质）对成就则起着决定性的作用。

2. 教师期望有指导意义

认知态度一致性的理论表明，学生会尽全力和教师的期望保持一致，教师通常在学生心目中占有偶像地位，学生会向教师期望的方向努力。学生虽有潜力，但是，只有自己潜力被肯定之后，潜力才能充分发挥出来。

3. 学生良好的自我意识

人的大脑和神经系统可以组成一台极为复杂的“追求目标的机器”。当人在潜意识中确立了成功的自我意向以后，就能够朝目标行动。学生的自我观念是学习成败的重要原因，学习较差的学生也可以在分析自身潜力的基础上建立成功的自我意象，强化成功意识，培养适度的成功心理。

二、俄语教学过程中积极情感、意志品质的培养

教师有意识地培养学生的积极情感、意志品质是学生有效掌握俄语知识技能和交际能力的重要保证。正如苏联著名教育家赞可夫所说："要使教学能够在促进学生的发展上取得重大进步，仅仅从掌握知识和技能的任务出发进行教学是不够的。"

（一）好奇心、求知欲的培养

好奇心（любопытство）是人的天性，是由不知而想知引起的。例如，道路上集聚了一群人，路人会驻足，想了解发生了什么事。求知欲（любознательность）是一种好学的精神，指渴望获得许多知识。好奇心不一定导致求知欲，而在学生的学习中好奇心和求知欲往往结合在一起。好奇心是由感知开始的，在俄语教学中不注意激发求知欲的教学常常死气沉沉，学生学习被动而不深入，相反，教师注意激发求知欲，学生则感到新鲜（чувство нового）、惊奇（удивление）、产生顿悟效应（эффект аха）。学生怀着强烈智力情感去学习，必然学习兴趣高，探索精神强，学习效果好。为了培养学生强烈的求知欲，教师在教学中要注意以下几点。

1. 保证教学的知识性

纵观所有科目的教学，外语教学虽然十分重视外语交际能力的培养，但也十分重视知识教学，因为语言知识及其他所需知识是交际能力的基础，知识性也是教学魅力所在。我们常听到学生的议论："这门课不错，能学到不少知识。""这门课太空泛，没有什么东西可学。"他们将知识性作为衡量教学的一个尺度，大学生求知欲炽热而无止境，这是大学生学习的基本特征之一。如果教师的教学不能满足他们的求知欲，他们会感到极大的失望，学习也会受到影响，更不用说激发新的求知欲。例如，毕业班的学生学习情绪容易因多种原因而涣散，或者安于现状，缺乏进取。但是口语、笔语

实战课富有活力的知识性则可以将学生紧紧吸引在课堂上，这里的“知识性”指教师要利用好教材，突出它的知识性、实用性。此外，教师要在总结学生已知的基础上增补一些新的知识，突出交际所需。例如，《基础俄语》最后一课介绍了俄罗斯人的部分外貌特征。如“брюнетка”“блондинка”“карие глаза”“рыжие волосы”等。教师也可以补充中国人的一些外貌特征。

2. 要求学生解难释疑

让学生体会到知识来之不易，进而燃起新的求知欲。求解中的“不能善罢甘休”对开发智力大有裨益。例如，学生克服了很大困难翻译了下面一个句子后，希望还有类似的尝试：“И можно было только порадоваться тому очевидному факту, что в этой огромной стране, из которой долгие десятилетия, предшествовавшие китайской перестройке, до нас доходили преимущественно малоутешительные вести, сейчас появилось так много людей — и коммунистов, и беспартийных, и принадлежащих к другим партиям, — которые сумели стряхнуть с себя неповоротливые доспехи догм и ложных фетишей, довериться здравому смыслу, глубинной логике социалистического развития и смело пойти на небывалый социальный эксперимент с коренной реконструкцией локомотива истории на ходу, без остановки двигателей.”

3. 提倡学生在已知基础上提出问题

例如，在下面一句中学生提出了“содержать”“разводить”的区别：“В это время появляется стайка обезьян, которых содержат местные жители.”按传统观念，学生以服从教师要求、完成任务为能事，好奇与探索教学秩序相抵触，被看成幼稚、失教、多事等，常常有意无意地受到干涉。所以，培养学生的好奇心、求知欲需要教师的科学认知和勇气。

(二)激励

激励（побуждение）的本质是刺激。对于刺激的需要不仅动物有，人类也是如此，激励是人类的基本需要之一，能够使大脑皮质增厚。人在社会中总是希望得到称赞和认可，即使是幼儿也是如此，幼儿在大人的鼓励下学会说话和走路，一个幼儿通过多次尝试，学会把一匙食物从碗里送到口中，而且撒得不多，他受到称赞，感到高兴，有了自信。带有褒扬、鼓励、奖励的教学方法显然对学生的学习有很好的激励作用。教师在运用表扬（称赞）（похвала）时，要注意以下几点。

1. 表扬为主，批评为辅

这是对学生学习评估的基调（特别是在课堂上）。批评过多，或者表扬过多都会产生副作用，如果一个学生三分优点、七分缺点，也要着眼于表扬他的三分优点。实践证明，教师对三分优点的真诚地肯定足以推动该生改变学习面貌。

2. 表扬不拘一格

表扬可以针对学生综合言语成果，如发言、作文、试卷等，也可以针对单项练习成果，甚至当学生只正确说出一个词形变化，也可以给予肯定，教师不应当吝于夸奖。

3. 表扬要公正

教师对学生进行表扬时要公正、有分寸、适度。一般来讲，教师对低分学生的表扬应当多于高分学生，对低分学生的表扬要更加热情。有时教师不自觉地过多表扬高分学生，以至学生本人要求“适可而止”，以缓冲舆论和人际关系的不协调。

4. 表扬与说理相结合

一些心理学系曾做过实验：在学生做对了一部分教学题目时，教师甲什么也没说，教师乙对学生进行表扬说：“你做得对！”“你做得真好！”教师丙则在做一般的肯定时，说明做对这些题的重要性和实际意义。结果，教师丙所在班的学生做对的题目最多，教师乙的班级学生做对的题比教师甲的班级多，在俄语教学中也不乏其例。

（三）成功感的培养

学生在学习中的成功率不平衡，有的学生年年一帆风顺，有的学生长期没有转机。从某种意义上讲，俄语学习的成功率低于其他学科的成功率，不言而喻，提高俄语学习的成功率是俄语教学的目的。学生成功感的获得能促进学业的进一步成功，并且为今后事业的成功打下基础。教师在培养学生的成功（чувство успеха）时，需要注意下列问题。

1. 成功需要诱导和铺垫

学生的成功需要教师的扶植和创造取得成功的外部条件。①教师提出对学生成功的期望（和学生本人的接纳相结合）。②教师在练习中示范。③教师提供学生完成练习时的补充材料和学生所缺少的言语表达手段，以减轻学生在练习中的困难。④教师经常调剂练习难度，使学生失误之后能获得成功，并且成功多于失误。

2. 防止成功过多和过于轻松

毫不费力的轻松并不能给学生带来很大的满足，成功过多会减少刺激，虽然失败导致消极、沮丧、气馁，但是，偶尔的失败或挫折可以成为新的成功的起点。

（四）帮助学生正确地自我评价

自我评价（самооценка）在这里指学生对自己学习成绩的评价。不正确的自我评价，产生消极的学习心态，影响学习的效果。研究表明，不平凡的人正是由于他们有正确的自我观念，自尊、自信，而取得了越过平常人的成就。自我观念也是学生学习成败的重要原因之一。无论是中小学生，还是大学生，他们都自觉不自觉地问自己：“我属于哪一类学生？”从而自我得出结论，他们一旦形成自我观念，外界的强制则难以改变它。因此，我们应当帮助学生进行正确的自我评价，这是积极情绪状态的源泉。为此，教师要注意以下两方面。

1. 教师客观地评价学生

教师对学生的评价有权威效应。教师的客观评价来自细心的观察，多方面的研究。如果教师对某一个学生的评价劣大于优，也不可向学生和盘托出，而应该以发展的眼光来对待，给他以鼓励为主的适当评价。

2. 教师调整学生已有的自我评价

学生有三种不正确的自我评价。①妄自菲薄。这类学生学习成绩较好，但是，自我评价偏低。②不必要的自卑。这类学生学习正常，只是在和周围的同学比较之后，产生了严重的自卑心理。③不会评价。一部分学生没有掌握评价俄语学习的尺度，或者使用一种不科学的方法来衡量自己的学习。看来，教师如果不及时调整学生不正确的评价，会使他们的积极情感被削弱。

在认知过程中以上积极情感的形成均有意志力的参与。两者密不可分。这里要指出的是，学生主要意志品质（自觉性、坚定性、果断性、自创力等）的培养首先要靠教师榜样的力量，教师自己始终目的明确地、有计划地工作，坚决、果断地解决教学中的矛盾，以实现预定目标的精神对学生的意志品质具有潜移默化的作用。学生在教师的带领下获得语言知识和技能的过程正是对意志力的一种锤炼。

第四节　消极情感、意志、消极心理状态的排解

这一节将要讨论的问题与上一节讨论的问题同样重要。因为在教学过程中师生不是始终“平静”地过着日子。教师常常因为一些学生的消极心理状态得不到排解而苦恼。这里我们将要讨论大学生心理障碍及其原因和俄语专业学生消极心理状态的排解。先谈谈大学生健康心理状态的标准。

在高等学校里大多数大学生的心理状态是健康的。当然，在某一个时间，或者某一阶段会有变化。健康心理状态的标准是：①智力水平正常。智力水平指观察力、记忆力、思维能力、想象力。智力水平正常指总体水平符合大学生学习的要求，这四项能力相对平衡，而非畸形发展。不乐于学习，不全面发展是心理不健康的表现。②情绪适中。情绪稳定，心境良好，身心向上，情绪忽高、忽低，不能控制情绪是心理不健康的表现。③意志健全。有一定的自觉性，能够达到学习目标。没有相对稳定的人生观和信念，没有挫折、失意的承受力是心理不健康的表现。④行为协调。言行一致，时时处处一致。表现出狂妄自大、灰心丧气的行为是不健康的。⑤人际关系和谐。能与他人正常友好交往，关心集体。不与大家交往，心目中只有自己，不关心集体是不良心理状态。

一、大学生心理障碍及其原因

心理障碍（психологические барьеры）指影响个体行为和活动的心理因素。在大学生中常见有以下3种心理障碍。

(一)焦虑

焦虑（беспокойство, озабоченность）是由个体心理冲突或挫折引起的综合情绪反应，包括紧张、不安、焦急、忧虑、恐惧等。大学生在生活、学习、人际关系方面受阻是焦虑的主要原因。例如，对大学集体居住的生

活不适应，对大学学习内容和学习方法的不适应，在集体中感到孤独等。轻度的焦虑在大学生中普遍存在，作为压力有积极的作用，然而，过度焦虑会影响大学生正常的心理活动，还会导致心理疾病。挫折（неудача）是指个体在从事有目的的活动过程中遇到干扰和障碍，致使动机不能实现的情绪状态，愤怒、恐惧、不安等，挫折既是失败，也是失败的情绪反应。我们在积极情感、意志品质的培养时谈到成功感，它令人振奋、向上，这里谈的挫折感是成功感的反义词，对立面，它令人焦虑，使人沉沦。

(二)冷漠

冷漠（равнодушие）或麻木（безчувственность）是指个体对战胜失败自感无能为力的心理状态，表现为漠不关心、满不在乎的情绪。冷漠表现为情感淡漠、意志衰退、思维停滞等，有这种消极心理状态的学生毫无进取精神，随波逐流混日子。

(三)逆向心理

逆向心理（обратная реакция）是指个体对外界刺激持对立态度时的心理状态。例如，对周围的事物和活动常抱否定的态度，偏执、不配合、不响应等。

造成心理障碍有客观因素，也有主观因素。

客观因素：

（1）学习负担过重。大脑过度疲劳，脑皮质活动能力降低，智力活动受到限制，学习成绩下降，随之失去信心，产生焦虑。课程设置、教学内容、教学方法和学习方法不当是主要原因。

（2）生活不适应或生活上受挫。对独立生活不适应，恋爱受挫，家庭、亲朋重大变故等。

（3）专业选择不当。学习专业无兴趣，情绪低落。

（4）竞争失败。个人在集体中成绩名次的改变。

（5）人际关系矛盾。冷漠、敌意、猜忌引起压迫感、压抑感、焦虑感、个人在集体中感到无助、孤独。

(6) 社会政治、经济状况及政策的影响。社会因素有可能使学生产生不安情绪，丧失安全感和信任感，甚至动摇人生信念和理想。

主观因素：

(1) 对待挫折过于敏感，或估计过于严重。对挫折非常敏感的学生，遇到轻度挫折也会引起焦虑。对挫折估计过于严重的学生由于认知水平较低、情感脆弱、心胸狭隘而一筹莫展、慌乱不安。

(2) 缺乏生活经验。一些大学生过去一帆风顺，真遇到挫折时，束手无策，没有承受能力。

(3) 个人抱负水平过高。一些学生过于自信，对困难估计不足，没有失败的心理准备。

二、俄语专业学生消极心理状态的排解

这里我们即将讨论的问题仅限于课堂教学范围内学生消极心理状态的排解，即主要在教学范围内讨论消极心理状态的问题，不是大学生各方面消极心理状态的疏导。

(一)教学集体消极情绪的排解

教学集体消极情绪是指整个教学班学习情绪不高。有下列三种情况。

(1) 教学班课上练习积极性不高，大多数学生习惯于沉默，教师不要求，学生不作答，练习被动勉强。

(2) 教学班学习情绪分散，教师难以控制学生专心学习。

(3) 教学班有一定不满情绪，师生不能配合。

产生上述现象的原因很复杂，涉及学生的学习动机、兴趣、认知过程的不协调、情感、意志上的障碍、人际关系紧张、教师、学生个性及教学方法和学习方法等问题。第一种情况的主要问题是教学方法不当。言语练习动机性不强。学生缺乏积极练习的习惯等。第二种情况的原因是教学不能吸引学生的注意力。第三种情况是师生关系问题，师生情感缺少沟通。针对以上三种情况，我们的建议是：

第一种，调整练习内容和难度，使学生有感而发，力所能及。学生并不喜欢为答而答，回答大家都知道答案的问题，回答毫无特色的问题。例如，下面两组问题中的第二个问题更能引起学生回答的欲望。课文«О нашем институте»问题 1：“В каком университете вы учитесь?”问题 2：“Почему наши выпускники с такой любовью вспоминают о своем университете?”课文«Выставка продажи»问题 1：“Вы были на выставке продажи?”“А с каким павильоном вы хотите познакомить своего знакомого?”问题 2：“Вы были на выставке продажи?”“А с каким павильоном вы хотите познакомить меня?”苏联著名教学法专家E.巴索夫也在自己的一本书中提道：有的教师提问是做作的，不能引起回答的兴趣。例如，“Расскажите мне о твоем любимом писателе.”巴索夫指出，教师应当这样提问：“У тебя есть любимый писатель?”“Ты много читаешь его книг? Может быть, расскажешь нам что-то интересное.”

此外，课堂上练习形式要多种多样，不可过于单调，不可不考虑年龄特点（不要过于儿童化），并且练习要有一定的意义（不要流于形式）。例如，虽然一年级学生初学俄语，但是，他们已是成年人，恐怕在上《商店》一课时无须要将一些实物拿到课堂，进行“购物”练习。最好围绕购物进行交谈。例如，“Какой магазин вы предлагаете, если я хочу купить себе куртку, почему?”根据教学班过于沉默的特点，教师要迅速培养练习的积极分子，以带动大家，打开局面。

第二种，改进教学组织。做到紧凑、生动有趣。使学生没有时间分散注意力。很重要的一点是，教师要给予学生这一主体应有的地位，使学生感到自己是课堂真正的主人。如果教师热情诚恳地让学生自己解决问题，提出新的问题，发表不同的看法，对他们的每一次发言均洗耳恭听，甚至有时教师向学生讨教，学生也就集中注意力，全力以赴了。

第三种，了解问题的症结，对学生的情绪进行疏导，对自身的缺点做自我批评，先着眼于整体气氛的改善，也不可操之过急，教师对学生的理解和信任是解决问题的关键。

(二)个体消极情绪的排解

消极情绪的排解（устранение пассивных эмоций）是指学生在俄语学习中遇到挫折时的焦虑情绪的排解方法。俄语学习中消极情绪产生的原因主要是：①学习中的困难过多，语言难以掌握；②花费学习时间多，效果差；③错误频率高；④学习地位变化大（如中学时是“尖子”，在大学里学习中等）。在教学中教师可以使用下列主要方法以帮助学生解除苦闷。

1. 宣泄

宣泄（излияние）是向他人倾诉心中不快。在现代心理学中治疗心理疾病也采用宣泄法，以减轻个体精神上的心理压力，适度的宣泄使人尽快地达到心理平衡。哈佛大学心理学家梅奥主持了一个实验，让工人发泄对管理者的不满和抱怨，研究人员只是详细记录，不作插话，经过上万人次的谈话，工厂的产量大幅度上升。在大学里师生联系较中学少，且方式有所不同。虽然备有年级管理人员或班主任，但是，学生接触最多的是任专业课的教师，俄语专业学生与教师的教学关系密切，因此，任课教师应当义不容辞地充当学生的恳谈对象，主要是听有关学生的诉说，另一阶段才是点拨。

2. 自我评价与自我调节

焦虑伴随着过低的自我评价，教师要帮助学生调整自我评价，并且帮助他们自我调节，以便战胜眼前的挫折，提高对挫折的适应能力，同时，要找到摆脱学习困境的办法。自我调节主要通过自我意识的作用，发挥本身内在力量来克服消极状态，将消极的行为反应变为积极的行为反应。实践证明，接受自我、肯定自我是较好的自我调节方法。不少人认为，人自己最了解自己，其实，认识自我并不容易，不少人还认为，没有人不喜欢自己，其实，接受自我更不容易。我们有时觉得他人对自己的评价不是自己本来的面目，或者自己对自己不满意，拒绝承认自己的现状，这些都是不能正确地接受自我，也就是不能客观地对待自己。接受自我就是要承认自己的缺点和不足，积极地面对，不要有心理负担，另外，则要自我肯定，找出自己的闪光点，总结自己的优点和成绩，使自己确信不是“一事无成”，不是“一无是处”，从而振作起来，逐渐从沮丧中走出来，高高兴兴地投入学习。这时，或许自己会说：“我会找到成功之路!”

3. 创设成功的机会

化解学生消极情绪必须通过课上言语实践。教师要有意识地为学生提供较多的成功机会，使学生切切实实地感觉到自己有能力克服困难获得进步。一般来说，课堂练习时上述学生的练习次数要比一般学生多，当消极情绪基本排除，练习量可与一般学生的相同。

| 第七章 |

俄语专业各年级学生的心理特点及教学针对性

这是一个新的课题。我们之所以在这一章里专门讨论各年级学生的心理特点，是因为各年级学生除了有大学生共同的心理特点外，还有其自身的特点。如果教师在教学中考虑这些特点，教学就会更符合客观规律，更有针对性，就可以进一步提高教学效果。

年级心理特点与各年级教学任务有关，每一个年级都有与其他年级不同的心理状态。例如，在积极的心理状态方面：一年级抱负水平高；二年级自信心强；三年级求知欲旺盛；四年级渴望自我实现。在消极的心理状态方面：一年级容易自卑或好高骛远；二年级容易安于现状；三年级容易兴趣下降；四年级容易纪律散漫。这些概括性的特点是教学阶段学生对教学任务反馈的表现形式。

年级心理特点还和学生年龄变化有关。虽然大学生时代属于一个年龄段，17~21岁或18~22岁，为青年中期。但是，随着一个年级长1岁，心理状态不尽相同。例如，二年级学生一年前入学时不知所措，一年后已能指导新生。三年级学生心理上日趋成熟，四年级学生增加了紧迫感。学生未来就业性质，发挥学生专业技能的可能性大小，生活物质条件的变化均影响各年级学生情绪状态和学习态度。

近年我们在一、二、三、四年级都进行过教学实验，我们将在各节分别谈谈教学针对性。由于实验的范围有限，一些做法可能没有普遍意义，不过，希望它们有一些参考价值。

第一节　一年级教学法

一、一年级教学目标

我们提出“一年级教学目标”这个问题是想在一年级已有全国统一大纲的前提下进一步探讨一下一年级教学的潜力。社会对外语人才的要求越来越高，而学制并未改变，我们能否使一年级的教学取得一年多的教学成果？1992—1993学年度，我们在非零起点一年级教学班进行了教学实验，按照心理学原理，教学中注意了学习动机和学习兴趣的激发，认知过程的观察力、记忆力、思维能力、想象力的培养；非智力因素（情感、意志等）在认知过程中的运用，课堂良好心理气氛的创造等，较好地完成了教学任务。

学生在问卷中一致认为，这一年收获很大。教师有特色的教学方法给他们留下了深刻的印象，大家都取得了较好的学习成绩，为以后的学习打下了基础。我们提前三周结束了《基础俄语》（1、2册）的教学任务（使用了全部语言材料和练习，并且有所补充），又完成了28个题目的旅游材料的教学任务（中国和俄罗斯旅游景点，有删节）。一年级教学目标主要是：①语言技巧项目化；②言语技能专题化；③扩大词汇量。

(一)语言技巧项目化

过去我们按常规经常有小测验，期中、期末有笔试、口试。虽然全面，但是，在基本技巧的掌握上还有不少漏洞，学生自己也不很清楚自己的优缺点，现在我们尝试单项测验，一一落实，并且使每一个学生能具体地说出自己的长处与不足。

1. 单音测验

当众录音（有准备，3个句子或一小段课文），当众听音，讲评（另一次）。即兴读教材练习中的句子，讲评。学生经过多次检查，清楚自己的难点，常常要求自己纠正，有时自己重复多遍。

2. 语调测验

按照口试的方式专门为查对调型的掌握。要求学生在有准备和无准备读一段课文中反映出来。1~4调型要求积极掌握，5~6调型要求会读典型例句。在单音测验时也兼讲评语调，但不作为重点。

3. 变格、变位测验（以变位为主）

教师要求学生对教材中的常用动词进行正确变位，在变位专项测验中重音不对，算变位不对。

4. 动词接格测验

专门检查教材中常用动词的接格关系（带前置词和不带前置词）。这一测验引起了学生的重视，混乱现象大大减少，他们认识到接格不正确，影响交际。现在，许多学生接格意识增强，很喜欢问："Какого управления?"

5. 一致关系测验

传统的连成句练习是检查一致关系的好方法，不过，它属于机械性练习。一致关系测验主要以口试方式进行，我们曾以"О себе"为主题，专门进行了三人（教师和两个学生）对话测验。简短的、快速的问答可以检查学生一致关系方面的技巧。

6. 词义替代测验

教师要求学生写出指定词的替代词，这是同义词方面的练习，我们认为在一年级也可以进行，因为，这是学生学习词汇一定会遇到的问题。教师在课上讲解时不必过细、过深。检查词的替代，一方面，可以检查学生对词义的理解（常常可以用替代词去解说一个生词）。另一方面，可以将学生所学词汇按近义归入系统，以备选用。

(二)言语技能专题化

一年级学生应当掌握以生活主题为主的基本交际能力，并且能独立地运用（如果学生处于真实语言环境中，可以独白或对话）。我们在前面已经提到《基础俄语》的交际题目共20个，分三大类。在教学中首先要突出每一课文的交际主题。例如，«В гостях у друга»中住宅陈设是重点，做客就餐不是重点，又如，«С гитарами по Сибири»中文娱节目是重点，组织宣传队不是重点，«К Олегу приезжают родственники»中人的外貌特征是重点，乘车不是重点。其次，要紧紧围绕交际主题进行训练，如角色练习等。最后，教师要进行对每一主题交际能力的检查。如学生应当会针对每一交际主题向对方提问。

(三)扩大词汇量

过去我们在高年级教学中提出扩大词汇量，扩大知识面。看来，这件事最好从一年级做起，一年级课程单一，学生容易挤出时间，学生记忆力强，中学又学过俄语，这些都是有利条件。实践证明，没有一定的词汇量，听不懂，也无法说，交际则落空，所以，在一年级也要打下基本词汇量的基础。《基础俄语》（1、2册）词汇表中没有收进补充课文的生词，我们将补充课文和导论课部分的生词列入词汇量。第一册应为700词，第二册应为1360词。练习中还有一部分积极词汇应当列为积极掌握，加上教师有所补充，共2300词左右。此外。我们在教授旅游材料时，学生接触生词850个，有2/3应当掌握，备初步导游所用。全学年词汇量为2800~3000词。为了学生掌握所学词汇，我们时而进行单项生词测验，听译或看译（俄译汉）。使学生比较扎实地积累词汇。

二、一年级学生学习过程的特点

(一)学习动机和学习兴趣

目前我国需要俄语人才，特别是年轻人才。近年俄语专业毕业生分配形势看好，专业对口，学以致用，这增强了一年级学生学习的动力。当前，一年级学生学习动机冲突较少，动机问题，也就是专业思想问题，不突出。学生学习兴趣普遍较高，原因有三：①专业俄语和中学俄语有很大差别。大学专业俄语课型很多，如口语、笔语实战课、实践语法、视听说、阅读等。听说机会多，学生感到新鲜、有趣。②教学内容接近生活，学生能用俄语谈生活，感到乐趣。③一年级是大学生生活道路重要的转折点，学生有较高的抱负水平，这为专业兴趣的培养创造了良好的条件。

(二)认知过程的特点

一年级学生在观察力（感知、理解）、思维能力等方面的困难多于其他年级，在思维方面更容易受到母语思维的干扰。一年级学生喜欢直观、生动、形象的学习方式。在记忆方面，记忆力强，但是，常常使用最简单的记忆方法，即不断地重复同一个内容，而运用逻辑识记较差。在想象方面，一年级学生想象力丰富，但是，受俄语水平的限制，他们有许多想表达的不会表达，或者“汉化”严重。一年级学生处在俄语思维的初级阶段，他们更习惯机械地运用语言知识。一年级学生的认知风格均有不同程度的偏颇。入学初期喜欢死记硬背，常以记熟单词、理解课文、记住规则为主，对课上大量的听说训练感到很不适应，或者茫然不知所措。除了笔语作业外，预习、复习方面均存在不得法的问题。课下如何学习，如何支配时间，如何会学习，对于刚刚离开父母和中学教师的一年级学生来说，是个刻不容缓、亟待解决的问题。

(三)情绪、情感、意志过程的特点

一年级学生在情绪、情感方面有许多积极因素，如有朝气、热情、积极、好奇心盛、求知欲强。什么都想知道，什么都想问个究竟，渴望成功，渴望成为专家。在意志力方面，一年级学生虽然自制力较弱，但是，大多数学生学习刻苦努力，苦练精神历来在一年级学生身上最突出。当然，一年级学生也存在一些消极的情感、意志因素。①松懈情绪。经过无数次同一目的的考试的一年级新生直到高考这最后一次拼搏才得到喘息，精神上、体力上都很疲劳，一部分人想休整一下，结果，不知不觉在休整中度过了许多时光。②自卑感。有自卑感的学生通常在教学班中占较大的比例。自卑感，一方面，在学生无力战胜困难中产生；另一方面，在和其他同学的比较中产生。刚升入大学一年级的学生由于高考中榜，一般来说，自信心和自尊心都有所增强，他们对周围的事物很敏感，一旦发现别人比自己强得多，就觉得“矮半截”。③好高骛远。一些学生入学前有较好的俄语基础，入学后他们按照过去的标准来评价自己的水平，误认为教学内容太浅，把课程当成咀嚼过多次的馒头，感到没有味道，不愿意在基本功上下苦功，转而用大部分时间、精力去读课外的东西，由于难度大，自觉能力差而事倍功半。其结果，认为基本功练习过于枯燥的学生落在了脚踏实地苦练的同学的后面。

三、一年级教学原则及其实施

(一)优化结构原则

优化结构是指优化教学内容的结构，也就是优化教材的整体功能，优化教材各个部分和各个部分的相互联系。对教材进行一定的取舍和调整是教学的常规之一。应当指出的是，按照系统论原理，从优化教材入手是提高教学效果的根本途径之一。我们应当将教材看成一个综合整体，将它的每一个部分看成子系统，这些子系统不是孤立地存在着。教师要使子系统协同活动，取得比它们加起来之和大得多的整体效应。例如，《基础俄语》（1、2册）的结构是，导论课（12课），基础课（21课）。基础课的每一课的结构是，对话（2~4个）、对话部分练习、课文、课文部分练习、补充课文、语法、语音等。这是单一的结构，直线序列。如果以多向结构代替单一结构，在不增加学习负担的前提下，可以使学生既多学、又乐学，一举两得。我们在实验班对教材的使用作了如下改革。

1. 导论课与基础课同步

一年级学生怀着极大的兴趣和求知欲跨进高校大门，为时一个半月的导论课是他们熟悉而又没有掌握好的课题（中学时学过几年俄语），缺少新鲜感，比较单调的话音练习往往使学生口干舌燥，影响学习兴趣和求知欲。而直接进入基础课，学课文«Немного о себе»«Наш институт»符合学生入学后的心理状态。学生希望先“进入角色”，学习课文，然后再分析语音、语词的弱点，逐步去纠正它们。因此，我们决定导论课与基础课同步进行，将导论课分别插入基础课，即每一课基础课包括1~2课导论课的教学内容。

基础课之中的话音部分待导论课语音教完之后，依情况选用。已掌握的单音、音组不再重复，该舍则舍，该取则取。例如，采用其中调型练习，既有助于学生认识调型的特点，又有助于模仿调型。需要认真对待的是，一开始进入学习课文要把好语音关。我们在课上始终是教师带读，课下学生听录音，最初阶段只要求学生读好课文中的2~3个句子，录音，听音（课上），中期要求学生读好指定的课文段落，不正式检查朗读全课，保证发音准确。我们有意识地要求学生朗读教材练习中的句子是培养无准备的正确发音能力。基础课与导论课同步可以相互补充与促进，结合起来发挥作用，体现了多向结构优于单一结构的特点。我们在两个月内用了部分时间排练了为晚会准备的小短剧«Как Слоненок пошел учиться？»这一节目的排练为改变学生语音面貌立下了“汗马功劳”。我们又利用两个月课上部分时间准备俄语奥林匹克选拔赛。多次全班性的预演，大家一起听每一个人的演讲，指出对方的优缺点，终于取得了较好的成绩，语音质量起了质的变化。我们将讲评个人语音始终放在集体中进行，它可以培养团结互助的精神，又有很好的借鉴作用。

2. 各个环节为课文服务

按照教材的结构，每一课始于对话，补充课文在主课文之后，从优化结构的原则出发，教师可以将对话、课文、补充课文协调起来考虑。如果前两者与课文的交际主题关系密切，则统一使用，将对话和补充课文作为课文最好的补充；反之，可作为阅读材料，因为如果目标分散，则效率会大打折扣。

3. 充实课文

课文本身也是一个系统。教材由于种种限制不可能充分反映学生生活。教师可以编写一些联系学生生活实际的短文，使学生在较为理想的情境中进行交际练习。如配合«Выставка продажи»的故事的《我初次在展销会上做口译》，配合«На площади Тяньамэнь»的故事的《我和别佳在天安门》，配合«Портрет человека»的故事的《在北京火车站接俄罗斯专家》，配合«Разговор по телефону»的故事的《请通知老同学聚一聚》等。

学生对参加这类练习十分踊跃，以致常常要延长课堂时间。有的学生还好奇地问教师，“这都是您自己编的吗？都是真事吧？”教师也风趣地回答：“你们要觉得像真事，那就是真事。”此外，我们在室外（校内）绿树环绕的山冈上上了《峨眉山导游》一课，和大自然贴近了，练习增强了真实感，学生掌握材料非常快。

(二)严格训练原则

严格训练，打好基础是多年来师生的共识。我们在第五章和本章的前面都具体谈到实施，这里不再赘述。这里着重谈谈严格训练中要注意的心理因素。严格，不言而喻，指的是教师认真地教，学生认真地练习，不粗枝大叶，不马马虎虎，以及对待练习中的错误采取不姑息的态度，这无疑是很重要的。

俗话说：“严师出高徒”，然而，这里的“严”字有多方面的含义。①一丝不苟。例如，教材中有这样的句子“Лебединое озеро/балет/был написан великим русским композитором Чайковским в 1876 году.”这里四个词使用第五格，年代中“семьдесят”的重音都是学生容易出错的地方，教师应当要求直到说对为止，绝不含糊。②与人为善。缺少爱护的严格达不到预期的效果。严格不是冷漠、无情、官腔十足。③严中有宽、宽中有严。教师应当又严格，又宽厚（不苛刻），要求要合理。当学生普遍感到困难时，教师要宽，要通情达理。当学生有了克服困难的可能时，教师要动员学生情感，努力去达到目标。④不能急躁冒进，操之过急。不顾条件，形式主义的严格要求会产生很大的副作用。

（三）愉快教学原则

愉快教学原则对每一个年级的教学都是需要的，对一年级教学尤为重要。愉快教学原则是指师生在愉快的心境中进行教与学，愉快教学是最佳教学。乐学早在孔子时代就受到重视，也是古今中外许多教育家的一贯主张，然而，愉快教学属于现代教育思想体系，是世界教育发展的一个趋势。就外语教学来说，愉快教学与传统教学区别在于：

1. 愉快教学主张“乐学”，传统教学主张“苦学”

传统教学强调学生在教师认真施教下勤学苦练、多读、多听、多说，一遍、十遍、几十遍地练习，直到学会为止，中心是“苦学”二字。愉快教学不悖于刻苦学习，但是，不怕吃苦并不等于必须吃苦，更不等于苦吃得越多越好。化繁为简，变难为易，省时省力，轻松愉快地学完是可能的。教师要使学生乐学并不容易，善教的功夫在课下，乐学在课上。

2. 愉快教学重视心理因素，传统教学重视精神因素

精神因素与心理因素不可分割，但也并非等同。精神与物质相对应，心理与生理相对应。精神因素强调理智，学习目的、态度、学习毅力等。不过，精神境界很高的学生也会有严重的心理障碍。例如，学习目的明确的学生会产生自卑和其他心理失衡，而心理障碍只能用相应的方法解决，并不能全靠精神支撑。愉快教学重视心理因素，将消极因素降到最低点，使每一个学生在最佳的、健康的心理状态下进行学习。愉快教学的核心是将学生从消极心理状态的影响中完全解放出来，积极、轻松地投入眼前学习。

3. 传统教学对个性发展不够重视

愉快教学提倡作为教学主体的每一个学生都应当得到主动的发展。在俄语教学中我们见到个性发展的不均衡性，不是所有的学生都受到一样的关注及帮助，课上个人的练习量有很大差别。一些本来也有愿望发言，但

由于舌涩口笨，胆小的学生得不到练习的机会，有一部分学生的积极性没有调动起来，他们的情绪是不愉快的。当今社会需要的人才除了知识、能力、品德以外，还要有良好的心理素质，而良好的心理素质要在良好的学习环境中形成。如自我锻炼、自我调节、自我控制，善于开拓局面，有较好的合作能力、心理承受力等。愉快教学要求教师给每一个学生提供充分发展个性的机会。

(四)愉快教学标准

1. 学生学习兴趣盎然

关于学习兴趣我们已经专门讨论过了，概括地说，教师要做到：①使教材易于为学生接受。学生眉头紧锁，则无兴趣可言。②将枯燥的材料变得有趣。如«Праздник в СССР»一课主要介绍苏联有哪些主要节日，比较枯燥。教师可以补充人们过节的特点和民族风俗习惯，将它变得有趣。③增加一些材料的情趣。如«В большом театре»一课主要介绍主人公如何买到票，有幸观看芭蕾舞《天鹅湖》的故事，我国学生对莫斯科大剧院比较陌生，教师可以展示图片、幻灯片，以增加亲切感。④练习形式新颖、多样。

2. 学生学习成绩提高

练习机会多，失误有所减少，成绩有进步等。学习上的成功是愉悦的源泉。

3. 课堂气氛和谐

师生交往友好，练习配合默契，情绪舒展、高涨。

一年级实验班师生一致反映，他们愉快而紧张地度过了一年的时光，尝到生动地教、愉快地学的果实。

第二节　二、三年级教学特点及教学提示

二、三年级教学称作学习的“黄金时节”，虽然分别属于两个教学阶段，但是有共同的特点，学生情绪专一，较少受外界干扰，教学较为稳定，如果进一步开发潜力，改进不足，可以取得突出的教学效果。

一、二年级教学目标

(一)帮助学生进一步掌握语言知识,提高运用积极词语的能力

在二年级，教师将通过许多较好的范文（改编的文学作品）培养学生对俄语的基本语感（чутье языка）和俄语语言修养。如课文«Мост»，介绍了桥梁设计家马茨克维奇的高尚品质和感人事迹。这一课里有许多和其他课一样的常用词，理解和运用它们可以逐渐提高自身的表达水平。如прозвучать, предстоять, мучить, требовать, соглашаться, отличаться, пропадать, запрещать等，这些动词在一年级教材中是少见的。

(二)帮助学生发展独白能力

二年级教学要求学生叙事时表达出一定的思想感情，有基本的描写能力和议论能力。叙述不是完全按照课文情节复述性的，而是有不同的角度（第一人称改为第三人称，或者相反），针对不同交际对象的，例如，«Мост»一课。完成下面练习：Расскажите о подвиге Андрея Мацкевича от лица одного из альпинистов, врача или медсестер в больнице, соавтора Мацкевича по плану: Андрей Мацкевич — талантливый проектировщик; чувство товарищества и самоотверженность; Работа прежде всего; Сила воли. 这样的独白能力是一年级学生欠缺的。

二、二年级学生学习过程的特点

（一）适应了大学生生活

二年级学生在问卷中写道：“现在跟上了大学生生活的节奏，对大学生生活有了清楚的了解，已经摆脱了茫然、慌乱，可以正常地安排生活，合理地支配时间。”二年级学生情绪稳定，精力充沛，许多学生雄心勃勃，对未来充满信心。

（二）提高了对专业的认识和学习俄语的自觉性

二年级学生写道：“到了二年级似乎找到了自己的位置，学习踏实了，对俄语的了解，对俄语的兴趣提高了，大有穷尽一切知识之趋势。”二年级学生能够有针对性地进行学习，同时认识到听、说、读、写不可有所偏废。

（三）连贯语表达出现困难

二年级教材和一年级教材风格迥异，一年级学生升入二年级因教材内容的变化，在连贯语表达上出现了困难。

例如，一年级教材最后一课«К Олегу приезжают родственники»首先要求回答的问题是：“Куда поехал в гости Николай Иванович с женой и дочерью?”“Кто остался дома?”“Как Олег проводит время в каникулы?”“Как Олег чувствовал себя однажды утром?”“Почему?”“Что он вдруг услышал во время завтрака?”“Что принесла ему девушка-почтальон?”

只隔一个假期，学生开始学二年级教材，第一课是«Дед и внук»，首先要求回答的问题是“Объясните, почему автор пишет: Роман Кондратьевич и его внук Вовка — люди очень разные?”“В чем разница между ними?”“Как дед смотрел на Вовку?”“Почему Вовка казался деду легкомысленным и несерьезным?”不难看出，问题的难度悬殊，学生感到表达上的困难。

三、二年级教学提示

(一)细心指导学生发展连贯语,进一步增强学生的学习信心

二年级学生学习情绪稳定，然而，也会由于学习方法的不适应产生新的心理压力，以致影响学习信心和学习积极性。教师可以帮助学生归纳与所学题目有关的词语和句式，以便学生能够正确、顺畅地叙述所需内容，并且可以举一反三，叙述其他类似的故事。例如，«Для чего иногда нужен букет»，可以归纳关于地下工作的词语：доставить прокламации, держать в памяти пароль, свернуть в переулок 等十余个，还有一些好的句式，如“мгновенно пришло решение — бежать”等。

此外，一些叙事文往往本身情节生动感人，而缺少议论，而议论是学生表达中非常需要的。所以教师要有计划地向学生提供铺垫词语。如“вести себя спокойно, не растеряться, проявить находчивость, уметь найти выход из опасного положения”等。这样，使学生既能用俄语表达最基本的思想感情，又避免了使用自选词语。

(二)拓宽教材题材,增添教材的时代信息

《基础俄语》(3、4册）也是一部内容十分丰富的教材，但是从宏观上看，离现实较远，涉及社会生活、文化生活的内容少，几乎没有介绍现代生活的，大多是关于革命和战争年代的故事，建议教师做一定的改造。如舍去议论科学意义的课文，选择提供科学知识本身的课文，将补充课文作为正课文，不“沉浸”于«Слепой музыкант»故事之中，代之以某些音乐小常识，借«Вниз по Волге»一课一带而过的艺术家，较详细地介绍一下俄罗斯艺术，介绍 Репин, Суриков, Левитан 等伟大画家的艺术活动及其他享有盛名的艺术家，见缝插针增补俄罗斯民俗民情常识等。总之，打开教材的窗户，开阔学生的眼界。

(三)提高基本言语能力的幅度

如果学生是教学中的雕塑品，一年级时就要使它“雏形”可见，二年

级时就要粗具风采，而不要等到毕业时才见端倪，各年级教学都要得到强化、优化。二年级教学有时平稳有余，变化不足，二年级学生应当在基本言语能力方面有大幅度的提高。如口语、笔语言语成品质量明显提高，用词丰富了，句式有变换、严重错误大大减少等。教师可以在一学年中组织1~2次独白语表演活动，通过准备，大家多上一个台阶，使每个学生的潜力得到发挥，迈出大的步子，使一些有条件的“尖子”脱颖而出，使学生在二年级（尽管能力有限）就达到一个全面发展的水平，无论是听，还是说，是读，还是写，都有一个良好的基础。

四、三年级教学目标

三年级是承上启下关键的一年。学生既无一年级的不适应，也无毕业班的压力。他们求知欲旺盛，学习独立性增强，兴趣爱好更加广泛，然而，他们的俄语学习兴趣由于一些原因，和基础阶段相比，有下降趋势。三年级教学要求是：

（一）帮助学生提高综合运用语言的能力

二年级学生升入三年级会有一种“上坡”的感觉。一般来说，三年级教材的题材、体裁比基础阶段有较大的变化，不再多于叙事文（故事），而有相当量的说明文、议论文。它要求学生除了字面上理解课文之外，还能够揭示主题内涵，谈出自己对课文中所提问题的认识，综合运用词汇、语法、修辞等表达手段。

例如，«Куда убегают ручьи»一课（黑龙江大学阅读教材），没有多少故事情节，只是描写第一人称的“我”夜晚等待长大了的女儿外出归来时的心态：焦急、不安、孤独感。字里行间使读者投入思考。其中有这样一段话：“Ну да, из реки моей жизни затруднился тонкий ручеек самостоятельной жизни моей выросшей дочки. Он тоже станет полноводной рекой, этот робкий пока ручеек, и потечет не прочь от старого русла, а рядом — я для этого многое сделала. Рядом, но и не вместе. Я должна это принять.”这样的文字无须要学生复述，而需要他们用自己的话说明它的内涵，它所揭示的人生哲理。

（二）帮助学生获得初步的独立工作能力

这里指的是独立地理解有一定难度的语言材料和独立地表达有一定深度的见解。在教学中我们见到，一些学生对语言材料的理解似是而非，或者理解基本正确，但是表达能力薄弱，两者之间拉开了较大的距离。所以，三年级教学既需要弥补基本功方面的不足，又需要在语言的整体素质上有较大的进展。

五、三年级学生学习过程的特点

（一）强烈的成就感

结束基础阶段进入提高阶段的三年级学生感到充实而自信。对扩大知识面、迅速提高言语能力要求迫切。三年级学生自我意识明显增强，习于自我观察、自我评价，经常思考未来，对毕业后的去向已有设想。提高阶段在客观上给他们以压力和促进，他们的求知欲和成就感是提高学习积极性的有利因素。

（二）学习差异扩大，独立工作能力亟待培养

如果说，低年级学生学习水平相对整齐，那么，高年级学生学习水平会出现较大差异。在提高阶段学生的学习方法大有调整的必要，习惯于模仿、复述等学习方法的学生在独立表达个人见解时显得被动。三年级学生的一些心理压力表现为自己对自己的口语、笔语表达能力不甚满意，但又不知从何处着手。

六、三年级教学提示

三年级教学的一个首要问题是满足学生的求知欲，增强学习兴趣。三年级学生学习负担重，课程多而分散，学生为了“应付”各个方面而不知所措。实践课的枯燥和教学方法不妥会使学生大为失望，虽然他们急切想

提高水平，但事与愿违。相反，如果兴趣回升，甚至高于基础阶段，学生意气风发，有学习热情，那么，心理上日趋成熟的三年级学生所爆发出的学习能量是低年级学生不能比拟的。我们建议教师想方设法提高课上的效率，减轻课下负担，同时，在独立工作能力上给每一个学生以具体指点，使得一些科学的治学方法能对学生以后的独立学习和工作有所裨益。

1. 改善知识结构

未来工作对于俄语专业毕业生的知识面要求很高，然而，充实知识结构主要指学习教材。三年级教材的涉猎面要有一定宽度。虽不能无所不包，但也要能反映现代社会生活的主要方面。例如，«Олег и Марина»（政治生活）、«В море рынка»（经济生活）、«Три жемчужины»（艺术生活）、«Энергия солнца»（科学生活）、«Длиною в жизнь»（民俗）等。在所学教材基础上，以蛛网形的方式再扩大。

2. 培养综合语言能力

学生在基本功方面的弱点在于技巧未达到要求，在自由表达时还会出现“мати（матери）, дочи（дочери）及 преподавает（преподает）”等错误的语言形式，在词汇用法上不能区别“отказать 和 отказаться”的现象也屡见不鲜。建议减少一些填空等单项练习，增加综合运用练习。如回答中型问题，说明一个观点，营造一段情境，讲述一件事情，要求表述清清楚楚，扎扎实实，切忌逻辑不通，不知所云。有的院校为考查学生前言的综合能力进行过全面的测试，取得了经验。我们受到启示：为何不可将综合能力的主要要求告知学生，使他们心中有数，并可随时自我检查。

例如，词法（某些名词的变格、某些动词变位、带 ся 动词、被动形动词、动词体、运动动词、前置词、数词等）；句法（句子成分的一致关系、无人称句、时间从句、条件从句、目的从句，防止句式单调等）；词汇（常用动词的接格关系、常见成语、常用同义词辨异、礼貌用语等）；修辞（语体、词汇使用的得体性，防止冗长、累赘等）；语音（克服明显的口音及怪调等）。

课堂的模拟交际练习，如座谈、辩论、角色表演等均有助于学生综合表达能力的提高。教师要做好讲评，使学生有所参考。

3. 训练思维的逻辑性

这是独立语言工作能力的一个重要标志，抓不住语言材料的逻辑性，不能正确理解，不能把握表达的逻辑性，口语、笔语成品则杂乱无章。条理性是语言工作者应当具备的基本品质之一。

（1）要求学生查原文词典，正确了解词在上下文中的意义，要求学生用原文自己去解释词语。例如，“ловить себя на чем, в душе скребет, счастье до краев, порядок вещей”等。

（2）要求学生自己列出每篇课文提纲。每一标题所用格式一致，如«Дорога сближает людей»一课（黑龙江大学阅读教材）的提纲使用主格句：①Проводы на вокзале；②Совместная езда пассажиров。

（3）要求学生扼要地说明课文每一部分中心思想和概述全文（свертывание）。学生习惯于“细致入微”，而不会“一语道破”，逻辑性见长式的学生不多，部分学生仍旧开口便是第一人称。所以教师还要训练学生人称的转换及防止代词连篇。

（4）训练论证能力。一些学生议论能力肤浅，常以“好的”“不好的”代之，这主要由于思想上的“苍白”，思维活动贫乏，学生无话可说。为此，教师要多设群言堂，迫使学生开动思维机器，相互启发，相互学习。如果没有对立面，教师自己提出反问，充当另一方，同时，提供一些论证的表达手段，帮助学生构思论证要点。例如，教师常常抛出这样一些问题，锻炼学生的思维能力：“Что вы скажете о рок-музыке?”“В чем вы видите причины нагревания экономики в стране?”“Как, на ваш взгляд, обстоит дело с экологическим равновесием в мире?”等。

第三节　毕业班教学法

毕业班、一年级教学在教学法上都有相当大的独立性，有必要作为专门的课题来研究。下面介绍我们在四年级实验班的教学情况，谈几个问题：①毕业班实践课教与学的一般情况；②毕业班实践课教学特点、目的和任务；③毕业班实践课教学原则；④毕业班实践课教学方法的实施。

一、毕业班实践课教与学的一般情况

我们在毕业班俄语实践课教学过程中曾走过一段曲折的路。有过较为正常的时期，也一度出现“危机”，教材没有改革，教法也平淡无奇。学生反映，上课没有意思，不如自学，后来就改为自学和答疑，但是，答疑时有教师无学生。学生反映，油印教材不如现实原文材料，后来又改为阅读杂志。然而，也未因此而有所突破。1990年，我们才开始在毕业班实践课中进行一些探索。

学时安排：将全学年实践课的每学期每周4学时改为第一学期6学时、第二学期2学时、第一学期2学时和第二学期2学时为《口译课》。为适应社会的需要，将它作为实践课的一个部分，突出翻译训练。

教材：自行编选8~10篇材料，供一个学期使用。如（政治生活）（«Возвращенное имя»）、经济生活（«Китайский сценарий экономической реформы»）、外交政策（«Дипломатический вестник»）、社会生活（«От читателя»）、宗教文化（«Три мировые религии»）、历史的回顾（«Желтая река и ее культура»）、科普（«Химия и жизнь»）、文学名著（«Метель»）、艺术之声（«России принадлежит его сердце，миру его гений»）等。

口译教材为20个专题，自选，供2个学期使用。如政治事件、经济改革、国民经济成就、科技成果、商贸谈判、医学常识、环境保护、重点大

学、城乡新貌、道德与法、妇女与家庭、节日、婚礼与习俗、名胜古迹、博物馆、音乐舞蹈、世界宗教、饮食文化、大数、小数、分数、商贸机构名称等。

教学进度与步骤：实践课一学期教学时间为104学时（不包括复习考试），使用了16开油印本160页，每次9~10页。教学也分解为分析词汇、语法、修辞、国情等难点50~60处。交际性练习最大限度地接近真实交际、小结简要归纳专题词语及与专题有关的近义词辨异、典型错误分析及小测验三个部分。口译课两学期教学时间为60学时（不包括复习考试），使用16开复印本60页。

教学方法：实践课采用强化交际性教学方法。大信息量，课堂教学直接培养与现实生活接近的，未来工作需要的基本交际能力，课上高效率、课下负担轻。口译课为分阶段教学，将口译技能分解为5~6个方面，专门进行训练（如略译，只要求准确译出与事件有关的人和他们的身份、事件发生的时间和地点等）。口译培养快速的反应能力、理解能力和表达能力，培养口译意识，俄译汉、汉译俄穿插进行。

教学结果：以1991年毕业生为例。他们进入四年级时，有25%的学生为中下线智力水平。毕业时他们取得了良好的成绩，良好成绩占75%，优秀成绩占25%，考上研究生的人数为应考者的3/4，其他学生测试全部合格，学生对教学实验给予了肯定。83%的1991年毕业生认为，最后一年的学习兴趣比过去高，大部分的学生喜欢上实践课，全班激起了新的求知欲。

二、毕业班实践课教学特点、目的和任务

教学实践表明，毕业班教学和三年级教学有许多不同。毕业班教与学的相互配合直接关系到送出校门的人才的质量。因此，有必要研究并且制定有其自身特点的毕业班俄语实践课教学法。

（一）毕业班学生的特点

毕业班学生这样描述他们自己的特点。

（1）“我们考虑问题越来越实际，毕业班每一个人都要为跨入社会大门做出选择。随着第四学年的开始许多现实问题接踵而来，前途、工作、恋爱、家庭……少了些低年级学生的新鲜感和单纯，多了些忧虑和困惑……”

（2）“我们在专业学习上越来越希望能够实用。工作迫在眉睫，最担心的是知识贫乏而不实际，能力低下。我们希望巩固住过去学过的知识，新的知识不必精而深，但求泛而广，以适应未来各种情景的需要和工作中的再学习，我们渴望多一些实际本领。”“我们还需要一定的社交能力，适应社会的能力，独立处理问题的能力。”作为实践课教师我们深知毕业班教学工作的复杂性、难度和不固定性。可以说，这就是毕业班实践课的教学特点。

(二)教学中存在的问题

长期以来，毕业班教学中存在着刻不容缓需要解决的问题。

（1）教学内容陈旧，信息量小，脱离实际。既不能引起学生的学习兴趣，又不符合社会的需要，从事教育情报的同志认为，“人才培养和使用的效率很大程度上体现在对信息的占有量和利用率上”。我们的教学内容应当反映国内外生活，否则，所培养的人才难以在国内外交往中起到桥梁作用。

（2）教学要求不切合实际，练习缺乏明确的交际目的。过去我们更强调高年级语言材料的合乎规范，这是很正确的。但实际上“阳春白雪”多于“下里巴人”，有益于理解，而不利于表达，特别是不利于最基本的言语交际。与以俄语为母语的人在一般口语、笔语交际活动中所使用的语言手段相比较，我们教给学生的语言手段有时反而难而偏，不够大众化，学生掌握了不少生僻的用法，而许多日常交际用语却不能脱口而出，还没有形成自然交际能力。

（3）教学组织不符合毕业班学生的心理特点。四年级学生的心理发展趋于成熟，学习自觉性、独立性增强，渴望自我发展，有强烈的成就感，智力情感的发展处于最佳时期。他们的学习潜力具有良好的爆发性，希望练习形式富于挑战性、创造性、言语成品能够独立完成，或者是即兴之作。

学生自我实现的要求得不到满足是我们工作不得力的一个标志。

(三)毕业班实践课教学目的和任务

在为社会培养全方位的合格的俄语人才的总目标下，在巩固学生已往三年的学习成果的基础上，将教学推向新水平，取得新成果。

（1）大力扩大学生的词汇量。现代国际、园内生活各个领域的基本词汇和热门话题的俄语说法毕业生都应当略知一二。

（2）大力培养学生未来工作所需要的基本交际本领。课上创造最佳条件，进行人为的、接近未来工作要求的角色交际活动。

（3）大力培养未来工作所需的心理素质。

三、毕业班实践课教学原则

外语教学法以哲学、语言学、心理学、教育学为理论基础。我们在确定毕业班俄语实践课教学原则的时候需要从总体上考虑与外语教学有关的四组教学原则，即教学论（教育学）原则、语言学原则、心理学原则、俄语教学法原则，并且结合毕业班教学阶段特点提出起主导作用的教学指导思想。

(一)强化原则

外语教学的强化原则的本质是使学生在最短的时间内掌握最大量的知识和技巧，并且得到运用的最佳效果。苏联著名心理学家A. 列昂节夫说：“如果我们有可能强化地教授语言”，非强化地“教授它就毫无意义了”。对于时间少、任务重的毕业班教学来说，采用强化原则势在必行。

1. 教材内容的强化

信息量大、有一定弹性（由教材中的某一种信息引出另一种信息）、实用（每篇语言材料专题词语集中）。

2. 练习内容的强化

突出训练带有问题情景的、解决具体交际任务的实用交际能力，语言材料的掌握在交际活动中受到检验。

3. 教学组织的强化

师生集中最大精力，最大限度地提高课上效率，使课下负担减轻。

（二）针对性交际原则

针对性交际原则早已为广大外语教师所接受，并且作为主导的教学原则运用在教学之中。作为毕业班教学，在贯彻针对性交际原则时应当有针对性，要针对社会发展的特点、社会对外语人才需求的特点。近年来，苏联教育心理学家正在研究“积极教学”（активное обучение）“衔接性教学”（контекстное обучение），反对教学、科研、生产脱节，主张尽量缩短大学生适应工作的时间，强调教学活动体现未来工作的特点。

在教学中我们应当培养学生未来工作需要的最基本的交际本领。如提问的能力（获得信息）、答问能力和表述能力（传递信息），包括会用礼貌用语等。从目前情况看，翻译工作是毕业生主要的就业方向。笔译、口译课应当着重培养实用能力。

（三）个性发展原则

以交际活动为主要任务的课堂教学中，学生和教师的个性发展问题是绝对不能忽视的。苏联著名心理学家И. 济姆尼娅（И. Зимняя）在《外语教学心理学》一书中写道：“一切教学法措施（教学材料的组织、采用的教学手段、教学方法、练习等）的作用都要通过学习者的个性（需要、动机、能力、积极性、智力及其他个性心理特点）这个多棱镜折射出来。”为此，我们要注意做到以下几点。

（1）建立良好的课堂心理气氛（积极向上的、团结互助的、轻松愉快的）。课堂心理气氛直接影响课堂活动效率，教师起决定作用，理想的课堂气氛可不受班集体自身特点的制约，也不受课堂以外的各种因素的制约，仿佛演员置身于配合默契的排练场，有特定的氛围。

（2）观察、研究、发展每一个学生的个性，发扬他们积极的心理品质（求知欲、成就感、创造精神等）。克服消极因素（缺乏信心、胆怯、害怕出错、不求上进等）。

（3）完善自己的个性（专业知识、教学技巧、心理品质）。

四、毕业班实践课教学方法的实施

无论是基础阶段教学，还是提高阶段教学都在不断解决矛盾中前进的。有些矛盾在毕业班更加尖锐。目前，实践课应当是对传统课的扬长避短，符合当今社会要求的，新型的综合实践课。①教学内容要贴近多方面的生活实际。教材应当是普及性的。②突出口语交际，重视笔语交际，提倡有准备的独白作品先写后说，以提高言语成品的质量，笔语作业要有要求，并力求实际。③接近现实的交际练习有利于在理解的基础上带动表达。④交际活动有利于知识与能力相结合。⑤学习新材料不必太精，也不能太泛，要在量中求质。⑥对话与独白能力的培养在毕业班教学中更加相互依赖，从交际本质看，对话能力仍要加强，表达个人看法。个人对人和事的态度既是对话，也是独白。⑦毕业班对基本功的要求没有降低，只是有其自身的特点，掌握大量语言材料中的词汇、语法、修辞手段和文化知识难点是深化基本功的得力手段。⑧交际能力和基本功相辅相成。交际活动是最好的锻炼基本功的场所，真功夫只有在不断的交际中才能获得。以上是我们对八种矛盾的粗浅认识。下面谈谈教学实验的一些具体做法。

(一)知识的传授

（1）知识面的范畴：国内外社会生活主要领域的一般词汇（如распад государства, либерализация цен）；人文科学、自然科学基本知识（如радиоактивные изотопы, сверхпроводимость）；文化常识（如православие, площадь декабристов）；时事新闻知识（如комендантский час）等。

（2）知识传授的途径：通过教材，并且在可能条件下通过教材引出教材以外的知识（如通过“исток Желтой реки”引出有关文字起源的知识，在交际活动中教师补充教材中缺乏的知识）；利用报刊新闻及有声资料等。

（3）知识传授的办法：教师在各种传授知识的场合均可以先提出问题，学生各抒己见。然后教师明确正误，解释含义，举一反三。知识的信息量要大，毕业班学生的求知欲潜力达到最高点，教学的知识性深受学生的欢迎。它为学生交际能力的培养提供了有利的条件。

(二)实用交际能力的培养

1. 怎样练习

教师在讲解课过后，用一次课的时间作初步巩固（补遗、专题词语归纳、必要的问答、听补充材料等）。接着他马上带领学生进行模拟角色交际活动，经常变换形式。如«Круглый стол»«Научная беседа»«Синхронный перевод»«Интервью»«Пресс-конференция»«Почтовый ящик»«Встреча с русскими друзьями»等。角色由教师分配。各种岗位上的“负责人”的角色使学生感到新鲜，增强他们的责任感和准备言语作品的严肃态度。主持人由学生组任，教师有时可担任活动中的次要角色，他在活动中不是教师，不要打断各角色的发言。活动结束后，恢复教师的角色，进行以鼓励为主的讲评，热情、诚恳。然后指出带有普遍性的错误，对一般错误采取宽容态度。苏联著名学者、教学法专家В. 科斯托马罗夫和О. 米特洛法诺娃在教学法专著中提道：“在说母语的人的言语中常出现重复、停顿、违背标准语规范的情况，也有不很恰当的句子。”看来，我国学生的俄语言语错误的纠正有一个过程。

2. 怎样挖掘教材的交际潜力

（1）当教材内容比较丰富，常用词语比较集中，并可分配角色时，教师将其加工，用于接近现实的交际活动。例如，配合«России принадлежит его сердце, миру его гений»一课，学生可以分别准备向低年级学生介绍И. 柴可夫斯基的生平和创作活动及他的传世之作，也可以组织一次“会面”，或是伟大音乐家不同时期的学生，或是参加过演出歌剧或芭蕾舞（«Евгений Онегин»«Пиковая дама»«Лебединое озеро»«Спящая красавица»«Щелкунчик»）的演员接受大家提问，介绍伟大作曲家给后人留下的永放光彩的瑰宝。

(2) 当教材内容不适合于角色练习时，可以“因地制宜”，使教材为我所用，组织其他方式的交际活动。例如，配合«Три мировые религии»一课，可以以宗教研究者的身份，进行口译练习，关于佛教，可以“汉译俄”，关于基督教、伊斯兰教，可以“俄译汉”。普希金的短篇小说«Метель»选自苏联为外国学习者编的选读课本，印刷好，有重音，教师可以组织一次朗诵会，展示学生这方面的才能，同时，借此矫正个人语音、语调上的不足。

(三)心理素质的培养

近年我们认识到，必须提早培养学生未来工作所需的心理素质。尽管课堂不是工作现场，但是在毕业班教学中注意这个问题十分有益。以口译工作为例，要培养学生：①高度责任感。将个人得失抛在脑后。②百折不挠的精神，不被困难吓倒。③大胆、沉着。

具体做法是：①始终强调翻译的责任，翻译对交际双方的重要性。②创造实践机会。如当众讲话、回答问题、主持活动、当众测试等。③设置障碍。训练学生发挥个人潜能，独立摆脱困境。

| 第八章 |

外语课堂中的人际关系

外语课堂中的人际关系（межличностные отношения）是课堂教学中的灵魂。如果我们有了好的教材、好的教师，但是，不具备良好的教学人际关系（也就是师生关系不协调、不融洽），那么，教学不会取得好的效果。

我们不难见到，有的教师工作勤勤恳恳，兢兢业业，但他不注意，或者不善于建立一种和谐的心理气氛（психологический климат），会使他的劳动成果大打折扣。曾有一位学生在一次问卷中写道："课上老师向全班一一提问，可能由于疏忽，漏掉了一个同学，那么这个同学就会觉得老师看不起他，认为他比所有的人都差，他可能会因此愤愤不平，一节课都上不好。如果老师隔几分钟、十几分钟再提问他，那么，他就会出于逆反心理说：'不会回答。'或者非常消极地对付过去。相反，如果老师公正，了解学生心理，有时把一些较难的题目给较差的学生，那么他就觉得老师看得起他，信任他，感激之余，他会尽全力去做这些题目的。老师对学生的态度起作用之大，可能是老师始料不及的……"这就是课堂人际关系的问题。

外语教学中师生之间交往频繁，人际关系直接地暴露出来。本章将讨论课堂人际关系与社会学、社会心理学的关系，课堂中两个主体的合作关系，课堂良好气氛的形成，以及学生个性品质对教学人际关系的影响。

第一节　课堂里的社会心理学问题

课堂是社会向青少年实施教育的主要场所，每一个学习者都是社会人，他们所受的教育受他们所属的民族、国家的制约。任何一种教育计划要靠教师与学生共同协作来完成，师生之间、学生之间存在着正常的或不正常的关系，他们之间的关系是社会人际关系的一种。

一、人际关系

人际关系是社会关系的一种。人类社会中的社会关系十分复杂，社会关系也分为两大类：一类是人与人之间的生产关系，及由生产关系产生的阶级关系、政治关系、思想关系等；另一类是人们在生活中人与人之间的社会关系。如亲属关系、同事关系、师生关系等，后者受前者的制约，社会生活中人与人之间的相互作用形成了极其复杂的人际关系网。人际关系是人与人之间的心理上的关系，它表现为人与人之间心理上的距离。

(一)需要满足与否是人际关系的基础

教师需要教好书，完成社会职责；学生需要学习好，成为社会栋梁。好的师生关系使双方需要得到满足。

(二)人际关系和情绪体验相联系

融洽的师生关系使人心情舒畅，师生之间的矛盾和冲突拉大师生的心理距离，引起不愉快的情绪体验，通常出现抑郁、烦恼等情绪，影响师生身心健康。

(三)人际关系有个性色彩

人们在长期的生活实践中形成一种较为稳定的人际关系方式。例如，情感型的人际关系是以人的情感需要为基础的、持久稳定的、直接的交往关系，以满足各种需要。师生关系属于此类。工具型的人际关系是彼此不相识，情感淡薄，交往是为了达到某一目的，如售票员与乘客的关系。混合型的人际关系则指彼此间有一定的情感关系，但是又不深厚、持久，如邻里关系、同事关系等。

二、课堂人际关系和社会心理学

社会心理学（социальная психология）是，与教育心理学、医学心理学一样，是心理学的一个分支。社会心理学的研究范围是和人们相互作用有关的个人、小群体、大群体，其研究重点是个体及群体的社会心理，就是研究社会生活中人与人之间相互关系及相互影响的科学。作为人际关系的社会心理学研究的主要对象之一，课堂人际关系是教育领域中人际关系的一种。

我们探讨的这个问题已不是纯心理学问题，而是社会心理学问题，社会心理学在国外发展很快，在美、英、法、德、日及苏联都取得了成果，社会心理学在我国还很年轻，对它的研究还很薄弱。

三、课堂人际关系和社会学

社会学（социология）的研究范围是各类社会现象及其相互关系，社会的发展和变化，其研究重点是社会生活的本质。按起源来说，社会学与心理学相接近而产生了社会心理学，社会心理学是两者的桥梁，社会心理学是社会学的深入和补充。

课堂是社会的一个部分，泛泛地讲，课堂也是社会现象的一种反映，课堂人际关系受社会的制约。课堂人际关系从总体上看，和社会学有关，但它不是社会学直接的研究对象。现在我们所讨论的教学上的人际关系还不是教学班集体人际关系的全部。作为外语教师，我们了解外语课堂人际关系的社会心理学性质对提高该问题的认识有现实意义，我们既可以从宏观上了解课堂人际关系所处的科学地位，又可以从微观上认识课堂人际关系在教学中的特殊作用。

第二节　作为主体的教师、学生的合作关系

我们知道，教师和学生同为教学主体，两个主体的积极合作是教学成功的保证。然而，对这个问题的认识经历了一个很长的过程。多少年来，学生被看成客体，教师满堂灌不足为奇。现在，越来越多的教师认识到这种局面的弊端，从而开始重视学生这一主体的作用。重视学生主体作用意味着重视学生的需要、动机、兴趣、认知过程、情感、意志过程的特点及个性差异，将他们看成教学过程中的主人，充分发挥他们的潜力，他们的主动性。以美国学校为例，一些教师仍在“发号施令”，学生十分被动，无“自由可言”，而另一些教师（数量大）只以学生为主，学生说了算，过于“自由”。因此，我们有必要认真讨论一下，究竟什么样的态度是正确的。

一、怎样认识外语课堂

我们经常可以听到教师两种不同的“开场白”，这是对学生这一主体的不同态度。

一位教师对学生说：“Здравствуйте，все вы помните, что в прошлый раз мы закончили урок «Экономическая реформа». Сегодня мы с вами начнем урок «Охрана природы». Текст неплохой. Смотрите на странице 35. Давайте прочтем текст с работой над трудными местами.”

另一位教师则这样开始一课：“Здравствуйте, нам с вами немножко жалко отойти от круглого стола «Экономическая реформа». Сегодня рассказ «Охрана природы» переносит нас от рабочего стола в лес, где мы можем дышать свежим воздухом, испытывать какую-то легкость, но чем дальше мы с вами входим в лес, тем больше ощущать жалобы животного и растительного мира. Погибают редкие животные, уменьшаются виды ценных растений. Нам грустно взглянуть и на море, загрязнение делает его уродливым. А когда поднимаем голову на небо: пыль, дым, туман... Да, все мы должны быть хозяевами природы. На ходу урока свое мнение, свою позицию об этом мы можем высказать на аудиторной научной конференции как ученые – специалисты по экологии. А сейчас, как правило, нам в первую очередь, предстоит одолеть новые, трудные языковые явления в учебном материале."

显然，前者的“开场白”干巴巴，毫无生气，不能激发学生对学习这一课的要求，而后者的“开场白”会很自然地使学生产生对所学内容的动机和兴趣。应当说，前者忽视了外语课堂的本质特征，作为外语教师需要进一步认识自己的课堂。

(一)外语课堂以交际为本

与其他课程的教学目的相比较，教会学生用外语交际是外语课堂的教学目的。课上学生通过听、说、读、写、译等交际活动达到学会交际的目的。交际是外语教学的主要内容，教学客体，因此，外语课堂应当避免使用非交际性质的、不便于解决交际任务的教材和练习。

(二)外语课堂以师生为主体

教师和学生都是教学主体，师生的伙伴关系是不同于其他课程的特点之一，他们的合作水平直接影响活动的进程和活动的质量。这里要强调的是，外语课堂也是一个小小的社会，教师与学生的关系是一种社会关系。社会和个体生活的变化明显地反映在学生的认识、情感、意志过程的需要之中。科技革命的蓬勃发展，世界各国信息交流量的扩大使外语专业学生产生新的需要，新的意向。我们在谈到课堂上的两个主体时，不可只笼统地区分他们的社会角色，教师与学生，必须充分考虑到，他们都是有自身个性特点的人，他们有各自复杂的心理特点。教师和学生的社会身份不会变化，而作为有个性的教师和千千万万的学生，都是不相同的，都是变化着的，这就是为什么不是任何一个教师走进课堂进行教学都必定成功的原因。

(三)外语课堂需要理想的心理气氛

好的课堂气氛为一切课堂的教学所需。不过，外语课堂师生直接、频繁地交往，他们的紧密合作，练习效果的及时反馈要求一个好的氛围，因为练习时，无论是来自教师，还是来自学生的不友好的表示均可以中断交际行为。所以，形成良好的合作关系是外语教学获得成效的前提。

二、教师主体形象

外语教学有很大的外显性。处于交际中的教师和学生的个性充分暴露出来。每一个人都有较多的机会展现自己，同时受到交际伙伴的关注。

(一)教师是学生认知活动的榜样

教师个人的榜样作用可能是积极的，也可能是消极的，可能成为学生学习活动的动力；反之，也会成为阻力。值得重视的是，在缺乏真实语言环境的条件下，教材和教师就是学生获得信息的来源，而教师所创造的交际情景就是学生学习外语的环境，教师的语言规范水平直接关系到学生的学业规范。

(1) 教师对所教语言持一种审美态度（不少学生对语言的热爱受到了教师决定性的影响）。

(2) 教师对语言的精深了解及对完善自身语言水平的不懈努力（教师的这一品质可以加强学生完善自己学业水平的愿望）。

(3) 教师善于交际（教师良好的交际能力能够唤起学生对交际活动的兴趣）。

对教师引导和组织课堂活动的要求。

(1) 正确并且迅速地吸引学生和引导学生投入眼前的言语活动（学生怀着极大兴趣去学习知识）。

(2) 耐心地帮助学生获取知识，积极地指导学生运用知识（学生会因此增强信心）。

(3) 善于帮助学生解决交际课题，摆脱困难的问题情景（教师及时并有分寸地纠正学生练习中的不足可以及时巩固他们的语言技巧）。

(二)教师应当是师生良好合作关系的创建者

(1) 教师注意自我修养。教师应当以净化的心理状态走进课堂。(如果有不快之事，应将它置于脑后）他永远富有朝气，待人友善（任意发怒、不客观、悲观是不允许的)。

(2) 教师激发和努力培养学生的积极的情绪、情感。对于学生来说，他们最需要的，稳定而持久的情感是自信心。不难想象，师生处于良好的情绪状态下的合作是令双方愉快的。然而，只有当教师使学生独立自主，有创造的天地，有可能获得成功时，学生的积极情感、意志品质才会产生或增强。

此外，教师的鼓励和向学生提出高的要求可以消除学生的消极情绪，如畏难、缺少自信、拘谨、自满、自傲等。

三、学生主体形象

(一)学生是教学活动的中心

学生要拥有相当多的活动时间与空间。习惯于权威式教学作风的教师自己的讲话时间过多，常对课堂有一种限制作用，学生十分被动，学生的中心位置被教师所替代，教师一言堂。同时，教师只让学生跟着自己的“指挥棒”转，从不指点学生如何掌握知识和技能。此外，课上用于学生言语实践的时间过少，由于课上、课下交际条件不足，学生成了半“哑巴”。而重视学生主体作用的教师，自己仅是导演，学生则是演员，舞台为学生所设，在这个舞台上将造就语言专家。学生的“中心位置”意味着：

(1) 学生练习时间多（所有的学生均得到相当多的练习机会，教师讲话的时间大大减少)。

(2) 学生练习的空间大。教师要创设模拟的、大的练习空间。如交谈、圆桌会议、记者招待会、科学讨论会、专题辩论会、采访、小品表演、竞赛活动等。学生自己是活动的主持者，教师是活动的组织者，必要时，教师以交际成员的平等身份参加活动。

（3）教师始终了解学生的情况、倾听他们的意见、关心他们的需要。

（二）教师要有正确的学生主体观

（1）教师要认识到，学生主体功能表现在他们能够正确地、自由地、有兴趣地、满意地用所学语言进行口语、笔语交际。

（2）教师不仅承认学生的主体作用，还要有意识地培养学生、扶持学生发挥其主体作用。为此，教师要研究学生的年龄特点、社会心理特点、个性特点。体现学生主体作用的标志是：

①学生明确教学要求，能够自觉地去达到要求，对教学内容和教学手段感兴趣（教学要求变成学生的自身需要）。

②学生课上活动专心致志、兴奋、活跃、主动积极。此时，学生作为主体的职能得到了体现，他的积极性不是外在的（靠外部刺激），而是内在的。

四、两个主体的和谐是教学成功的保证

在和谐的课堂里师生工作紧张而愉快，教学对教师与学生这两个主体来说是一件乐事，甚至是一种享受。师生在使人愉悦的教学中工作效率倍增。在这样的课堂里师生是以这样的方式开展活动的。

（一）教学相长

教师："Я ломала голову над этим，но ничего не вышло... Вот оно что! Вы просто мудрецы! И так переводится, конечно, лучше..."（教师不仅是先生，也是学生。正如有人说，青年中不乏牛顿们。）

（二）教师启发学生自己解决问题

教师："Сегодня нам попадается интересная тема, но материал трудный, видите, отдельные фразы длинные, они занимают строчек больше 10, а с чего мы будем разбирать? У кого какие соображения?" 学生："У меня идея..." 学生："Я хочу сказать..." 学生："И я тоже..." 教师：

“У вас мысли любопытные, уже ближе к ответу, подумайте еще, вы сможете сами уяснить целую фразу...” 学生：“Можно мне сказать?” 教师：“Конечно, с удовольствием вас послушаем...”（教师激活学生思维，并且使学生相信自己的能力。）

（三）教师纠正学生错误

教师：“У вас высказывание оригинальное, вот это выражение неуместно, поправьте его. Еще два ударения не верны, исправьте... Теперь целое предложение повторите еще раз, хорошо? И так у вас все будет безупречно...”（教师对学生要严格要求，并且将对学生的严格要求与尊重学生相结合。）

（四）讲评、鼓励

教师：“У нас беседа закончилась. Вы просто меня поразили своеобразием мнений о современной молодежи. Вы друг друга пополняли мыслями, обобщали новой лексикой. Видимо, вы к этому подготовились добросовестно. Не сомневаюсь, что больше прогресса впереди. Но минусы есть в беседе. Вот такие...”（教师在此所表现出的祸福相共、忧患同当的精神，对学生寄予厚望，对他们充满信心，他的真诚与爱心是课堂两个主体和谐关系的基础。）

第三节　良好课堂心理气氛的创造

健康的课堂心理气氛（психологический климат）不是自然存在于教学之中的，是师生共同创造的结果。从心理学角度看，课堂教学过程的实质就是师生之间在认知、情感、意志方面的交往过程，如认知上的协调、情感上的互应和意志努力方面的相互鼓励等。为课堂教学创造精神心理条件，也就是为课堂上的交往创造条件，即课堂上总的心理气氛。外语课的课堂气氛有自己的特点，即交往的合作性、频繁性和直接性及民主平等、紧张活泼、团结互助的心理气氛。

一、交往的合作性和民主平等的课堂气氛

一般地说，大学讲课往往以教师讲解为主，是教师向学生单向地传递信息，没有对教师讲解立即的、直接的反馈，教学活动也照常进行。在外语实践课上则要求具有师生之间、学生之间直接而又及时的相互反馈，这就使得外语实践课上的交往具有很强的合作性。师生之间、学生之间合作得好坏，不仅影响交往的效果，在某些情况下甚至能决定交往是否能够进行。例如，教师事先布置学生对某一情境练习中的三个角色都做好准备，而学生只对其中一个发言少、言语简单的角色做了准备，这项情境练习就不能进行。

外语课堂交往很强的合作性质要求有很浓的、平等的课堂气氛。平等感是主人翁感的前提，有了主人翁感，才有主人翁的态度，才有相应的义务感和责任感。从集体来说，才能使教师和学生协调一致，齐心协力地进行有效的课堂交往；从个人来说，也才能从全局出发，积极、主动地为课堂交往尽到自己的责任和义务。

为了创造民主平等的课堂心理气氛，首先应当明确，学生是学习的主

人，别人不能代替他们的学习，他们有权参与，对他们的学习做出决定。共同做出决定，这是合作关系的基础，在这个基础上才能形成真正的合作关系和积极合作的心理气氛，为此，应当做到以下几点。

(一)教学安排要民主

在执行指令性大纲和教学计划的前提下，对阶段、单元教学量、进度和考查等任课教师权限内的问题，都可以和学生一起经过民主讨论决定。经过讨论，原来教学安排中不合适的地方可以得到修正，而凡是科学合理的，通过讨论也会被学生理解和接受，变成学生自己的主观需要。有了共同的主观需要这一心理机制，也就为学习动机、学习兴趣、交往的热情创造了根本性的前提，从而推动课堂交往中的通力合作。这种民主当然是有指导的民主，教师应该提出方案，并在与学生讨论之前做些酝酿。为此虽然要花些时间，但是实践证明，这对统一认识，形成集体一致决定是大有好处的。

(二)教师公正、平等的态度

教学民主化要求教师以公正、平等的态度对待学生，以民主的方式指导和组织教学活动，只有这样才能使学生愿意交往，并且能顺利地进行交往。

1. 师生人格上的平等

教师要严于律己，对自己的过失（在遵守时间上，评价失当等方面）要勇于承认，立即纠正。而对待学生学习活动中的错误或其他不良表现则要耐心指出，语言要有分寸，避免从心理上伤害学生。

2. 师生在知识面前的平等

教师在讲解或板书中有错误，应该欢迎学生指出，并愉快地接受，否则容易造成师生间的心理隔阂。对待学生的言语成品，即使不符合自己设定的方案，只要正确或部分正确，就要给予肯定或部分肯定，不然，会给学生留下强加于人的印象。

3. 对学生一律平等

不管对待学习成绩好的还是成绩差的学生，个性与自己相投的还是不相投的学生，都要一律平等。特别应该防止这样一种现象，即喜欢顺从的学生，不喜欢独立思考、常常发表不同看法的学生。这会导致“一言堂”，产生一种压抑气氛，给课堂交往造成很大阻力。

4. 平等身份参加课堂活动

教师在指导学生学习时要启发、引导、帮助学生。教师不应当是只发指令、提要求、检查执行结果的监督人，而应该是导演，同时又是练习中平等的一员。

教师对学生的评价要公正，不公正会造成心理隔阂，甚至冲突。不论积极评价还是消极评价都要对事不对人，实事求是，不能有丝毫的个人好恶；不能因为一个学生平时学习差，而在他取得成绩时不予赞扬；也不能因为一个学生平时学习好，而在其有错误时不加批评。这样会助长少数学生的骄傲或自卑心理，从根本上破坏交往中的合作基础。

二、交往的频繁性和紧张、活泼的课堂气氛

在外语课堂教学（特别是实践课）中，师生之间、学生之间的交往次数之多、频率之高，在其他课堂教学中是少见的。练习性的交往是理解、巩固外语知识，培养熟练技巧的主要手段。因此，不论从巩固性原则出发，还是从有效性原则出发，都要求有大量的练习活动。在一次100分钟的教学活动中，师生交际活动占2/3，教师既是活动的组织者，又是活动的参加者，他鼓励每个学生（也包括自己）进行相互交往（双边的、多边的）。外语专业一般都分小班上课。不论集体交往或个人交往都很多，在低年级的一些单项练习中平均每分钟可交往6人次，少的也可达到3人次，在高年级，除了长时间表述（叙述、描写、议论）外，其他练习形式每分钟也可交往2人次。

为了保证外语课堂交往的频繁性，需要创造一种有利于动员智力的、

积极进取的、紧张的课堂心理气氛。与此同时，也要有张有弛，形式多样，紧张中有活泼，否则，压力过大，会引起心理上的疲劳。为了形成紧张气氛，首先，在教学安排上要有足够数量的交际项目。但是要循序渐进，难易相当，活动形式简便，内容前后勾连，左右呼应，环环相扣，为学生认知活动创造一个科学的逻辑顺序。同时又要目标明确，重点突出，以保证交往能连贯、流畅地进行，并在单位时间内进行更多的交往，取得更大的效果。

其次，要努力创造有利于积极、紧张思考的气氛。为此，课堂交往应尽可能地采用问答、表述、情境表演等促进思考的教学方式，根据学生的实际水平增加问题情境的比例，鼓励学生开动脑筋。自己去寻找答案，允许有多种答案，以增强学生独立运用语言的能力。例如，不能只让学生习惯回答："书上这样说……"而是要他们常常回答："书上为什么这么说呢？我是这样想的……"连贯语表述可以由命题表述过渡到自由表述，促使学生独立思考，训练表述自己思想的能力。情境表演时，教师要设计具体的交际情境，分配学生担任不同的角色，使他们面临具体要解决的交际任务。在完成第一个交际任务后，还可以进一步在变换角色不变换情境，或者变换情境不变换角色的条件下，将较多的学生带入一个创造性的语言环境中，在更深的层次上促成积极、紧张的课堂心理气氛。

但是，只靠加快节奏、提高思维活动的难度和强度创造起来的紧张学习气氛是难以持久的。长时间地使用一种形式会引起神志疲劳，注意力难以集中，学习刺激减弱。为了使学生始终精神饱满、高度集中、高效率地学习，课堂教学活动中生动活泼的气氛是必要的。在每一次课堂教学中要从教学内容出发，交替使用多种讲解方式和练习方式。例如，活动形式是听、说、读、写、译，活动规模为个人、小组、全班，口语表述方式为问、答、转述、表达、对话等。活动目的是单项巩固、综合运用等。同时，还应该创造条件，鼓励学生在练习中发挥自己的优势，有个人特色。在问答、转述中鼓励学生即兴发挥。在问答时可以提出反问，在转述时可加以评论，叙事中可以有议论，在观点和情感态度上都要鼓励有个人特点。这种生动活泼的气氛能提高学生的兴趣，活跃思维，也有助于持久地保持课堂紧张节奏，提高教学效果。

三、交往的直接性和团结互助的课堂气氛

在一般讲演课上，师生之间在认知和情感方面也有交往或相互反馈，但多是内在的、不显露于外的。外语课上的交往则是直接的、有形的、具体、公开的和充分暴露于外的活动。听、说、读、写都是在整个课堂直接体验下进行的。加上外语专业班级较小，这使师生之间、学生之间有更多的相互作用，因而每个人（包括教师）都能得到更多的注意。

外语课堂交往的直接性决定课堂心理活动的复杂性。在具体的练习中，每个人在认知方面的成功或失败，在情感上的积极、愉快或消沉，意志上的顽强进取或畏难、退缩都会得到相应的评价和反映，又会反馈成为新的心理活动。为了有效地交往，一种师生之间、学生之间不计较个人成败得失、热情鼓励、真诚帮助、宽容体谅的课堂气氛必不可少，否则很难进行有效的交往。

在一种团结和谐的课堂气氛中，每个人都对集体在认知、情感和意志方面给自己的影响感到满意，对参加课堂交往活动在心理上有安全感，体验到快乐，受到鼓舞，从而增强整个班集体的内聚力。为此，需要创造和维护课上的公正舆论，保证心理上的安全感，并且可以通过竞赛激励集体荣誉感，增强向心力。要使每一个人相信，成功时能受到热情而诚恳的赞扬而不受到嫉妒，失败时能得到热心的帮助和鼓励而不受到斥责和嘲笑。

教师对课堂上占优势的舆论的形成起关键作用。实践证明，采取引导、调整的方法比较有效，包括正误调整、分寸调整和态度调整。正误调整是指从正误角度调整集体舆论。当集体舆论指向某生错误时，教师要指出并强调某生正确的地方（哪怕是次要的方面）；当舆论对某生做出肯定评价时（特别是对学习好的学生），教师要指出他的不足。当某项评价过高、过宽或过严、过苛，可能导致盲目自满或危及自尊心时，教师要说出自己的评

价，调整分寸。如果评论在语气或方式上失当，使评价显得缺乏善意，从而给被评者造成心理压力时，教师应该通过态度调整将气氛缓和下来，充分肯定被评者的正确之处和参加交往的积极性。同时，要提醒评论者注意态度。当然，评价的内容如果是正确的，也应当给予肯定，做到真正合理、公正。不可忽略的是，要充分发挥班集体中骨干的作用。他们当中有的能团结全班完成共同任务，有的有号召力，善于影响集体的情绪，有的是学习成绩优秀的学生，当然也有三方面兼备的人。这些学生在班集体人际关系的总体中占主导地位，他们也能在很大程度上左右课堂舆论。教师在和他们的合作中，最好通过课外工作达成默契，而不要用课上“点将”的办法。他们在发表评论时，也应该采取和全班同学商量的口吻，防止把他们的评价视为权威性的“裁决”，从而失去对课堂舆论的引导作用。

如果说，健康的公共舆论为形成课堂团结互助气氛创造了条件的话，那么，通过激发集体荣誉感，增强班集体的内聚力就是形成这种气氛。进而推动班集体热情交往、团结互助、积极向上的动力。教学实践证明，组织班内组际竞赛，向教研室或系领导集体汇报言语成品都是较好的方法。在关系到班级荣誉时，班级成员会心向一致，形成合力、向心力，同学间会相互关心，产生相互认同的心理力量。不论在课堂的准备活动中，还是在课上练习交往中，学生均能积极主动、彼此支持。

组际竞赛可以结合各阶段的教学内容，在记忆、技巧和交际能力各方面进行竞赛。以学习成绩上、中、下的学生综合成小组较好，有利于互助和共同进步。竞赛不宜过多，可以安排在每个单元测验之前，也可以用它代替小测验。向教研室或系领导汇报班级学习成绩的方式对学生起着很大的激励作用，特别是入学不久的一年级新生。当他们遇到困难，信心不足，积极性还不高，因而在课上淡于交往、怯于交往时，组织这种表演式汇报效果最好。学生一般都重视领导对自己班级的评价，在组织安排上，汇报的言语成品（朗读、背诵、对话、独白、师生相互交谈等）要难度适中或偏难一些，务求“首战必胜”，要使每个学生都获得不同程度的成功，体验到通过互助交往取得进步的喜悦。同时也要看到这种活动给学生造成的心理压力也较大，所以不宜经常组织。领导在对汇报表演进行讲评时，最好针对整个集体做出总的评价，并且要把课堂气氛作为讲评的主要内容之一，从而鼓励学生努力创造一个好的课堂气氛和好的班风。

心理气氛是群体中占优势的人的态度和情感的综合表现，它受许多因素的制约：①群体大多数成员对任务是否认同；②对领导者的要求和作风是否心悦诚服；③对工作进展是否满意；④对困难和挫折是否乐观；⑤成员相互关系是否友好；⑥成员是否过度疲劳。

第四节 大学生个性品质差异对教学中人际关系的影响

大学生个性心理各有特点。心理学中的个性差异主要指气质、性格、能力上的差异。我们在这一节里将讨论大学生气质、性格、能力的差异，它们怎样作用于教学人际关系，以及教师怎样正确对待其积极、消极因素，以形成教学班良好的人际关系。

一、大学生的气质差异

(一)气质的概念

苏联著名生理学家巴甫洛夫指出："气质（темперамент）是每一个人最一般的特征，是他的神经系统最基本的特征。而这种特征在每一个人的一切活动上都打上了一定的烙印。"气质是一个人心理活动的动力特征，也就是心理活动的强度、灵活性和稳定性。例如，好动、沉稳、敏捷都是气质特征。气质特征多半是与生俱来的自然特性，它构成每个人心理特征的最原始的部分，气质具有极大的稳定性，但是它也不是一成不变的，在生活和教育条件的影响下缓慢地变化着，以符合社会实践的要求。

这里所说的气质和当今社会上人们评论某人气质如何不是一回事。气质类型不能笼统地分成好的气质类型和不好的气质类型，因为每一气质类型均有其积极面和消极面。气质类型是人的高级神经活动的基本类型。

(二)气质类型

公元前5世纪古希腊著名医生希波克拉特（Гиппократ）观察到人有不同的气质，他认为人体内有4种体液：血液（出于心脏）、黏液（出于脑部）、黄胆汁（出于肝脏）、黑胆汁（出于胃部）。他认为，这4种体液形成了人体的性质。他还指出，胆汁过多，使人头脑过热，黏液太多，使人头脑过冷，导致忧虑等。

公元2世纪罗马医生盖伦（Гален）将人体的体液混合比例用拉丁语命名为近代的名称“气质”。不过，他将气质分成了13类，后人则简化为4类：多血质（сангвиник）、黏液质（флегматик）、胆汁质（холерик）、抑郁质（меланхолик）。每种气质都是某种体液占优势的结果，并且有特定的心理表现。例如，胆汁质（兴奋型）的人精力充沛，情绪发生快而强，易怒、急躁，言语、动作急速。多血质（活泼型）的人活泼好动，情绪发生快而多变，言语动作敏捷、热情、不深挚。黏液质（安静型）的人安分沉稳，情绪发生慢而弱，言语动作较迟缓、执拗、淡漠。抑郁质（抑制型）的人柔弱易倦，情绪发生慢而强，言语动作迟缓、深沉、孤僻。

苏联心理学家A. 达维多娃（A. Давыдова）对4种气质类型的人作了生动的描述，介绍了他们在同一情景中的表现，这一描述可以帮助我们了解气质的主要外显特征。4个不同气质的人去剧院看戏都迟到了，胆汁质的人和检票员争吵起来，企图推开检票员进入剧场，辩解说，剧院的钟快了。多血质的人发现通过楼厅容易进入剧场，就跑到楼上去了。黏液质的人心里想：“第一场总是不太精彩，我在小卖部等一会儿，幕间休息时再进去。”忧郁质的人则想：“我运气不好，偶尔看一次戏，就这样倒霉。”然后就回家去了。

在实际生活中，只有少数人是4种气质的典型代表，大多数人一两种类型而兼有之。在判断某人气质时，不要硬性划分，而主要测定他的气质特征。

(三)大学生气质类型的分布

了解大学生气质类型的分布对教师因材施教十分重要。从20世纪80年代开始，我国心理学工作者开展了这方面的研究。但是由于分类标准和研究方法不同，数据不尽相同。1990年专家们对安徽师范大学、皖南医学院540名大学生进行了气质类型测定可供我们教学中参考。

（1）我国大学生混合型气质的人数最多，多血—胆汁质型、胆汁—抑郁质型次之，共占总人数80%左右。

（2）现代我国大学生外向型多血—胆汁质型和两者混合型的人大大多于黏液—抑郁质型的内向型的人。

（3）气质的性别差异极为明显，男生中气质混合型和胆质—抑郁型的人多，女生中多血—胆汁质型和多血质型的人多。

（4）气质类型和专业有关，文科和理科学生中胆汁质型的人明显多于医科大学生，理科大学生中抑郁质型明显多于文科和医科大学生。

二、大学生的性格差异

（一）性格的概念

性格（характер）一词的来源于希腊文，原是雕刻之意。性格是人对现实的态度与之相应的习惯化了的行为方式的独特结合。性格是稳定的、十分复杂的心理特征，包括人的生活原则（世界观、价值观、伦理现），人对现实的态度（对己、对人、对事、对物），人的行为特征（人的认知、情感、意志方面的特征）。例如，急功近利、自私自利、认真细致、马虎粗心、谦虚、骄傲等都是性格特征。心理学家曾对性格有过不少分类法，但是，由于性格的复杂性，目前国际上还没有一个公认的分类法。

（二）大学生性格类型的分布

我国心理学家1990年使用5种典型性格类型对安徽师范大学300名学生进行了调查。5种典型性格是：A. 平均型，不引人注目。B. 不稳定积极型，容易趋向异常行为。C. 稳定消极型，温顺被动的类型。D. 稳定积极型，活跃、务实的类型。E. 不稳定消极型，易患神经症或身心疾病。这一调查的结果是：

（1）我国大学生A、C型性格的占55.66%，情绪稳定或均衡，社会适应能力良好，稳健踏实，但主观能动性不够。

（2）D型性格的大学生人数占20.67%，他们情绪稳定，社会适应性好，有外向型特点，行动积极，与周围的人关系较好，有较强的组织能力。

(3) B、E型性格的大学生占23.67%，B型者情绪不稳定，社会适应性差，遇事急躁，外向。E型者情绪不稳定，社会适应性差，内向，行为退缩，喜欢反省。

(4) 男女大学生性格差异明显。C、D型女生多于男生，这说明女大学生情绪更稳定，社会适应性良好，活跃、务实、稳定积极。男大学生属于A型性格的多于女大学生，这说明男大学生显得平静、消极、不引人注目。

(5) 文科大学生中24%的学生属于B型，大大超过理科大学生，在理科大学生中22%的学生属于E型，大大超过文科大学生。因此，值得教育工作者重视的是文科B型性格的男大学生渴望刺激，喜冒险，情绪冲动，容易同周围的人发生摩擦，趋向异常行为。理科E型性格的男大学生内向，喜欢反省。常常想入非非，忧心忡忡，神经过敏。

(三)性格和气质的关系

气质是人的神经系统类型，人的稳定的心理特征，性格是人的社会性精神面貌的主要标志，对事物的一贯态度的特性。气质是先天的，性格是后天的。

苏联著名生理学家巴甫洛夫曾说："人一方面有着先天的品质，另一方面也有着因生活情况所形成的品质……如果说到那些先天品质时，就是指神经系统类型，如果说到性格，就是指那些先天的倾向，意向与那些生活中受生活印象的影响所养成的混合物了。"因此，气质与性格的关系十分密切，同一气质类型的人可以有不同的性格。如多血质的人既可是正直的人，又可是狡猾、虚伪的人。同时，不同气质的人也可以是同一性格的人，如他们的性格特征同为乐于助人，不过，胆汁质的人助人急切、豪爽，黏液质的人助人从容不迫，尽管气质变化缓慢，但是也有可塑性。性格的形成有时掩盖了人生来的气质，如胆汁质的人可以变得稳重而有自制力。

三、大学生的能力差异

能力是为顺利地完成某种活动的必要条件的心理特征的总和，是和人的活动联系在一起的，可分为一般能力和特殊能力。一般能力是完成各种活动的基本能力，如观察力、记忆力、思维能力、想象力等。特殊能力是完成某种特殊活动的能力，如绘画能力、外语能力等。作为大学生应当具备自学能力、创造能力、操作能力、科研能力等。关于以上提到的基本能力我们在讨论俄语学习的认知过程时已经分析了这个问题，这里不再重复。

四、大学生个性品质差异对外语教学中人际关系的影响

学生的个性品质差异在外语课堂中表现得比较充分。气质是外显性的高级神经活动类型，在外语课堂练习中常常暴露无遗。如胆汁质的人经常抢先回答而沉不住气，多血质的人积极主动而不够踏实，黏液质的人沉稳但执拗，抑郁质的人深思熟虑而胆小忸怩。学生性格特征是复杂的，学习只是学生生活的主要部分，而不是全部，所以在课堂交际中学生的性格特点也只表现出一部分，即和语言学习、言语练习有关的性格特征。当然，在学生用外语表达自己的思想感情时，也能反映出他们的世界观、人生观等方面较为深层的性格特征。外语课堂始终处在频繁的言语交往之中，学生的气质、性格、能力随时在言语交际中表现出来。不难想象，学生个性品质特征直接影响着教学中的人际关系，然而，课堂人际关系不是集体人际关系的完整再现，课堂人际关系不直接涉及课堂以外的人际关系（如择友倾向），大学生宿舍的非正式人际关系等。大学生个性品质差异对外语课堂人际关系的影响是：

(一)人际吸引

具有良好个性品质的学生成为人缘型或准人缘型的人，受到教师和同学们的喜爱。他们在气质类型上为混合型，在性格上，随和、谦虚、真诚、富有同情心，学习优秀，兴趣广泛，有才能。胆汁质、多血质的学生灵活、反应快，积极、主动、热情，但是，易激动、急躁、不踏实。黏液质、抑郁质的学生沉稳、反应慢、仔细、不够灵活、胆小。教师要充分发挥学生

气质品质中的积极因素，使其成为师生、学生间愉快言语交际的好的条件。教师切不可有个人好恶，偏爱前者，怠慢后者，对他们的迟缓不理解。事实上，一些学生需要的就是再多一点时间，再多一点耐心，就是需要信任与鼓励。

(二)人际排斥

具有令人讨厌的不良个性品质的学生成为嫌弃型或近嫌弃型的人，受到大家的排斥。人们一般不喜欢古怪型的学生，或自命不凡、轻视他人、多疑、神经质的人。如果学业成绩又不好，使得教师与同学没有跟他们进行言语交际的愿望。一般来说，上述学生为数不多，但是，较为孤僻、乐群性差的学生在外语课堂中是常见的。如果一个班内这样的学生稍多，学习气氛有时会偏于沉闷、傲慢，这会使教师大伤脑筋，或者采取漠视、放任疏远的态度。这种态度会使班上形成“死角”，教师最终不能完成教学任务。

(三)人际关系互补性

人际关系本身也需要互补，对学生气质、性格、能力类型的差异也有极好的互补作用。互补性是密切人际关系的重要因素。心理学研究表明，个性差异大的人可以配合默契，达到最佳合作。我们在教学实践中也深深体会到，“各有千秋”使得一个教学班在言语能力上有多方面的特点，为相互学习提供了生动的范例。反应快、积极主动的学生为练习增添了朝气和活力，反应慢，沉稳多思的学生促进了练习的深入，有助于提高大家言语成品的准确性。

教师有自己的个性特点，他在人际关系中应当不断完善自己，最重要的一点是，尊重、理解学生。每一个学生的先天气质、后天性格，以及能力水平是复杂的心理现象，教师对待学生个性品质方面的问题不可急躁、冷漠。以上讨论的这些原则都曾帮助我们建立起良好的教学人际关系，良好的课堂心理气氛。

个性品质中的积极因素，使其成为师生、学生间相互交往的良好的条件。教师不可有个人好恶，偏爱顺从、尊敬自己的学生，对他们的错误不愿批评；[illegible]一些学生需要的就是再多一点时间，再多一点耐心，[illegible]与鼓励。

（二）人际吸引

具有令人愉快的个性品质的，会成为令人喜欢的人，[illegible]引大家的排斥。人们一般喜欢[illegible]的人。如果学生[illegible]，使他们[illegible]。一般来说，[illegible]。但是，[illegible]专注[illegible]中[illegible]的，[illegible]一个班内[illegible]，[illegible]“满意”，这会使[illegible]，或者采取“[illegible]”的态度，这种态度会使班上形成“死角”，对师生双方都有害。

（三）人际关系互动性

人际关系本身也需要互动，对学生有明、信赖、能力关注的老师[illegible]的互动行为，[illegible]有关系[illegible]的重要因素。[illegible]可以[illegible]，这种互动性使教学过程中[illegible]。[illegible]，对学生的学习提供了生动的活动，[illegible]，有助于提高大家的[illegible]。

教师有自己的个性特点，在人际关系中应当不断完善自己，[illegible]的一点是，学习、理解学生，每一个学生的个性，[illegible]，以及能[illegible]的心理需求，教师对待学生中[illegible]不可忽视。[illegible]，建立良好的教学人际关系，使[illegible]课堂[illegible]。

| 第九章 |

俄语教师职业心理素质

我们在这一章里将要讨论的是外语（俄语）教师应当是怎样的人。事实上，许多章节已经回答了这个问题，因为课堂中的每一个要求都是通过教师来实现的，然而，外语（俄语）教师的“肖像”只有在单独的一章才能比较全面地描绘出来。

无论在我国，还是在外国，教师的使命都是一样的。

无论用多么美好的词汇来形容教师职业都不过分。

第一节　俄语教师职业心理素质

教师心理是教育心理学研究对象之一。我们既要研究学生心理，也要研究教师心理，如果教师不具备其职业心理素质则无法胜任教学工作。

俄语教师职业心理品质和各种类型的教师有共性的一面，也有自身的特点。这里我们将共性与个性结合起来对俄语教师应当具备的心理品质做一个概括的介绍。英国教育家洛克说过："教师应当是学生心中的一座丰碑，包括人格、才能、学识等各个方面。"这里他勾勒了教师形象的最主要的方面，"教师"是一个令人肃然起敬的称号，为人师表，集人类优秀品质于一身，他的职责是将有价值的东西传给下一代。然而，在不同国家，教师的社会地位不尽相同。我们认为，给予教师应有的地位是兴国之本。下面分别讨论俄语教师的人品、学识和才能。

一、人品

人品（моральный облик）对教师来说就是师德，包括教师职业品德的许多方面，如科学的世界观、事业心、丰富的情感、坚强的意志力、良好的性格、朴实的作风等。苏联著名教育家B. 苏霍姆林斯基曾说过："是什么东西推动学生去追求高尚的美德呢？是教师的精神和道德方面的表率作用。"教师所应当具有的人品是他的职业所需要的。教师的人品对学生的人品起着潜移默化的作用，是教师育人的一个重要内容。具体地说，俄语教师应当具有：

(一)科学的世界观、正确的人生态度

俄语教师应当是一个辩证唯物主义者，重视学哲学，尊重教学的客观规律，在教学中遇到困难和矛盾的时候能够运用矛盾对立统一的规律解决存在的问题。俄语教师不是悲观论者，能够正视教学现实，有目的的提高

教学效果。教师是一个特殊的职业，工作复杂、精细、个体性强、周期长，个人劳动成果不易检测，日常工作不分8小时内外。俄语难教，俄语教师要付出更多的精力，然而，教师又是一个永远充满朝气、充满活力的职业，教师永远和年轻人在一起，从年轻人那里汲取力量。人活一世总要做点有益的事情，俄语教师献身于架设中俄文化交流桥梁的事业，是值得自豪的。

（二）上进的事业心

事业心是教师工作的基本态度。事业心有强与不强之分。事业心意味着责任感，工作认真，全力以赴。事业心不强往往有两个原因，一是对教师这一职业认识很肤浅，没有认识到它的深刻意义而采取无所谓的态度；二是不安心教师工作，或是由于对教师职业没有兴趣，教书、教俄语非个人所长，或者有更好的工作条件可以调换，所以，现时则“做一天和尚撞一天钟”。教师的事业心就是敬业精神，严肃认真、一丝不苟的教学态度。事业心是教学实践培养起来的。只要一个教师对自己所教的学生负责，那么教学本身会逐渐将教师融进他所献身的事业中，使他感到一种幸福。

（三）丰富的情感、坚强的意志力

俄语教师应当是一个情感很丰富的人，教师丰富的情感可以激发学生的学习兴趣和强化学习动力。可以使俄语学习轻松有效，可以促进师生的情感交流，建立友好的人际关系，健康的课堂气氛，提高师生合作的效果。优秀教师的教学实验表明，愉快情绪的教学与一般教学相比可以提高16.8分，而低沉情绪的教学比一般教学效果要低30.7分，这就是情绪感染的作用。教师的积极情感可以转化成学生积极学习的心理动力。

苏联著名教育家Л.赞可夫曾说过：“教师在自己工作中，就应当直接依靠，甚至利用情绪体验，以促使学生有效地掌握知识和技巧。”语言教学（外语教学）比其他课程的教学更需要情感教育，不难想象，缺乏情感的俄语教学是怎样的，教师干巴巴地讲规则，学生干巴巴地记规则，是不会产生多少好效果的。苏联著名教育家B.苏霍姆林斯基指出：“情感如同肥沃的土地，知识的种子就播在这个土地上。”这句话生动地揭示了情感对知识的获得的制约性。对俄语教学的热爱是俄语教师的主要情感之一，对教学的热爱不是一句空话，凝结在教师不畏艰难的百折不挠之中，凝结在对每一个学生的热爱之中，也凝结在精心准备的和学生一起的每一次练习之中。教师将自己的爱洒向每一个学生是不容易做到的。好恶是人之常情，但是教师对学生不能有好恶，不能有亲疏，要用对事业的责任感来催进，使自己去爱每一个学生，热忱地帮助他们，使每一个学生在俄语学习上都得到进步。

俄语教师要富有激情。不苟言笑、不露声色、吝于夸奖和赞扬学生的教师在俄语教学中会遇到学生消极情绪的反馈。俄语有其独特的魅力，教师必须具备一定的情感才能将它传授给学生。许多教师在教授语言材料的时候，完全进入了“角色”，该喜则喜，该悲则悲，在富于情感的语言表述中使学生对课文的情景、人物、语言现象自然而然地有了较透彻的了解。同时，在教师和学生积极思考如何解决问题的时候，教师自己也要表现出或不安、困惑，或兴奋、喜悦，以引起学生的共鸣，加强解决问题时的情感力量。

有不少数师不太重视“夸奖”的作用，似乎学生真的十分好的时候，才表扬几句。俄语教师要将学生看成自己的朋友，培养自己与学生同乐的情感，即使学生有不少缺点，但是只要有一点进步，也要由衷地为他高兴，这种“高兴”教师要充分地将其表现出来，而不是放在心里。学习俄语的学生要做到每一句话都无懈可击是很难的。教师对学习俄语的学生不是表扬多了，而是表扬的不够。在教师情感问题上，我们还要强调的是，教师要多多培养自己的积极情感，努力克服自己的消极情感，永远不把消极情感带进课堂，使学生见到的永远是开朗、乐观的教师。

俄语教师还应当是一个有意志力的人。这里有几层意思。①坚定原则。教师的果断与坚定性不是表情的严厉，而是对教学要求说一不二地执行，既不能冒失从事，也不能优柔寡断，拖拖拉拉。例如，教师必须按时收作业；教师不开“空头支票”，自己许诺的事一定要按时兑现等。②沉着自制。教师遇事要沉着，抑制无益的激情和冲动。当教师见到学生学习上的消极态度，并且为教学中种种不良倾向而苦恼的时候，特别需要自制。教师要约束自己，学会应付局面，并且积极地去改变它。③知难而进。教师工作很复杂，以汉语为母语的俄语教师在缺乏自然语言环境下教授我国学生俄语有很多特殊的困难。没有充沛的精力和顽强的毅力是不能完成教学任务的。出现问题就“泄气”是意志软弱的表现。教师意志品质不仅为自己顺利教学所需，也是学生效仿的榜样。

(四)良好的性格

教师各有自己的气质，是先天的、稳定的心理品质，教师应当发扬其积极的一面，抑制或逐渐改变其消极的一面。无论是胆汁质的教师（开朗、热情），还是黏液质的教师（沉着、踏实），（当然，许多教师为混合型气质）都能成为出色的教师，不过，他们需要克服急躁、粗枝大叶、冷漠、拖拉。俄语教师的性格各不相同，性格主要是后天培养的，教师应当审视自身性格，发扬为俄语教学所需要的性格特征。俄语教学和其他外语教学一样，以练习为主，讲解为辅，但是俄语教学中，特别是在基础阶段，机械练习，训练自动化技巧的练习占很大比例。下面简单谈谈有益于师生合作，能很好地完成教学任务教师性格特征。

1. 热忱

热忱可以解释为教师对教学工作倾注极大的热情，对学生的需要敏感，表现出真正的关心。反过来说，教师不应当消极、冷漠。

2. 爽朗

教师应当性格直爽、开朗，办事不婆婆妈妈，不拖拖拉拉。这一性格特征意味着教师遇事乐观、大度、不斤斤计较、不耿耿于怀。教师应当有幽默感，以平息学生的紧张心理状态，使学生大胆尝试，不怕出错。课堂上应当有笑声，使学生感到俄语虽然难学，却越学越有意思。

3. 谦和

谦和是指教师谦虚和平等待人，无师道尊严。在他看来，学生既是“弟子”，也是“先生”，教学相长，其乐无穷。平等带来了融洽的师生关系，增强了学生的参与意识。

4. 公正

公正是指不偏爱，对学生一视同仁。有的教师喜欢反应灵敏、口齿清楚、发言积极、学习成绩优秀，并且能与自己配合的学生，对学生自觉或不自觉地偏爱的现象一直存在于俄语课堂教学中，一些学生被冷落，他们练习的机会明显少于他人。特别是在高年级，有的教师对某些学生抱有成见，认为他们的口头回答或表述会占去很多时间，或者认为他们错误百出，“不可救药”。偏爱使学生苦恼，甚至失去信心，偏爱对学生心理造成很大伤害。因此，有偏爱倾向的教师必须认真反思，端正态度，相信每一个学生的能力有大小，但是都可以在自己的起点上掌握所学，即使水平大不相当。教师要将爱的“天平”向弱生倾斜，坚持“人人平等”。公正的教师能挽救几乎掉队的学生，使得他们重新评价自己，战胜弱点，渡过人生道路中学业上的难关。

5. 严格

教师要严格地要求自己，并且严格地要求学生。教师有了错误要公开自责（如迟到，口语、笔语有错误等），教师随时欢迎来自学生的、各方面的意见和建议，以改进教学。对待学生的严格是为了培养合格人才，因为，平日的姑息会给学生日后的工作带来危害。然而，在教师对学生严格要求时，要注意方式、方法，不要伤害学生的自尊心。

(五)朴实的作风

作风是教师人品的外在表现。教书不是一项轰轰烈烈的事业，教师的工作日复一日年复一年，一点一滴地付出心血，塑造人才，不能粗糙和浮夸。教师站在讲台上平平常常、孜孜不倦地传授着科学知识，并且努力将它变成新一代立足社会的基础。教师应当着眼于真：真实、真诚，实实在在地做人，教育事业如此伟大，教师都如此普通，这就是教师人品的含义。

二、学识

学识（знание）是教师的业务水平。学识渊博（эрудиция），特别是对本学科精深了解的教师受到学生的仰慕，教一知十，乃至教一知百的教师能够加深学生对俄语的情感，提高他们的学习兴趣和知识厚度。下面谈两个问题。

(一)俄语教师的学识要求

当今大学课堂里有一些年轻的教授，他们多为博士，他们才华出众，成果丰硕。但是这样的教师还不多。教师的学识和树木的年轮一样，与时间成正比，与学历相一致，也是日积月累的结果，个人不懈努力的结果。但也非一概而论，有的教师几年不见，当“刮目相看”，有的则“依然故我”。俄语教师的学识要求是：

1. 精深的俄语语言知识，扎实的俄语基本功

这是教师对学生的基本要求，也是对自己的基本要求。例如，正确、清晰的发音、重音准确，正确、自然的语调，正确遣词造句等。

2. 丰厚的知识储备

教师不同于流水线上的工人，后者熟练掌握工作段的工艺即可。在当今知识爆炸的时代，任何一门课的教师都有改造自身知识结构的必要。近代知识结构有一定的弥散性，从事社会科学的人要懂得一些自然科学知识，从事自然科学的人要懂得一些社会科学知识。

近年各类型的文化知识课、艺术课在理工大学开设，以本学科为主的教学及科学研究工作越来越需要深入了解若干交叉科学。而青年学生是渴望知识的一代，他们会产生各种问题，他们在求教于书本时，自然也会求教于教师。对教师来说，知识面过窄是十分被动的。俄语工作者的职业特点是中俄文化交流，应当具备的知识面不是由个人决定的，其工作要求他

是个“杂家”，“天下大事无所不知”。俄语教师的知识面应当包括哲学知识、美学知识、心理学知识、教育学知识、语言学知识、教学法知识、中国国情知识、俄罗斯国情知识（政治、经济、历史、地理、外交、军事、法律、文学、艺术、民俗等）、自然科学知识（数、理、化常识，医学常识等）。

3. 科学研究成果

俄语教师应当使教学与科研相互促进，通过科研提高自己的教学水平和学术水平。俄语教师应当既是教师，又是学者。

(二)俄语教师提高专业水平的途径

1. 认真备课、书写教案

这是提高专业水平的第一步，是提高专业水平有效的途径。一些教材的使用对教师提出了很高的要求。教师备课时需要查考古字典，认真思考，真可谓“一步一个脚印”，来不得半点马虎，同时，教师还要在备课的时候精心设计练习，将自己的全部智慧投入“案头工作”。一些初登讲台的青年教师不知怎样备课，他们的备课时间过短，笔记本上写上几条就算大功告成。以《基础俄语》（1、2册）为例，绝非看几遍课文和练习就可以走上讲台的。我们认为教师必须详细书写教案（特别是青年教师）。从头写到尾，最好将自己要说的话全部落实于文字，因为全部写出来是最好的锻炼。优秀教师的经验证明，只有完全驾驭课堂时方可简写教案。我们教的是外国语，如果均为腹稿，往往顾此失彼，一片混乱。

2. 回顾教学

每一次上课犹如登上舞台，只有经过演出，成功与失败才一清二楚。教师上过课后应当抽出时间“独处自省”，从中悟出道理，看出优劣。经常认真小结自己的教学工作，大有益处。

3. 练习

课余勤朗读、多阅读、练听力、练说话、自己排练自己的课都是好办法。

4. 读书、看报

教师必须挤出时间多读书、博闻强识，跟上时代的步伐。

5. 争取进修机会

出国进修是提高教师自身业务水平的好机会。在国外提高业务水平的关键在于有针对性地、自觉地去实践。在选课和日常交际中要注意实践语言能力的提高，主要是听和说。在实战中不应满足于一般地应付交际任务，而要细心观察以俄语为母语的人的言语表达方式，并且经常进行比较，有意识地去学说话，优化自己言语表达的质量。俄语教师应当为自身俄语水平的标准化、规范化做出脚踏实地的努力。

三、才能

“才能”是指教师的教育能力（педагогические способности），也指教学技艺（педагогическое мастерство），以及教师其他方面的活动才能。俄语教学才能就是精通和纯熟地运用俄语教学法，精通俄语教学的原理。首先，要把握好学生的学习动机和兴趣；其次，从学生的智力因素和非智力因素两方面入手安排教学过程，在认知方面注意发展学生的观察力、记忆力、思维能力、想象力、创造力，在情感、意志力方面要强化非智力因素对学习俄语的推动作用。教学技艺有鲜明的个性特点，是教师职业素质的重要特征。苏联著名教育家A. C. 马卡连柯曾说过：“教育技艺不仅仅是天才人物的素质，教师经过若干年工作之后也可以获得技艺。”这就是说，教育（教学）技艺是教师才干的体现，也是任何一个教师可以得到的，只是需要经过一定时间的努力。

教师的教学技艺是教师的积极的动机、兴趣、知识、技巧、技能、情感、意志、气质、性格特点的统一和独特的体现。高超的教学技艺不仅是熟练的、自动化了的（无须要特别努力和集中注意），而且是完善的（在复杂的变化着的条件下可以自由地驾驭教学活动)。下面谈谈有突出个性特点的、水平有高低之分的俄语教学技艺特征。

(一)言语表达

言语表达也就是口才，教师的口才为教学目的服务，贵在深入浅出、通俗易懂，而非追求华丽的辞藻。苏联著名戏剧评论家K. C. 斯坦尼斯拉夫斯基曾强调："光有天才是不够的，还需要有技术。教师务必掌握无可指责的言语技术……教师应当吐字清楚，音色悦耳，在言语方面有表现力。通常，在上课时教师的讲话要比平时响些……"俄语教师是言语教师，自身的言语尤为重要，言语应当纯正、优美，为学生所接受。教师的言语表达水平应当成为学生效仿的榜样（正确的、流利的、有丰富表达手段的)，言语水平是教师习得、努力实践的结果。教师自己应当下一番苦功夫，抓住一切机会勤学苦练。

非言语技术（声音、面部表情、手势、交谈者双方的距离、座位安排等）也不能忽视。A. C. 马卡连柯说："不擅长表情，或不能赋予自己的表情以必要的神态，或不能抑制自己心境的人，不可能成为一个好的教师。"一个优秀教师曾推荐过一个公式：信息的总效果=7%的文字+38%的音调+55%的面都表情，以说明面部表情在信息交流中有着特殊的作用。

(二)组织才能

通常的俄语实践课2/3为练习，因此，教师出色的组织才能会给教学带来成功。例如，在时间安排方面应当有张有弛，节奏感强，一环扣一环，毫无多余的枝节。在活动的组织上要科学合理，难易搭配，调动学生的多种感官协调活动，紧张而愉快。此外，教师眼光要敏锐，能控制着学生的注意力，使学生精神专一。在练习中教师要善于分配任务，安排练习的角色，使每个学生既各尽其能，发挥所长，又弥补不足。初登讲台的俄语教师往往计划提前完成，而不知如何利用剩余的时间。因此，备课要深思熟虑，根据实践经验和现实的可能计划好每一项活动大约需要的时间。当然，这只是估计，所以最好教案中有备用的部分，以便有调整的余地。

(三)分寸感

苏联著名教育家К. Д. 乌申斯基指出："缺少数育分寸的教育者不管他如何学习教育理论，他也不是一个好的教育者。"教育分寸（педагогический такт）实质上就是心理上的分寸感。作为一个教师必须在行为举止各方面受到教师职业的约束，从而体现出教师心理素质上的完美和平衡。如博学而又谦和；热情而不急躁；刚毅而不执拗；庄重而又可亲；亲切而非亲昵；幽默而非嬉笑等。

(四)创造性

教师如同一个演员。他的技艺往往也表现在他的创造性上。两个演员同演一个角色，水平会各有不同，两个教师使用同一教材，水平也会各有不同。创造性的意义在于创造出最佳效果，而创造性来源于创造者对事物的精深地钻研与理解，对事物的潜力与自身的潜力的挖掘。人们常说："这个角色让演员给演活了。"我们也可以说："这堂俄语课让这位教师给上活了。"优秀教师的风采与魅力在于他们的教学是艺术品，给人以美的享受。总之，教师教学的创造性不是猎奇，不是无谓地标新立异，而是认真钻研业务后的新的发现，领悟到客观事物的真谛。

以上所讨论的俄语教师职业心理素质的3个方面（人品、学识和才能）应当统一起来，但是它们在一些教师身上发展不够平衡。我们不妨经常自我评估，同时，倾听来自学生的反映，不断地完善自己。

第二节 学生心目中的理想教师

一、学生心目中的理想教师

学生心目中的理想教师是教师标准的一个重要参数，和社会上其他阶层心目中的理想教师不完全相同。“学生心目中的理想教师”反映了受教育者接受教育的规律。作为教师应当重视它，努力塑造自我。

我们曾做过“你喜欢什么样的教师”的问卷调查，和国内一些心理学家的调查基本吻合。学生理想的教师的标准是：①学识渊博；②理解学生，尊重学生；③为人正直，处世公正；④教学方法好。俄语课是实践课，不是演讲课，师生接触直接、频繁，对师生合作关系要求较高。下面具体介绍一下学生对教师的要求。

1. 学识渊博

大学生需要在学校里获得专业内外的知识，并且获得一定的独立工作能力。在他们看来，知识为本，对知识的渴望是他们的基本要求，能否满足他们的求知欲是他们对教师的主要期望，达到这一点的教师往往受到学生的充分肯定。特别是，当教师能够解答学生的各种问题，学生则油然产起敬意，继而加强他们对专业的重视和个人的事业心。这样的教师有崇拜效应，是学生求学的楷模。俄语专业学生钦佩操一口流利的、纯正的俄语，对俄罗斯的文化历史无所不知，有精深的语言知识，能够解决学生语言学习中疑难问题的教师。

2. 理解学生，尊重学生

大学生希望教师理解他们，理解他们对人生、对事业的看法，他们的情绪和生活，知道他们有哪些苦恼，并且能关心他们。他们不喜欢教师脱离现实，一味强调自己过去的经验，而对当今青年不理解或看不惯。学生希望教师尊重他们是指尊重他们的看法、建议，不生硬地强求他们去做不能接受的事情。教师要用和风细雨的方法说服他们去符合某一要求。教师应当成为学生的朋友，不理解学生容易产生师生心理上的距离，也影响教学效果。

俄语专业学生希望教师理解他们学习俄语的心理活动。例如，有的学生课上时而沉默，可能由多种原因造成：怕出错；受到过他人的讥笑；教师常不叫他回答；抢不上发言的机会；没有准备好功课；不习惯口头发言；简单的不想回答，难的不会回答；成绩不佳、情绪不佳等。同时，学生希望受到教师的重视。例如，重视学生提出的问题。他们的补充插话，各种虽不成熟，但颇有道理的看法。教师与学生教学相长，可以增强学生的主人翁感和言语活动的积极性，教师的信任增强学生学习的信心。

3. 为人正直、处世公正

教师的这一品质在俄语教学中十分重要。我们在本书的前面已不止一次地提到教师的不公正所带来的危害。教学实践告诉我们，教师公正与否往往能改变学生学习的命运。

4. 教学方法好

关于这一点我们在前面已经讨论过，这里不再重复。

二、教师心理卫生

我们讨论“学生心目中的理想教师”这个问题是因为学生心目中的理想教师是心理上健康的人。但是教师并不是个完人。他也会有心理障碍。在教学实践中我们常常见到有下面几种心理障碍。

(一)自卑

一般教师均认真备课，但是在课堂教学中，不少数师感到自身的不足，如自己并不能完全解答自己在教学中遇到的语言方面的问题，或者自己常不能解答来自学生的、立即需要回答的某些问题，他们感到知识无底，防不胜防。业务上的不足（知识与能力）难以较好的应付局面，诱发了自卑感。

(二)沮丧

在教学中我们常常全力以赴，一心备课，而课堂效果并不理想。此时，我们情绪沮丧，有时为找不到原因而十分苦恼。

(三)心理冲突

师生之间有成见，教师和极少一部分学生不好合作，外显的冲突或潜在的不相容会造成教学上的貌合神离。这是一种会中断正常教学的危险倾向。

教师业务实践中出现的焦虑应当及时缓解。我们建议教师注意两点。第一，劳逸结合。教师从事高度复杂的脑力劳动，如果没有明文规定的作息制度，他的生活完全由自己支配，他经常考虑着和教学有关的事情，即使休息，也在用脑工作。但是教师用脑要有节奏，因为神经细胞的能量如果消耗过大，机能得不到及时的恢复就会出现感觉迟钝、记忆衰退、思维停滞或寝不安眠。我们认为，教师应当不吝惜时间去娱乐消遣，在娱乐中失去的时间会带来更大的效应和补偿。第二，情绪疏导。很有献身精神的教师常常因课上不顺心的事而苦闷，或者对自己过于自责。教师应当有开朗、豁达的性格。“胜败乃兵家常事”。一两次上课的失败会带来新的认识与领悟，有志者事竟成。教师在情绪消极时可以听听音乐或做一些其他的事情，以排解不快。

三、教师成长的历程

教师达到教学的理想境地（相对而言）要经过相当长的一段时间，一般来说，有3个阶段。

(一)模仿

青年教师在教学之初模仿心理占主导地位，为了走上讲台他们需要听课，看着老教师是怎样上课的，不过自己一边上一边去听课效果会更好一些（也可能时间不允许）。年轻教师应当倾听老教师对教学的设想及对教学的分析，认真地将它当成一面镜子与自己对照，这个时期年轻教师常常回忆起自己的老师是怎样教自己的。

（二）自觉适应

当青年教师对教学规律有了一定的了解（同时学习有关理论），自己总结了初步经验与教训时，自觉适应的心理便占据主导地位，他们自信心增强，知道怎样组织教学才有效。

（三）创造

第三阶段青年教师有了教学的基本技巧与技能，常规安排教学已不再吃力，就会较为客观地看待自己的教学，思考、调查、探索、发现，将心理兴奋点放到了挖掘教学双方的潜力，创造有自己特点的教学法上。当他看到自己的探索成果，就会以更大的热情去进行创造，并且从中得到最大的快乐。还要补充一句的是，在教学活动中我们始终不要忘记学生的帮助。学生关于教学的建议客观而清晰，可以使我们思路永远通畅。

教师和其他人一样，很难是完美的。教师的职业却要求他们在学识、人品和才能方面尽可能的完美。因为教师传授的知识、在人品方面留下的正面和负面的影响，都将伴随学生一生，并通过他们影响后代。

| 参考文献 |

[1] 毛泽东.毛泽东选集：第1卷[M].北京：人民出版社，1991.
[2] 阴一刚.辩证唯物主义基本问题[M].石家庄：河北人民出版社，1956.
[3] 黎晓白.学习辩证法的实际应用[M].广州：广东人民出版社，1960.
[4] 吴元梁.科学方法论基础[M].北京：中国社会科学出版社，1984.
[5] 仇鼎夫.逻辑入门[M].北京：人民出版社，1984.
[6] 苏天辅.如何进行逻辑思维[M].北京：中央广播电视大学出版社，1984.
[7] 曾利华.美学基础知识[M].北京：北京师范大学出版社，1986.
[8] 林立.大学实用美学教程[M].上海：华东理工大学出版社，1992.
[9] 樊莘森.美学教程[M].北京：中国社会科学出版社，1987.
[10] 叶朗.现代美学体系[M].北京：北京大学出版社，1989.
[11] 杨辛.美学原理[M].北京：北京大学出版社，1984.
[12] 王朝闻.美学概论[M].北京：人民出版社，1981.
[13] 许明.美的认识活动[M].广州：花城出版社，1988.
[14] 竹内敏雄.美学百科辞典[M].哈尔滨：黑龙江人民出版社，1986.
[15] 叶蜚声.语言学纲要[M].北京：北京大学出版社，1985.
[16] 王振昆.语言学基础[M].北京：中央广播电视大学出版社，1984.
[17] 戴伊克.话语·心理·社会[M].北京：中华书局，1993.
[18] 科德.应用语言学导论[M].上海：上海外语教育出版社，1984.

[19] 桂诗春.心理语言学[M].上海：上海外语教育出版社，1985.
[20] 刘月华.实用现代汉语语法[M].北京：外语教学与研究出版社，1991.
[21] 高名凯.语言与思维[M].北京：生活·读书·新知三联书店，1956.
[22] 哈尔拉莫夫.教育学教程[M].北京：教育科学出版社，1989.
[23] 陈友松.教育学[M].武汉：湖北人民出版社，1985.
[24] 孙喜亭.简明教育学[M].北京：北京师范大学出版社，1984.
[25] 张正东.外语教育学[M].重庆：重庆出版社，1987.
[26] 斯卡特金.现代教学论问题[M].北京：教育科学出版社，1985.
[27] 赞可夫.学论与生活[M].北京：教育科学出版社，1985.
[28] 钱伯毅.大学教学论[M].北京：中国科学技术大学出版社，1991.
[29] 舒尔兹.现代心理学史[M].北京：人民教育出版社，1988.
[30] 高觉敷.中国心理学史[M].北京：人民教育出版社，1987.
[31] 查普林.心理学的体系和理论[M].北京：商务印书馆，1984.
[32] 高觉敷.西方心理学的新发展[M].北京：人民教育出版社，1989.
[33] 伍棠棣.心理学[M].北京：人民教育出版社，1985.
[34] 章志光.心理学[M].北京：人民教育出版社，1985.
[35] 全国九所综合性大学《心理学》教材编写组.心理学[M].南宁：广西人民出版社，1984.
[36] 张焕庭.心理学[M].南京：江苏教育出版社，1985.
[37] 张世富.心理学[M].北京：人民教育出版社，1989.
[38] 荆其诚.心理学概论[M].北京：科学出版社，1986.
[39] 荆其诚.简明心理学百科全书[M].长沙：湖南教育出版社，1991.
[40] 苏常凌.基础心理学讲话[M].北京：人民出版社，1984.
[41] 郭占基.心理学教学参考资料选辑[M].北京：人民教育出版社，1989.
[42] 曹日昌.普通心理学[M].北京：人民教育出版社，1985.
[43] 叶奕乾.普通心理学[M].上海：华东师范大学出版社，1992.
[44] 彼得罗夫斯基.普通心理学[M].北京：人民教育出版社，1985.
[45] 波果斯洛夫斯基.普通心理学[M].北京：人民教育出版社，1981.

[46] 潘菽.教育心理学[M].北京：人民教育出版社，1985.
[47] 温世颂.教育心理学[M].台北：台湾三民书局，1980.
[48] 章永生.教育心理与教学法[M].北京：北京出版社，1984.
[49] 北京教育行政学院心理学教研室.教育心理学讲座[M].北京：知识出版社，1983.
[50] 加梅佐.年龄和教育心理学[M].北京：人民教育出版社，1988.
[51] 李山主.大学教育心理学[M].合肥：中国科学技术大学出版社，1992.
[52] 季亚琴科.高等学校心理学[M].上海：上海翻译出版公司，1985.
[53] 黄希庭.大学生心理学[M].上海：上海人民出版社，1989.
[54] 张景莹.大学生心理学[M].北京：清华大学出版社，1986.
[55] 张增杰.论大学生心理[M].重庆：西南师范大学出版社，1986.
[56] 安德烈耶娃.社会心理学[M].天津：南开大学出版社，1987.
[57] 时蓉华.社会心理学[M].上海：上海人民出版社，1987.
[58] 林秉贤.社会心理学[M].北京：群众出版社，1985.
[59] 彼得罗夫斯基.集体的社会心理学[M].北京：人民教育出版社，1986.
[60]《学校管理心理学》编写组.学校管理心理学[M].济南：山东教育出版社，1985.
[61] 全国教育学院心理学教材协作编写组.学校心理学[M].北京：教育科学出版社，1981.
[62] 王极盛.青年心理学[M].北京：中国社会科学出版社，1985.
[63] 关忠文.青年心理学[M].南昌：江西人民出版社，1984.
[64] 邵瑞珍.学与教的心理学[M].上海：华东师范大学出版社，1993.
[65] 林格伦.课堂教育心理学[M].昆明：云南人民出版社，1984.
[66] 医培梓.生理心理学[M].北京：科学出版社，1987.
[67] 朱智贤.思维发展心理学[M].北京：北京师范大学出版社，1986.
[68] 斯托曼.情绪心理学[M].沈阳：辽宁人民出版社，1986.
[69] 冯江平.挫折心理学[M].太原：山西教育出版社，1993.
[70] 季亚琴科.军事心理学[M].哈尔滨：黑龙江人民出版社，1985.

[71] 林传鼎.智力开发的心理学问题[M].北京：知识出版社，1985.
[72] 巴班斯基.教学教育过程最优化问题[M].北京：教育科学出版社，1986.
[73] 巴班斯基.论教学过程最优化[M].北京：教育科学出版社，1982.
[74] 苏霍姆林斯基.给教师的建议[M].北京：教育科学出版社，1985.
[75] 弗里德曼.中小学教师应用心理学[M].北京：人民教育出版社，1993.
[76] 张武升.教学艺术论[M].上海：上海教育出版社，1993.
[77] 丁证霖.当代西方教学模式[M].太原：山西教育出版社，1992.
[78] 符策震.中学语文教学艺术[M].杭州：浙江教育出版社，1985.
[79] 亨待.人心中的宇宙[M].北京：人民教育出版社，1989.
[80] 于永年.俄语教学法[M].上海：上海外语教育出版社，1985.
[81] Казаков В Г，Контратьева Л Л.Психология[М].Москва：[s.n.]，1989.
[82] Щербаков А И.Практикум по общей психологии[М].Москва：[s.n.]，1990.
[83] Мироненко В В.Популярная психология[М].Москва：[s.n.]，1990.
[84] Петровский А В.Психология(словарь)[М].Москва：[s.n.]，1990.
[85] Дьяченко М И，Кандыбович Л А. Психология высшей школы[М].Минск：[s.n.]，1978.
[86] Anon.Новые исследования в психологии и возрастной физиологии[М].Москва：[s.n.]，1989.
[87] Жукова Н В.Учителю о практике психологической помощи[М].Москва：[s.n.]，1988.
[88] Фридман Л М，Кулагина И Ю.Психологический справочник учителя[М].Москва：[s.n.]，1991.
[89] Фридман Л М и др.Изучение личности учащегося и ученических коллективов[М].Москва：[s.n.]，1988.
[90] Anon. Вопросы педагогики высшей школы и частных методик [М].Уфа：[s.n.]，1979.

［91］ Аникеева Н П.Психологический климат в коллективе[M].Москва：[s.n.]，1989.

［92］ Поташник М М.Педагогические ситуации[M].Москва：[s.n.]，1983.

［93］ Добрович А В.Воспитателю о психологии и психологические общения[M].Москва：[s.n.]，1987.

［94］ Штарке К.Студенты Становление личности[M].Москва：[s.n.]，1982.

［95］ Зимняя И А.Психология обучения неродному языку[M].Москва：[s.n.]，1989.

［96］ Anon.Мотивационные аспекты профессионально–ориентированного обучения иностранным языкам в вузе[M].Пермь：[s.n.]，1989.

［97］ Эсаулов А Ф. Активизация учебно – познавательной деятельности студентов[M].Москва：[s.n.]，1982.

［98］ Капитанова Т И，Щукин А Н.Современные методы обучения русскому языку иностранцев[M].Москва：[s.n.]，1979.

［99］ Леонтьев А А. Общая методика обучения иностранным языкам[M].Москва：[s.n.]，1991.

［100］ Щукин А Н.Методика краткосрочного обучения русскому языку как иностранному[M].Москва：[s.n.]，1984.

［101］ Дергачева Г И и др.Методика преподавания русского языка как иностранного на начальном этапе[M].Москва：[s.n.]，1989.

［102］ Костомаров В Г, Митрофанова О Д.Методическое руководство для преподавателей русского языка иностранцам[M].Москва：[s.n.]，1988.

［103］ Пассов Е И.Основы коммуникативной методики обучения иноязычному общению[M].Москва：[s.n.]，1989.

［104］ Пассов Е И.Коммуникативный метод обучения иностранному говорению[M].Москва：[s.n.]，1985.

［105］ Зимняя И А. Психологические аспекты обучения говорению на иностранном языке[M].Москва：[s.n.]，1985.

［106］Васильенко Е И，Добровольская ВВ.Сборник методических задач по русскому языку[М].Москва：[s.n.]，1989.

［107］Кедайтене Е И и др.Сборник методических статей[М].Москва：[s.n.]，1984.

［108］Anon.Сборник методических статей[М].Москва：[s.n.]，1988.

［109］Блинов Г И，Панов Б Т.Практические и лабораторные занятия по методике русского языка[М].Москва：[s.n.]，1989.

［110］Львов М Р.Словарь－справочник по методике русского языка[М].Москва：[s.n.]，1988.

［111］Anon. Научные традиции и новые направления в преподавании русского языка и литературы[М].Москва：[s.n.]，1989.

［112］Конопелкин А Ф，Баранова Н Н.Вопросы методики преподавания русского языка нерусским[М].Москва：[s.n.]，1955.

［113］Есаджанян Б М.Научные основы методической подготовки преподавателей русского языка как неродного[М].Москва：[s.n.]，1984.

［114］Anon. Психолингвистические и педагогические основы обучения русскому языку в условиях нерусской языковой среды[М].Тбилиси：[s.n.]，1989.

［115］МАПРЯЛ.Доклады советской делегации[М].Москва：[s.n.]，1986.

［116］МАПРЯЛ.Доклады советской делегации[М].Москва：[s.n.]，1990.

［117］Фридман Л М，Маху В И.Проблемная организация учебного процесса[М].Москва：[s.n.]，1990.

［118］王东.二十世纪时代课题的哲学沉思[J].北京大学学报（哲学社会科学版），1986，NO.4.

［119］王焕武.论教学过程的审美价值[J].教育研究，1992.

［120］Robert B Kaplan.应用语言学的现状[J].国外外语教学，1985.

［121］Sally Lieloff Magnan.美国应用语言学合作事业的现状和未来[J].国外外语教学，1984.

[122] 吕必松.漫谈语言教学法的研究[J].新华文摘，1985.

[123] Ляховицкий МВ.外语教学法与其他科学的关系[J].国外外语教学，1984，NO.2.

[124] 朱治中.二十多年来外语教学方法论辩论、发展及其趋势[J].国外外语教学，1983.

[125] 邱志成.提高外语课教学效果是学校改革的关键任务[J].国外外语教学，1984.

[126] Jean Caravolas.夸美纽斯与现代语言教学法[J].国外外语教学，1987.

[127] 戚雨林.外语教学法和外语教学中的几个问题[J].外国语，1980.

[128] Миньяр-Белоручев РК.论外语教学原则[J].国外外语教学，1982.

[129] 钱蜀云.试论以学生为主体的认知交际原则[J].外语学刊，1986.

[130] 朱治中.介绍与评价"以学生为中心：语言教师的语用学观"[J].国外外语教学，1986.

[131] Андриевская ВВ.在教学的中期阶段掌握外语的心理[J].国外外语教学，1987.

[132] Витлин ЖЛ.成人掌握外语的能力[J].国外外语教学，1986.

[133] 朱治中.论外语学习过程[J].国外外语教学，1988.

[134] 姚梅林.论学校情景中认知策略的教学[J].中国教育学刊，1992.

[135] 张庆林.怎样学习知识才有助于提高解决问题的能力[J].中国教育学刊，1992(3):16-18.

[136] 玛赫德托夫.教学的问题性原则[J].教育研究，1985.

[137] 舒玛科娃.对问题在思维结构中的作用的研究[J].思维科学，1986.

[138] Charles Bouton.在学校环境中习得外语[J].国外外语教学，1987.

[139] Mary-Ann Reiss.成功的外语学习者所用的学习方法和技巧[J].外语教学理论与实践，1984.

[140] 柳心德.教师期望和自我实现预言的效应[J].教育研究，1985.

[141] 陈仙梅.师生交往中的几个心理学问题[J].教育研究，1987.

[142] 周舟.论成功教育的依据、可能及现实意义[J].中国教育学刊，1992.

[143] Коронев СИ.外语教学成功的先决条件[J].国外外语教学，1983.

[144] Рогова ГВ.论提高外语课的效能[J].国外外语教学，1987.

[145] Myrna Delson-Karan.第二语言教学工作的三维评价方法[J].国外外语教学，1985.

[146] Patricia Miller.优秀英语教师十大素质[J].国外外语教学，1987.

[147] 张翔.试论教学艺术之本质[J].教育研究，1987.

[148] 俞约法.言语中心论今昔[J].中国俄语教学，1988.

[149] 喻茵英.培养具有厚基础、宽口径的俄语应用型人才[D].全国高校高年级俄语教学研讨会论文，1992.

[150] 白春仁.高年级俄语教学的思考[D].全国高校高年级俄语教学研讨会论文，1992.

[151] 俄语专业本科毕业生业务水平测试报告[R].全国高校高年级俄语教学研讨会材料，1992.

[152] 国立大学《俄语〈作为外语〉教学法》课程教学大纲[J].国外外语教学，1983.

[153] 童宪刚.苏联现阶段外语教学的交际性原则[J].国外外语教学，1987.

[154] Леонтьев АА.交际性原则与强化外语教学的心理学基础[J].国外外语教学，1983.

[155] Костомаров ВГ，Митрофанова ОД.积极交际性原则[J].国外外语教学，1983.

[156] Pobert L，Politzer.学习行为的探索及其与提高第二语言能力和交际能力的关系[J].国外外语教学，1986.

[157] Hector Harmmerly.从准确的语言形式过渡到准确与流利的交际[J].国外外语教学，1987，NO.1.

[158] 李英男.基础教学的交际性原则及其运用[J].中国俄语教学，1984.

[159] 李英男.Коммуникативные упражнения и развитие устной речи на втором курсе[D].教学研讨会论文，1986.

[160] Горчев АЮ.加强口语教学六面观[J].国外外语教学，1983.

[161] 周丕炎.关于大学英语基础课的教学法问题[J].外国语，1981.

[162] Костомаров В Г，Митрофанова О Д.Методика как наука[J].Русский язык за рубежом，1979.

[163] Костомаров В Г.К теоретическим основам проблемного обучения[J]. Русский язык за рубежом，1991.

[164] Митрофанова О Д.Проблемность и технология обучения[J].Русский язык за рубежом，1991.